KB039970

위대한 투자자
위대한 수익률

위대한 투자자 위대한 수익률

THE WORLD'S GREATEST 99 INVESTORS

매그너스 안젠펠트 지음 | 정윤미 옮김

page2

"어떤 분야에서든 성공의 비결은
성공한 사람들이 무엇을 하며, 어떤 것에 대해 생각하고,
무엇에 따라 행동하는지 관찰한 후에 그대로 따라 해보는 것이다."

토니 로빈스(앤서니 라빈스)
Tony Robbins (Anthony Robbins)

변화심리학의 세계 최고 권위자,
『네 안의 잠든 거인을 깨워라』, 『머니』, 『돈의 법칙』의 저자

일러두기

1. 이 책의 시점은 원서의 초판 출간일인 2014년 1월을 기준으로 합니다. 다만 인물의 생몰년도 및 몇몇 내용은 국내서 출간일을 기준으로 내용을 업데이트했습니다.

2. 이 책의 인명 표기는 원칙적으로 국립국어원 외래어표기법을 따르나, 국내 저서가 출간된 경우나 국내에 잘 알려진 인물의 경우에는 기존의 대중적 표기법에 따라 표기했습니다.

3. 99인의 투자자 순서는 원서에서 정리한 영문 이름(성)의 순서대로 정리했으나, 루이스 베이컨, 브루스 코브너, 스티븐 맨델, 데이비드 쇼는 원서의 구성상 책의 마지막에 배치했습니다.

서문

최고의 경지에 오른 99명의 투자자를 만나다

앞 페이지에 인용한 토니 로빈스의 말에 내가 이 책을 준비한 목적이 고스란히 담겨 있다. 워런 버핏(Warren Buffett)의 전설적인 비즈니스 파트너인 찰리 멍거(Charlie Munger)는 개인적으로 성공보다 실패에 더 관심이 많다고 말한 적이 있다. 다들 그렇겠지만 나 역시 기억이 완벽하지 않으므로, 비슷한 상황에 부닥칠 때 기억의 오류 때문에 엉뚱한 결론을 내리는 실수를 할까 봐 우려된다. 그래서 부지런히 성공 사례를 읽고 분석하려고 노력한다.

당신도 그런 경험이 있다면 이 책이 마음에 들 것이다. 이 책은 전 세계에서 최고라고 일컬어지는 투자자 99명을 소개하고 있다. 각 투자자의 투자 철학과 스타일을 간단히 소개한 다음, 최소 25년간 쌓아 온 경험을 토대로 깊은 통찰과 조언을 제공할 것이다. 이 책에서 다루는 투자자 99명의 경력을 모두 합치면 약 3000년이 되는데 이들은 현대 사회에서 가장 성공적인 투자 전략을 구사한 인물들이다. 하지만 어떻게 행동하고 투자해야 하느냐는 질문에 대해 자신들이 모든 해답을 알고 있다고 주장하는 것은 아니다. 나이가 들고 경험이 쌓일수록 그저 인생에 대한 지혜를 다른 사람에게 알려주고 싶은 마음이 커지는 것은 자연스러운 현상이다. 그러므로 투자라는 주제 자체에 큰 관심이 없는 독자들도 이 책에서 많은 점을 배울 수 있을 것이다.

과거에 매우 성공적인 결과를 산출한 투자 전략을 소개하는 책은 시중에서 얼마든지 찾아볼 수 있다. 컴퓨터 시뮬레이션을 해보면 어떤 기업의 주식을 사거나 팔았어야 했던 시점을 정확히 파악할 수 있다. 하지만 여기에는 두 가지 작은 문제점이 있다. 첫째는 시장이 끊임없이 변한다는 것이고, 둘째는 투자자 대부분은 자기가 매우 이성적이라고 생각한다는 점이다. 하지만 완벽한 사람은 아무도 없다. 그래서 이 책은 이론적 가능성보다는 불완전한 투자자가 해낼 수 있는 투자 성과에 초점을 맞출 것이다.

이 책에서 소개하는 투자 성과는 사실 많은 사람이 대단하다고 느끼거나 인상적이라고 말하는 수준을 훨씬 넘어선다. 달리 말하면, 나는 독자들이 책의 모든 내용에 공감하리라고는 기대하지 않는다. 오히려 상당 부분이 독자의 생각과 결이 아주 다를 수 있다. 하지만 모든 일이 그렇듯이, 모든 사람이나 상황에 들어맞는 해결책이란 존재하지 않는다. 중요한 것은 크게 성공한 투자자 다수의 관점을 이해하는 것이다. 그들의 관점을 이해하면 시장 변화를 알리는 신호를 감지할 수 있고, 그에 따라 자신의 투자 방향을 지혜롭게 조정할 수 있다.

독자 중에는 개인 투자자도 있고 전문 투자자도 있을 것이다. 아무튼 모든 독자가 이 책을 통해 수익을 높이는 데 많은 도움을 얻기 바란다. 특히 이 책은 개인 투자자에게 큰 힘이 될 것이다. 역사는 투자자의 어깨를 움츠러들게 만든다. 전 세계 여러 지역의 조사 결과를 보면 수많은 개인 투자자가 손실을 보는데, 알고 보면 피할 수 있는 손실이 대부분이다. 돈을 버는 것보다 가지고 있는 것을 지키는 것이 더 어려워서 금융을 잘 모르면 이렇게 큰 비용을 치르게 된다. 미국을 제외하고 대부분의 나라에서는 학교에서 금융 교육을 하지 않기 때문에 시민 대다수가 곤욕을 치르게 된다. 개인적으로 보나 사회적으로 보나 결코 좋은 징조가 아니다.

이 책에 선정된 투자자 99명은 평균적으로 25년간 시장 수익률보다 거의 12퍼센트나 높은 수익률을 기록했다. 이 책을 준비하던 시점을 기준으로 보자면, 각 투자자가 관리하는 금액은 평균 100억 달러다. 이들이 현재 수익률을 향후 10년 더 유지한다고 가정하면, 1조 2060억 달러의 초과 수익이 발생해 투자자 자신과 고객, 자선 단체에 분배될 것이다. 책을 읽어보면 투자자 대다수가 자선 단체에 기부하는 데 매우 적극적이라는 점을 알 수 있다.

하지만 금융 시장은 연금술이 가능한 곳이 아니라면서 이러한 추론에 이의를 제기하는 사람이 많다. 투자자는 돈을 만드는 사람이 아니다. 이것은 커다란 파이 하나를 놓고 누가 더 큰 조각을 차지하는지 겨루는 상황, 즉 제로섬 게임이다. 이들은 남들보다 큰 조각을 방금 손에 넣은 것뿐이다.

그러나 이런 주장도 정확한 것은 아니다. 사회 전체가 연결된 제로섬 게임이 아니며, 엄밀히 말하면 좋은 투자자가 할 수 있는 것을 정확히 측정하는 것은 불가능하기 때문이다. (나쁜 투자자들의 경우는 다르다. 그들은 나라마다 철도를 열 개씩 건설하고 지금보다 훨씬 비싼 가격으로 자동차 제조업체를 100여 개 정도 만들 수도 있다. 이로 인해 빈약한 기업과 약해 빠진 산업구조가 지나치게 오랫동안 지원을 받을 것이며, 반대로 발전 가능성이 있는 벤처기업이 필요한 자금을 확보하지 못해서 난항을 겪을 것이다.)

어찌 됐든 가장 중요한 요소는 '높은 실적이 금융 시장에 유입되는 자본이 증가하도록 유도한다'는 점이다. 개인, 기관, 기업 등 투자할 자금을 가진 사람은 누구나 높은 수익을 원한다. 이와 같은 이윤 추구의 현장에서는, 이 책에 나오는 투자자 99인과 같은 사람이야말로 기업가, 회사, 국가로 연결되는 자본 흐름을 이동시킬 수 있다. 자금을 똑똑하게 관리할수록 이 세상이 부드럽게 돌아가는 것이다.

성공한 투자자는 잠재적 투자자에게 이 게임에 뛰어들라고 유도하기 때문에 갈수록 경쟁이 치열해진다. 모든 경제 이론에서는 경쟁이 심화할수록 경제 전반의 성과가 개선된다고 이야기한다. 반대로 초과 수익을 제공하는 투자자가 적을수록 신규 투자자도 찾아보기 힘들어지는데, 이런 상황이 벌어지면 위험 자본과 수익률도 줄줄이 하락하고 만다.

더 나아가 이 책에서는 성공한 투자자가 여러 가지 측면에서 사회에 기여한다는 증거를 제시한다. 언론에서는 부를 거머쥔 투자자를 스크루지 영감으로 묘사하는 경우가 많은데, 일부 젊은 투자자는 실제로 공적이든 사적이든 매우 인색한 경향을 보인다. 하지만 이 책에서 만날 성공한 투자자들에게서는 전혀 다른 모습을 보게 될 것이다.

독일의 유명한 시인이자 극작가 베르톨트 브레히트(Bertolt Brecht)는 "사람은 배를 채워야 도덕성을 보일 수 있다"고 말했다. 하지만 이 책에 소개하는 투자자들은 대부분 그런 식의 태도와 거리가 멀다. 오히려 상당수가 이타적인 세계관을 가지고 있다는 증거가 충분하다.

존 템플턴(John Templeton)은 현대에 가장 성공한 글로벌 투자자 중한 사람으로 손꼽히며, 신앙심도 매우 깊은 사람이다. 그가 남긴 말 중에서 두 가지 표현만 고른다면 다음과 같다. "성공은 사랑이라는 단 하나의 단어로만 측정하라." "우리가 다른 사람을 도우려고 노력하면 신이 우리의 모든 필요를 채워줄 것이다. 그러므로 자기 자신의 생계를 지나치게 염려하지 않아도 된다." 이는 '양복을 입은 뱀'이라는 유명한 비유와 차원이 다른 수준이다. 성공한 투자자는 고객의 돈을 잘못된 비즈니스 모델에 절대 낭비하지 않으며, 오히려 고객과 사회 모두에게 최고의 수익을 되돌려주는 것에 투자하기 때문에 존경받을 자격이 충분하다. 최악의 투자자는 이런 존경을 감히 욕심내서는 안 된다.

앞으로 여러 가지 경제 이론에 의문을 제기하겠지만, 이 책의 목표는 어떠한 절대적 진리를 도출하는 것이 아니다. 그보다는 최고의 경지에 오른 사람들에게서 배울 점을 찾고, 그 점을 활용해 더 나은 투자자를 배출하는 것이다. 그렇게 된다면 이 책을 세상에 소개한 의미가 있을 것이다.

이 책과 함께 즐거운 시간을 보내기 바란다.

한국어판 서문

나만의 투자 나침반을 찾다

이 책이 한국어판으로 출간되어 매우 기쁘게 생각한다.

나는 오래전부터 한국에 대해 적지 않은 관심과 애정을 갖고 있었다. 이 책에도 99인 중의 한 사람으로 한국의 대표적 펀드 매니저인 강방천 회장을 선정했다. 코로나19 이후에 한국 주식 시장은 큰 전환기를 맞이하고 있다. 오랜 세월 한국 사람들로부터 철저히 외면 받던 주식과 펀드가 지금은 중요한 투자 자산으로 급부상하고 있다. 특히 20~30대 젊은이들의 주식 참여가 적극적이라고 알고 있다. 나는 매우 긍정적인 변화라고 생각한다. 한국이 지난 50여 년간 전 세계에 보여준 눈부신 역동성이 주식 시장에서도 여지없이 발휘되는 느낌이다.

이런 투자의 전환기에 내 책이 꽤 유용하게 쓰일 것으로 기대된다. 주식 투자의 세계는 대단히 복잡하고 어렵다. 이런 복잡한 투자 세상에서 명확한 가치 판단 기준이 없는 것은 마치 나침반 없이 먼 바다로 항해를 나가는 것과 같다. 그 결과는 안 봐도 뻔하다. 아마도 원하는 목적지에 다다르기는커녕 살아서 돌아오기조차 힘들 것이다.

이처럼 가치 판단의 기준이 있느냐 없느냐에 따라 투자의 결과는 극명히 달라진다. 그래서 많은 사람들은 이 나침반을 손에 넣기 위해 애쓰지만 현실은 쉽지가 않다. 대부분의 사람들은 '어떤 가치와 함께 해야 하는가'라는 진지한 고민 없이 '어떤 가치가 최고야'라는 말만 듣고 맹목적으로 따른다. 어떤 이들은 수십 권의 투자 관련 책들을 읽기도 한다. 그러나 책들을 덮고 나서도 '도대체 나의 투자 스타일은 어떻게 정해야 하지'라며 생각이 복잡해지는 경험도 했을 것이다. 나도 꽤 오래 전에 느꼈던 감정이고 이런 내 생각에 적지 않은 독자들도 동의할 것이다.

이 책은 어떤 나침반을 가지고 어떤 가치를 찾을지에 대한 전 세계 99인 현자들의 이야기다. 나는 이 책을 쓰기 위해 취재하고 정리하는 과정에서 99명의 투자 대가들이 자신만의 나침반이 있다는 것을 알게 되었다. 이들의 모양과 색깔은 각양각색이다. 그러나 나침반의 자침이 남북을 정확히 가리켜 주듯 이들 99개의 나침반은 중요한 가치가 어디에 있는지 착오 없이 알려줄 것이다.

사람마다 좋아하는 음식이나 보고 싶은 영화가 다르다. 사랑하는 방법도 다 다르다. 이렇듯 각자의 선택은 다르지만 행복과 만족을 크게 하는 쪽으로 마음이 가는 것은 여지없이 동일하다. 나는 이 책을 통해 99명 투자 대가들의 멋진 판단 기준들을 보여주려고 한다. 독자들은 큰 수고 없이 각각의 입맛과 스타일에 맞는 투자의 나침반을 고를 수 있을 것이다. 독자가 어떤 스타일의 나침반을 선택할지 모르겠다. 그러나 어떤 나침반을 고르든 그 가치를 잘 이해하고 투자에 접목한다면 기대 이상의 멋진 결과를 얻을 것이다. 이 책이 한국 투자자들에게 그런 유용한 책이 되길 바라는 마음이 간절하다.

2022년 4월 스웨덴 스톡홀름에서

매그너스 안젠펠트(Magnus Angenfelt)

차례

세계 최고의 투자자들을 찾아서

위대한 99인의 투자자들

드러나지 않은 투자자 4인

특별한 투자자

세계 최고의
투자자들을 찾아서

위대한 투자자 99인을 만나다

어떤 사람은 이런 책을 준비하는 과정이 '누워서 떡 먹기'라고 생각할지 모른다. 세계 최고의 투자자 99인을 선정하고, 그들에게 금융 시장에서 오랫동안 성공적인 커리어를 유지하면서 파악한 중요한 사실이나 비법을 알려달라고 하면 대략적인 틀이 마련될 것이고, 각 투자자에 대한 짧은 소개 글과 그들만의 투자 철학을 요약한 설명을 덧붙이면 끝이라고 생각하니 말이다. 지금까지 아무도 이렇게 좋은 아이디어를 내지 않았다는 것이 신기할 따름이었다. 전문 투자자와 개인 투자자 모두에게 이보다 더 읽고 싶은 책은 없을 거라고 생각했다. 하지만 그 생각이 틀렸다는 사실을 깨닫기까지 그리 오래 걸리지 않았다. 이 책을 쓰는 일은 모든 면에서 내가 생각한 것보다 훨씬 힘들었고 시간도 오래 걸렸다.

구글 검색창을 열고 '세계 최고의 투자자 99인'을 검색하면 99인의 명단이 바로 나오는 것이 아니다. 투자자 명단 자체가 거의 없을 뿐만 아니라, 주로 국부펀드(public fund) 투자를 다루는 자료만 있었다. 좀 더 조사해 보니 국부펀드 투자자는 소수의 집단이었다. 대다수는 국부펀드와 거리가 먼 투자에 발을 담그고 있었으며, 투자 내역을 투명하게 공개하지 않았다. 자신의 자본금으로만 투자하는 사람도 상당히 많았다.

투자 형식은 문제가 되지 않았다. 내 목표는 25년 이상 투자 분야에서 활동하면서 오랜 기간에 걸쳐 고수익을 유지한 투자자를 찾아내는 것이었다. 그러나 수익률은 반드시 검증이 가능한 자료가 있어야 했다. 전 세계 여러 나라에서 후보자를 조사하려니 내가 수년간 쌓은 인맥을 총동원해야 했다.

본격적으로 조사 작업을 시작한 후에야 내가 정말 아무것도 모르고 있었다는 것을 깨달았다.

미국은 왜 최고의 투자자들을 많이 배출했나

내 목표는 세계 최고의 투자자 99인을 찾는 것에 더해, 모든 주요 국가에서 두각을 드러내는 투자자를 찾아내는 것이었다. 아마 후자를 알아내려면 전자를 어느 정도 포기해야 한다고 생각할 수도 있다. 그 말도 어느 정도 일리가 있다. 절대적인 수익률만 기준으로 삼았더라면, 이 책에 소개된 몇몇 투자자는 99위 밖으로 밀려났을 것이다. 게다가 주가가 25년간 하락세를 보이는 일본의 펀드 매니저를 미국의 헤지펀드 매니저와 직접 비교하는 것은 올바른 방법이 아니다.

이 책에 소개된 투자자의 출신을 따져보면 세계 주요 국가가 거의 다 포함되어 있다. 하지만 그리스, 베네수엘라, 말레이시아 등 몇몇 국가에서는 입증 가능한 고수익률을 보유하고 있는 뛰어난 투자자를 도무지 찾을 수 없었다. 투자자 수천 명을 검증해 선정했으므로, 이 책에 소개되지 않은 국가가 실수로 빠진 것은 아니다.

이 책에는 동유럽과 중국 투자자가 거의 나오지 않는데, 그 이유는 이 지역이 투자 분야에 경험이 거의 없기 때문이다. 중국은 1980년이 되어서야 비로소 시장 경제에 문을 열었고, 동유럽 역시 베를린 장벽이 무너진 후에야 투자의 돌파구가 마련되었다. 동유럽 출신의 이민자 중에 가장 크게 성공한 투자자로는 조지 소로스(George Soros)와 라슬로 솜바트팔비(Laszlo Szombatfalvy)를 꼽을 수 있다. 두 사람은 헝가리 태생인데, 이 나라는 인구가 1000만 명도 되지 않는 작은 나라다. 이렇게 인구 대비 성공한 투자자의 출신 국가를 비교한다면, 단연 헝가리가 1위를 차지할 것이다. 마크 파버(Marc Faber)와 마크 모비우스(Mark Mobius)는 중국을 대표한다. 둘 다 중국에 거주하고 있는 경험 많은 투자자가 맞지만, 태어나고 자란 곳은 각각 스위스와 미국이다. 헤지펀드 CQS의 설립자이자 대표인 마이클 힌츠(Michael Hintze)도 중국에서 태어났으나 어릴 때 외국으로 이민을 떠났다.

이처럼 투자자의 출신지는 지리적으로 매우 다양하다. 하지만 미국 출신의 투자자가 압도적으로 많다는 결론에는 변함이 없다. 99인의 절반 이상이 미국 출신인데, 사실 이보다 더 많아질 수도 있었다. 미국에는 유독 실력이 좋은 투자자가 많은데, 여기에는 몇 가지 이유가 있다. 그중 하나가 미국이 주식 거래를 시작한 최초의 국가 중 하나라는 점이다. 전 세계 최초의 증권거래소는 1309년에 브뤼헤(Bruges, 벨기에의 무역도시-옮긴이)에 설립되었고, 프랑스는 13세기부터 부채를 조직적으로 관리하기 시작했다. 하지만 20세기에 와서 유럽의 절반 이상이 공산주의 국가로 둔갑하고 몇몇 유럽 국가에는 사회주의 정부가 들어섰다. 그에 반해 미국은 시장 경제의 문을 활짝 열고 들어갔다. 시장 경제의 초석은 '자본 접근성'과 '투자자'라고 말할 수 있다. 위험 자본을 최대한 효율적인 방식으로 할당해야 했기에 교육 과정을 더욱 확장해 투자에 대한 기본 지식을 포함시키는 것이 절실히 필요했다.

이 책에 소개된 몇몇 미국인 투자자는 처음으로 투자에 관심을 가진 계기가 학교였다고 한다. 그들의 학창 시절이라면 아마 1940년대일 것이다. 어떤 사람은 미국 투자의 대가로 알려진 벤저민 그레이엄(Benjamin Graham)이 가장 중요한 인물이라고 한다. 미국 투자자라면 세대를 막론하고 대다수의 투자자가 벤저민을 자신의 스승이자 본보기로 여긴다. 벤저민은 시대를 잘 만나는 행운을 가졌다. 벤처캐피털의 필요성이 새로운 금융 산업을 탄생시킨 시대와 맞물렸기 때문이다. 그가 학생들에게 가치 투자에 대해 가르치기 시작한 것은

1928년이었다.

요즘 미국의 학교는 유명한 투자자를 강사로 초빙한다. 워런 버핏과 같은 투자자들이 여기에 포함된다. 재능이 있는 학생들이 세계 최고의 투자자 반열에 합류하도록 강한 자극을 주는 투자자들이 선정된다. 하지만 유럽, 아시아, 아프리카 지역에서는 자산 관리라는 측면에서 좋은 모델이 되는 사람을 찾아보기 어려우며 자산 관리에 관한 대학 강좌도 그리 많지 않다.

또 미국은 금융 시장이 매우 자유롭기 때문에 투자업계가 쉽게 성장할 수 있었다. 미국에서 최초의 헤지펀드는 1949년에서 등장했다. 그로부터 50년 이상 흐른 지금도 유럽에서는 헤지펀드가 금지되어 있다.

전쟁이 금융 시장에 미치는 영향도 무시할 수 없다. 몇몇 연구에 의하면, 사람들의 재정 이력은 위험 선호도에 큰 영향을 준다. 감정적 트라우마도 크게 다르지 않다. 일례로 중유럽 출신의 투자자는 미국 투자자와 비교할 때 매우 보수적인 투자를 고집한다. 어쩌면 이것이 바로 독일과 오스트리아 출신의 투자자가 이 책에 한 사람도 나오지 않는 이유일 것이다. 두 나라 출신의 투자자는 위험을 회피하는 경향이 높으며, 주식보다 현금이나 채권을 선호한다.

다른 국가는 미국의 경험에 유의해야 한다. 특히 노련한 투자자를 당연시하면 안 된다. 시장 경제가 성공하려면 금융 시장이 효율적으로 운영되어야 하는데, 여기에는 위험 자본의 확산이라는 조건이 포함된다. 기업가가 창업하고 생존을 유지하려면 자본이 필요하다. 이미 자리를 잡은 기업도 사업을 늘리려면 자본이 있어야 한다. 그뿐만 아니라 나라 살림을 꾸리는 데에도 자본이 필요하다. 따라서 그 나라에 실력이 좋은 투자자들이 있으면 나라 경제가 더욱 윤택해지며, 그로 인해 국민의 생활 수준이 높아지고 빈곤을 최대한 줄일 수 있다. 최고의 투자자는 흔히 연봉 순위를 논하거나 엄청난 연봉을 받는 사람들에 관한 이야기가 나올 때만 등장한다. 하지만 이들은 훨씬 더 중요한 역할을 맡고 있다.

장기적인 투자 성과는 필수

장기적인 성공을 선정 조건으로 내건 이유는 운으로 성공한 투자자를 배제하려던 의도였다. 어떤 사람이 수십 년 이상 엄청난 수익을 창출했다면, 그저 운이 좋았던 것이라고 보기 어렵다. 운이 좋았다는 말로는 도저히 설명할 수 없는 결과다. 아무튼 이 때문에 금융 시장에서 크게 성공해 잠깐 스포트라이트를 받은 투자자는 이 책에 소개하지 않을 것이다.

투자자 99인에 선정되지는 않았지만, 미국 헤지펀드 투자자로 유명한 제프리 비니크(Jeffrey Vinik)를 한번 생각해 보자. 그의 헤지펀드는 4년간 50퍼센트가 넘는 연간 수익률을 기록하며 세간의 이목을 끌었다. 하지만 성공 이후에 펀드를 폐쇄하고 고객들에게 42억 달러를 돌려주었다. 지금은 자신의 자금만 관리하면서 스포츠클럽과 같은 다른 벤처에 집중하고 있다. 비록 이 책에서는 비니크를 자세히 소개하지 않았지만, 그의 독특한 투자 관점에서 볼 때 가장 중요한 세 가지를 알려 달라고 했더니, 다음과 같이 답했다.

- 덱(deck, 카드 팩)에서 카드를 뽑으면 당신은 카드를 사용해야 한다. 이용 가능한 정보를 모두 활용해 투자를 결정해라. 근거 없는 짐작이나 예측을 하지 마라.
- 위험을 존중하고 손실에 한계를 정해둬라. 실수나 실패를 겪어도 오뚝이처럼 다시 일어서라.
- 단기 투자보다 장기 투자에 주력한다. 그렇게 해야 큰돈을 벌 수 있다.

존 폴슨(John Paulson)도 이 책에서는 소개하지 않았으나 매우 유명한 헤지펀드 투자전문가다. 그는 2008년 금융 위기 직전에 포지션을 신중하게 선택하고 이듬해에 금융 위기에서 살아남은 주식을 사들여서 전설적인 억만장자가 되었다. 하지만 그 이전과 이후를 살펴보면 수익률이 비교적 평범하다. 2011년에 그가 운용하는 어드밴티지 플러스 펀드(Advantage Plus Fund)는 50퍼센트가 넘는 손실을 보았다. 가장 큰 펀드인 어드밴티지 펀드(Advantage Fund)는 15년 이상 연평균 수익률이 두 자릿수에 미치지 못했다.

채권의 제왕으로 알려진 빌 그로스(Bill Gross)가 이 책에 포함되지 않아서 미간을 찌푸리는 사람도 있을 것이다. 그가 부재한 이유는 채권에만 집중한 투자자 중에는 아무도 성공한 사람이 없으며, 빌 그로스도 마찬가지였기 때문이다. 그들의 수익은 형편없는 수준이었다. 나는 투자 스타일과 관계없이 절대적으로 가장 높은 수익률을 기록한 투자자를 선정했다. 제아무리 뛰어난 투자자라 하더라도 채권 투자만으로 장기적으로 두 자릿수 수익을 달성하는 것은 불가능하다. 사실 지난 30년간 채권 투자 실적이 주식보다 높았지만, 두 자릿수를 기록한 적은 없었다. 주식 전문가 피터 린치(Peter Lynch)도 "채권 투자자들은 자신들이 무엇을 놓치고 있는지조차 모르는 것이 너무 안타깝다"고 말한 적이 있다. 나도 피터 린치의 말에 전적으로 공감한다.

이런 기준 때문에 소위 유명 투자자들이 선정되지 않은 것이다. 같은 이유로 단기간에 큰 수익을 올린 트레이더가 많지만, 그들도 선정 대상에서 제외했다. 실제로 오랫동안 높은 수익을 유지한 트레이더는 거의 없었다. 월터 슐로스(Walter Schloss), 앤서니 볼턴(Anthony Bolton), 벤저민 그레이엄의 방식을 추구하는 가치 투자자들은 수십 년간 지칠 줄 모르고 그렇게 해왔기 때문에 이 책에서 스포트라이트를 받고 있다.

세월이 흘러 사기꾼으로 판명된 투자자도 있다. 대표적인 예로는 버나드 매도프(Bernard Madoff)라는 악명 높은 사기꾼과, 내부자 거래로 유죄 판결을 받은 갤리온 그룹(Galleon Group) 소속 헤지펀드 매니저인 라지 라자라트남(Raj Rajaratnam)을 꼽을 수 있다. 경력이 최소 25년 이상인 투자자로 제한하고 확인 가능한 소득만 검토했기 때문에 이 책에 포함할 투자자 목록에서 구제 불능의 범죄자를 모두 걸러낼 수 있었다.

이 책의 초판본에는 미국 헤지펀드인 SAC 캐피털(SAC Capital)의 설립자 스티브 A. 코언(Steve A. Cohen)이 포함되었다. 그는 20년간 30퍼센트에 가까운 연간 수익률을 달성했다. 펀드 규모가 그리 크지 않을 때에 걸출한 성과를 낸 것이지만, 상당히 인상적인 기록이다. 하지만 후에 형사 고발을 당했으며, 회사 측에서 유죄를 시인하며 18억 달러를 지급했다. 나는 그 소식을 듣고 그의 이름을 책에서 빼기로 했다.

제외할 수밖에 없었던 인물들

몇몇 유명 투자자는 파산 후 다시 투자 업무에 복귀하지 못했기 때문에 이 책에 소개하지 못했다. 빅터 니더호퍼(Victor Niederhoffer)는 6년간 35퍼센트라는 연수익률을 달성해, 1996년에 세계 최고의 헤지펀드 매니저라는 명성을 얻었다. 하지만 이듬해에 펀드를 폐쇄할 수밖에 없는 처지가 되었다. 2001년부터 2007년 사이에 재기를 시도해 1년간 50퍼센트 이상의 수익을 냈지만, 또다시 큰 손실을 본 채 펀드를 폐쇄했다. 수많은 투자자가 그랬듯이 빅터도 위험 관리에 실패했으므로 이 책에서 다루지 않을 것이다.

그밖에도 스위스 출신의 주주행동주의자 마르틴 에브너(Martin Ebner)를 궁금해하는 사람이 있을 것이다. 그는 엔지니어링 기업인 ABB 투자에 처참히 실패했기 때문에 배제했다. 마르틴 에브너의 투자 제국이 흔들리자 ABB도 거의 무너질 뻔했다.

예외를 만든 투자자들

성공 여부를 따질 때, 상품, 채권, 통화, 주식, 기업 등 투자 대상은 따로 구분하지 않았다. 하지만 기업 설립가는 전혀 다른 분야이므로 최대한 배제하려고 노력했다. 어떤 사람은 카를로스 슬림(Carlos Slim)을 왜 넣었냐고 따지려 할지 모른다. 하지만 멕시코 기업가이자 전 세계 1위 부자인 슬림은 사실 주식 시장에서 투자자로서 첫발을 내디뎠으며 지금도 주식 투자자로서 남다른 존재감을 과시하고 있다.

미국 투자자 존 보글(John Bogle)도 거의 제외 대상으로 봐야 할 것 같다. 그는 S&P 500(미국 500대 기업에 관한 지수–옮긴이)을 넘어서는 수익을 달성한 적이 한 번도 없다. 내 선정 기준으로 보자면 매우 특이한 사례이며 원칙적으로 배제할 수밖에 없다. 그는 인덱스 펀드를 창시한 사람인데, 적극적인 펀드 관리에 반대하며 저렴하고 수동적인 인덱스 펀드를 강력하게 옹호하는 입장은 이 책에 소개된 모든 의견과 방향이 전혀 다르다. 그렇지만 60여 년의 커리어와 남다른 투자 경험을 압축해 놓은 그의 생각과 결론은 독자에게 반드시 알려줄 가치가 있다고 판단해 이 책의 끝부분에서 따로 간략히 소개할 것이다.

제시 리버모어(Jesse Livermore)가 전설적인 트레이더라는 점에는 이견이 없다. 하지만 어떤 이들은 여러 차례 파산한 이력이 있는 그를 포함한 것을 납득하기 어려울지 모른다. 나는 투기만으로 25억 달러(현 시세 기준)라는 거액을 끌어 모은 리버모어의 투자 전략이 오늘날 모든 트레이더가 필수적으로 읽어야 할 내용이라고 생각한다.

리버모어와 유사한 투자 패턴을 가진 미국의 포트폴리오 관리자 빌 밀러(Bill Miller)는 제외해야만 했다. 그는 200억 달러가 넘는 관리 자산을 통해 15년 연속 비교지수(comparable index)를 능가하는 수익을 기록했다. 최정상에 올랐을 때 멈출 줄 알았다면 지금쯤 아마 투자 영웅으로 환대받을 것이다. 하지만 그는 멈추지 않았고, 2008년 금융 위기에 시장을 잘못 파악했다. 그래서 결정권을 거머쥔 28년의 투자 기간에서 마지막 6년은 손실을 입었다. 이러한 결말을 생각하면, 아래에 소개한 투자에 관한 그의 통찰과 조언이 더 흥미롭다.

- 평균 비용을 최대한 낮춰야 살아남는다.
- 신문에 보도된 내용이라면, 이미 가격에 반영되어 있다.
- 기업에 관한 정보는 100퍼센트 과거를 나타내지만, 기업의 가치에 대한 정보는 100퍼센트 미래에 달려 있다.
- 금융 위기는 사람들이 위험한 자산을 매입하려고 대출을 받기 때문에 발생하는 것이 아니라, 안전하다고 생각했는데 나중에 알고 보니 위험한 자산을 매입하려고 대출을 받는 사람들 때문에 발생하는 것이다.

'큰 영향력을 행사하는 투자자'라는 요건 때문에 50세 미만의 투자자는 거의 대부분 제외되었다. 미국인의 경우 체이스 콜먼(Chase Coleman)이나 리 아인슬리(Lee Ainsli)가 젊은 투자자로서 두각을 드러내고 있지만, 아직 경험이 부족해서 이 책에 포함하지 않았다. 물론 예외는 있다. 브라질의 펀드 매니저 파비오 알페로위치(Fabio Alperowitch, 1971년생)는 워낙 출중한 투자자라서 도저히 제외할 수 없다. 그는 20년간 연평균 수익률 32퍼센트를 유지했다. 그야말로 감탄을 자아내는 기록이다.

미국인 투자자 윌리엄 오닐(William O'Neil)과 에드 세이코타(Ed Seykota)의 경우에는 정확한 투자 수익을 확인할 수 없었다. 하지만 두 사람을 본보기로 삼아 투자에 성공한 추종자가 상당히 많아서 간접 정보만으로도 충분히 만족할 수 있었다. 미국 투자계의 전설적 존재인 필립 피셔(Philip Fisher)도 그러한데, 그의 경우에는 간접적인 정보를 제공하는 출처가 많았다. 워런 버핏도 그런 면에서 믿을 만한 사람이다.

그렇지만 과거 투자자 중에서 네 명은 투자 수익을 확인할 방법이 전혀 없었다. 그들은 미국인 투자자 제럴드 러브(Gerald Loeb), 버나드 바루크(Bernard Baruch)와 독일 투자자 앙드레 코스톨라니(Andre Kostolany), 헝가리 출신의 니콜라스 다비스(Nicolas Darvas)다. 공교롭게도 네 사람 모두 성공적인 작가로 알려져 있는데, 자료를 검색하다 보니 적어도 이들 중 두 사람은 투자자가 아니라 작가로서 더 크게 성공한 것을 알게 되었다.

불분명한 수익률은 마이클 마커스(Michael Marcus)라는 미국 투자자도 포기하게 만들었다. 그는 트렌드를 반영하는 상품 트레이더지만 지금은 은퇴했다. 지난 세기말 기준으로 20년 만에 3만 달러를 8000만 달러로 늘린 것으로 알려져 있지만 정식으로 검증된 수치는 아니다.

남아프리카 공화국의 앨런 그레이(Alan Grey)도 비슷한 이유도 탈락했다. 지난 14년간 연평균 수익률 27퍼센트를 기록했으므로 아프리카 대륙에서는 최고의 투자자라고 말할 수 있다. 투자를 시작한 1974년으로 거슬러 올라가서 지금까지 투자 기간 전체를 돌아보면 수익률이 더욱 높지만 검증된 수치는 아니다. 지금은 은퇴해 버뮤다에 살고 있다.

책을 집필하는 동안 다섯 명이 사망했다(책의 초판이 출간된 이후에도 여러 명의 투자자가 생을 마감했다–편집자). 월터 슐로스는 2012년 봄에 사망했는데, 불행 중 다행으로 사망하기 몇 달 전에 대화를 나눌 기회가 있었다. 벤저민 그레이엄 같은 투자자는 출처가 공개된 자료를 가져와서 이 책의 내용을 구성했다.

나세르 모하메드 알카라피(Nasser Mohammed Al-Kharafi)는 아랍권에서 가장 성공한 투자자이자 전 세계에서 손꼽히는 재력가다. 그도 나에게 자신의 투자에 관한 의견을 보내주었는데, 투자 전략에 대해 질문하기 전에 세상을 떠나고 말았다. 그의 세 가지 조언은 419페이지에 소개되어 있다.

언론에 노출되지 않은 재야의 고수들

이러저러한 이유로 이 책에 참여하지 않은 투자자가 다섯 명 정도 있었다. 관련된 간접 정보를 찾아봤지만 아무것도 얻을 수 없었다. 그렇지만 이들은 책에 소개될 자격이 넘친다고 말할 수 있을 정도로 성공한 투자자다. 다섯 명 모두 미국의 헤지펀드 운용자인데 언론에 노출되는 것을 불편해한다.

미국 투자 회사 레우카디아(Leucadia)의 이언 커밍(Ian Cumming)과 조지프 스타인버그(Joseph S. Steinberg)는 유명한 투자 전문가다. 어려움을 겪는 기업을 저렴하게 사들여서 구조조정을 한 뒤 되파는 방식으로 34년간 주가의 장부 가격을 연 20퍼센트나 높였다. 이는 S&P 500 지수보다 10퍼센트 더 높인 것이다. 그는 '버크셔해서웨이(Berkshire Hathaway, 워런 버핏의 회사–옮긴이)의 축소판'이라는 별명을 얻었으며, 아래에서 볼 수 있듯이 매우 단도직입적인 투자 전략을 구사한다. 방법은 쉬워 보이지만 실제로 이렇게 해서 성공한 사람은 많지 않다.

- 너무 비싸게 사지 않는다.
- 사람들이 필요로 하거나 원하는 제품 및 서비스를 생산하는 기업을 사들인다.
- 과세 대상 수익보다 안전한 수익이 더 중요하다.
- 다시 한번 강조하지만, 너무 비싸게 사지 않는다.

이 외에 루이스 베이컨(Louis Bacon), 브루스 코브너(Bruce Kovner), 스티븐 맨델(Stephen Mandel), 데이비드 쇼(David Shaw) 역시 언론에 잘 노출되지 않는 투자자들이다. 이들에 대해서는 책의 후반부에 간략하게 설명했다.

투자자 평가에 대한 기준과 출처

이 책은 투자자에 대한 기본 정보, 공식적인 기록에 더해 나의 분석과 결론으로 구성된다. 투자에 관한 통찰이나 조언은 그들에게 직접 전달받은 것이다. 투자자와 직접 연락할 수 없는 경우에는 공개된 자료를 인용했는데, 해당 투자자에게 관련 문제를 반드시 확인한 후에 인용구를 선택했다.

책에서는 알파벳 순서에 따라 투자자를 소개할 것이다. 수익률은 사람에 따라 기준점이 조금씩 달라서 2011년, 2012년이나 2013년이 될 수도 있다. 하지만 조사 기간이 길었기 때문에 최종 일자가 언제인가는 전체적인 그림에 큰 영향을 주지 않았다.

공식적으로 알려진 수치가 전혀 없는 투자자도 있다. 그런 경우에는 어쩔 수 없이 뉴스 기사와 같이 공신력이 있는 출처에서 자료를 얻었다. 수수료를 포함한 총수익을 제시하고 싶은 마음이 컸지만, 그런 수치를 확보할 방법이 없었다. 만약 가능했더라면 투자자 상호 비교가 더욱 명확했을 것이라 아쉬움이 남는다.

일부 투자자는 자신의 돈만 관리하기 때문에 수익률이 공개된 바 없다. 이런 경우에는 부에 관한 공식적인 통계 자료를 해당 투자자의 개인 자료와 비교하는 방법을 사용했다.

수익률과 함께 나열된 벤치마크(투자 성과를 평가하는 데 기준이 되는 지표)는 투자자와 가장 관련성이 높은 지수를 사용했다. 미국 투자자는 S&P 500 지수를 기준으로 삼았다. 지역 단위 펀드 매니저는 해당 지역의 지수를 사용하고, 글로벌 펀드 매니저는 MSCI 선진국지수(MSCI World Index)를 기준으로 평가했다. 어떤 경우에는 투자자가 사용하는 벤치마크를 그대로 사용했다. 실제로 여러 자산군을 운용할 때 투자자는 가중치를 부여한 벤치마크를 사용하기도 한다.

수천 명이 넘는 사람을 조사했지만 내가 놓친 투자자가 있을지도 모른다. 독자 중에도 자기가 아는 투자자가 이 책에 나오지 않는 것을 의아해하는 사람이 있을 것이다. 그렇긴 해도 여기에 소개하는 99인의 목록보다 더 나은 목록을 만들 수는 없을 것이라고 자부한다.

투자에 절대적 공식은 없다
그러나 도움이 되는 전략은 있다

조지 소로스는 "투자의 매력 한 가지는 성공할 방법이 매우 많고 다양하다는 것이다"라고 말했다. 그 말에 이 책의 요점이 모두 들어 있다. 성공한 투자자가 되는 길은 기적에 가까울 정도로 희박하며 보편적인 공식이 있는 것이 아니다. 이 책에 수십 명의 투자자가 등장하듯이, 성공 전략도 수십 가지다. 몇 가지 예시를 살펴보자.

- 어떤 투자자는 기업 경영진을 아예 만나지 않는다(월터 슐로스). 이에 반해 기업 경영진과 밀접한 관계를 유지하는 것이 가장 중요하다고 여기는 투자자도 있다(아베 슈헤이).
- 어떤 투자자는 사상 최대치를 기록하고 거기서 더 상승할 가능성이 있는 주식에만 투자하지만(윌리엄 오닐), 어떤 투자자는 주가가 최저치를 기록하고 보편적으로 인기가 없는 종목이 아니면 투자를 기피한다(크리스토퍼 스텐스러드).
- 국내 투자에만 집중하는 투자자가 있는가 하면(랄프 웬저), 해외 투자를 선호하는 투자자도 있다(마크 모비우스).
- 투자 대상을 몇 가지로 한정하는 투자자도 있고(루이스 심슨), 수천 가지 포지션에 투자하는 투자자도 있다(피터 린치).
- 몇몇 투자자는 주식을 매입하면 수십 년간 보유하는 것을 선호하는 반면(셸비 데이비스), 투자 기간(time horizon, 시간 지평이라고도 함-옮긴이)이 한 달을 넘기지 못하는 사람도 있다(마이클 스타인하르트).

- 어떤 투자자는 트렌드를 따라가지만(마티 츠바이크), 역투자를 즐기는 사람도 있다(칼 아이칸).
- 어떤 투자자는 성공 확률이 낮고 적절한 투자 기회의 범위가 좁아 보이면 시장을 떠나는 편이 낫다고 말한다(짐 로저스). 하지만 이와 반대로 기회는 모든 곳에 있다고 말하는 투자자도 있다(로버트 W. 윌슨).
- 어떤 투자자는 소비자 상품에 관련된 자산에 투자하는 것을 선호하지만(토머스 루소), 그런 종류의 자산은 아예 고려하지 않는 투자자도 있다(필립 피셔).
- 어떤 투자자(제러미 그랜섬)는 역사와 시장이 반복된다고 생각하지만, 이와 반대로 항상 새로운 방향을 찾을 수 있다고 믿는 투자자(제임스 사이먼스)도 있다.
- 어떤 투자자는 글로벌 매크로 전략이 최고라고 생각하지만(조지 소로스), 다른 이는 그 전략에 관한 결정을 보류하고 있다(체탄 파리크).
- 많은 투자자가 역사적인 수치에만 근거해 분석하지만(벤저민 그레이엄), 일부는 오로지 향후 전망(존 네프)에 따라 분석한다. 두 가지 요소를 모두 사용하는 투자자도 있다(안톤 탈리아페로).

놀라운 것은 이 책에 소개한 투자자들의 전략이 하늘과 땅만큼 큰 차이를 보이는데도 다들 어마어마한 수익을 얻었다는 점이다. 이들에게 공통점도 하나 있다. 그것은 바로 단기적으로나마 각자의 투자 원칙을 확고히 따랐다는 것이다. 아무도 하루가 멀다 하고 투자 방식을 바꾸지 않았다. 문제가 생길 때에는 투자 전략을 뜯어고치는 것이 아니라 차라리 회사 문을 잠시 닫는 쪽을 택했다.

미국 투자의 대가 월터 슐로스는 벤저민 그레이엄의 투자 모델에 따라 투자했다. 하지만 이 모델이 시장에서 널리 알려진 것을 보고는 50년 역사의 펀드를 폐쇄하고 자본금을 고객에게 돌려주었다. 워런 버핏과 마이클 프라이스(Michael Price)와 같은 미국의 전설적인 투자자도 그렇게 한 적이 있다. 물론 이들은 나중에 새로운 무대에서 다시 투자 활동을 개시했다.

이처럼 단호하고 절제된 태도는 단기간에만 적용된다는 점에 유의해야 한다. 장기적으로 보면, 투자자가 시장 변화에 적응하는 것은 예외가 아니라 규칙에 가까운 것이다. 성공한 투자 사례를 연구할 때 알 수 있는 가장 중요한 교훈이 바로 이것이다. 경쟁에 휘말리거나 방해받지 않고 자신이 투자 전략을 고수할 수 있는 틈새시장을 발견하는 경우는 극히 드물다. 자신이 좋아하는 전략에 전력을 다한다고 해서 반드시 성공하는 것은 아니다. 변화를 민감하게 감지하고 유연하게 대처하는 태도가 성공 비결이다. “모든 것이 변한다”는 켄 피셔(Ken Fisher)의 짧은 명언에도 이러한 진리가 숨어 있다.

이 책의 주인공들은 쓸모없는 전략에 시간을 허비하거나 감상에 젖어 시간을 보내는 일이 결코 없다. 한마디로 실용주의의 화신이라고 할 수 있다. 논리적이지 못한 방법은 절대 용납되지 않는다. 역사상 가장 위대한 경제학자 중 한 사람인 존 메이너드 케인스(John Maynard Keynes)가 “사실관계가 달라지면, 나도 생각을 바꾼다”라고 말한 것과 일맥상통한다.

투자 이론의 선두 주자인 벤저민 그레이엄마저도 시대가 달라져서 자신의 투자 모델이 더는 효율적이지 않다는 것을 깨닫고는 전략을 수정했다. 좀 더 최근의 예를 들자면 워런 버핏을 들 수 있다. 버핏은 자신의 투자 모형을 고수하는 편이지만, 시장 환경이 달라지면 유연하게 대처할 줄 안다. 버핏도 투자 초반에는 영락없는 가치 투자자였다. 그런데 최근에 와서 실속 있는 기업을 편애하는 태도를 보인다. 게다가 기술 혁신 등의 미래를 예측하는 것이 어렵다는 이유로 기술 관련 기업은 지금까지 자신의 포트폴리오에 넣은 적이 없었다. 그런데 2011년에 무려 81세라는 고령에도 불구하고 갑자기 심경의 변화를 보였다. IBM의 주식 5.5퍼센트를 사들여서 최대주주가 된 것이다.

또 다른 사례로서 스페인 투자자 프란시스코 가르시아 파라메스(Francisco Garcia Parame)를 생각해 보자. 그는 종종 '유럽의 워런 버핏'이라고 불린다. 거의 20년간 벤치마크 지수와 비교할 때 두 배의 수익률을 달성했는데도, 어느 순간 자신의 투자 방식을 바꾸었다. 그 후에 우량 기업에만 투자했고, 소위 가치 투자는 눈길도 주지 않았다. 자산에 대한 상당한 할인이 있었음에도 그렇게 한 것이다. 영국과 미국을 통틀어 투자의 대가로 여겨지는 존 템플턴은 2000년에 발생한 닷컴 버블 시기에 맞추어 처음으로 공매(short-selling)를 시도했다. 당시 나이가 88세였는데 투자 과정에서 8500만 달러를 벌었다고 한다. 참신한 사고와 자기 확신이 합쳐져서 인상적인 결과를 산출한 것이다. 진화론의 유명한 문구를 빌려와서 설명하면 다음과 같다. "힘이 제일 세거나 머리가 제일 좋은 것이 살아남는 것이 아니라, 변화에 가장 잘 적응하는 것이 살아남는다."

투자자들은 위험을 감수하는 방식이나 위험 부담을 바라보는 시각에서 의외의 태도를 보인다. 일반적으로 위험 부담이 높을수록 수익도 올라간다고 생각하기 쉽다. 하지만 이는 잘못된 추론이며, 실제는 그와 정반대다. 위험 부담을 낮추고 위험 관리에 신경을 많이 쓰는 것이 이 책에 소개된 투자자들의 공통점이다.

하지만 시장에 변화가 있을 때 위험을 회피하고 투자 전략을 유연하게 활용하는 것이 이들의 유일한 공통점이라고 할 수는 없다. 성공한 투자자의 프로필을 보면 무슨 뜻인지 이해가 될 것이다. 어떤 투자 전략을 사용하는지, 어떤 시장에 투자하는지, 투자 기간이 어느 정도인지는 중요하지 않다. 그들의 공통점은 다음과 같이 12계명으로 정리할 수 있다.

1. 자신의 투자 리듬을 파악한다.
2. 자신의 장단점을 파악한다.
3. 잠재력이 아니라 위험을 고려한다.
4. 시장에 변화가 생기면 투자 전략을 바꿀 수 있도록 준비한다.
5. 남들에게 전해들은 정보만으로 투자 결정을 내리지 않는다.
6. 감정 때문에 판단력이 흐려지는 일이 없도록 주의한다.
7. 자신이 이해하지 못하는 것에 투자하지 않는다.
8. 절도 있게 대처하고 부지런히 일한다.
9. 평판이 좋은 기업이 아니면 거래하지 마라. 그리고 자신의 평판도 항상 잘 관리하라.
10. 시장의 효율성을 과소평가하지 마라. 그렇다고 해서 시장이 완벽할 거라고 과대평가해서도 안 된다.

11. 실수는 잘못이 아니다. 하지만 실수에서 교훈을 얻지 못하는 것은 잘못이다.
12. 세상만사가 그러하듯 투자에서도 인내심은 매우 훌륭한 덕목이다.

성공한 투자자의 전략을 그대로 따라 하는 것보다 위의 일반적인 조언을 잘 받아들이는 편이 훨씬 유리할 것이다. 투자의 세계는 그리 단순하지 않다. 어떤 전략이 성공하더라도, 많은 사람이 이를 따라 하면 결국 언젠가는 처음만큼 좋은 성과를 내지 못하게 된다. 과거에도 항상 이런 패턴이 반복되었다. 게다가 한번 성공한 방법이 쓸모없는 전략이 되기까지 걸리는 시간이 훨씬 짧아졌다.

핵심은 성공한 투자자의 관점과 전망을 이해하려고 노력하는 것이다. 그리고 시간을 두고 기다릴 줄 알아야 한다. 투자는 단거리 경주가 아니다. 미국 투자자 존 로저스(John Rogers)의 회사 로고가 거북이 모양인 것도 이해할 만한 일이다. 투자자 대부분의 나이를 고려하더라도 조급하게 생각할 필요가 없다. 신체적 능력의 정점은 20대 중반일지 몰라도 투자의 정점은 절대 그 나이에 도달할 수 없다.

펀드 매니저의 4분의 1 이상이 70세가 넘은 고령에도 활발하게 투자했으며, 80세가 넘어서도 10퍼센트가 일을 손에서 놓지 않았다. 이 정도면 투자자라는 직업이 수명을 늘리는 데 도움이 되는 것일지도 모른다. 미국인 투자자 어빙 칸(Irving Kahn, 투자 실적 순위로 보면 이 책에 포함될 수 없다)은 107세가 넘어서도 매일 월가에 출근했다(2015년 2월 사망했다–편집자). 또 다른 역투자 전문가인 필립 카렛(Philip Carret)도 비슷한 경우인데, 특정 펀드 하나를 무려 55년간 운용한 최장기록을 보유하고 있다.

루이스 심슨(Louis Simpson)은 대성공을 거둔 미국인 투자자이며 워런 버핏과 가까운 투자 동료였다. 그는 74세에 사직한 다음 곧장 새로운 투자운용사를 설립했다. 글렌 그린버그(Glenn Greenberg)와 마틴 휘트먼(Martin Whitman)은 60세가 넘어서 새로운 투자 벤처를 시작했다. 노년에도 예리한 판단력을 유지하고 싶다면 투자만큼 좋은 활동도 없을 것이다. 투자를 해보면 알겠지만, 이 일은 진심 어린 열정이 솟구친다. 대다수 투자자는 투자라는 일을 매우 좋아하며, 호기심에는 정해진 한계도 나이 제한도 없다.

하지만 이것이 모든 투자자에게 적용되는 것은 아니다. 단기 투자자와 장기 투자자 사이에는 분명한 구분선이 있다. 매매회전율(turnover rate)이 높을수록 일이 고되고 스트레스가 심해진다. 조지 소로스는 예외적인데 그는 쉽지 않은 분야에 투자하면서도 품위 있게 노년기로 접어들었다. 그 외에 이 책에 나오는 다른 '고령의' 투자자는 안정적이고 위험이 거의 없는 자산에 장기적으로 투자하는 것을 고집한다.

대다수 투자자는 도무지 지칠 줄 모르는 것 같다. 게다가 남들보다 빨리 관심 분야를 개척하고 커리어를 쌓기 시작한다. 이 방면에서는 대니얼 러브(Daniel Loeb)라는 미국 헤지펀드 매니저가 최연소 기록을 보유하고 있다. 그는 다섯 살 때 주식에 관심을 보였다고 하는데, 너무 어린 나이라서 믿기 힘들다는 반응이 많다. 세계 최대 규모의 헤지펀드를 운용하는 레이 달리오(Ray Dalio)와 전 세계에서 손꼽히는 부자인 카를로스 슬림은 12세에 처음으로 주식을 샀다고 한다. 그밖에 오스트레일리아 출신의 커 닐슨(Kerr Neilson)도 매우 조숙한 투자자였는데, 13세의 나이에 주주가 되었다. 워런 버핏은 11세에 처음으로 누나와 함께 주식 투자를 시작했다.

어릴 때 주식에 관심을 기울이지 않았던 사람도 아직 늦은 것은 아니다. 정반대되는 성공 사례도 있기 때문이다. 일례로 제임스 사이먼스(James Simons)는 전 세계에서 가장 수익성이 높은 헤지펀드를 운용하고 있다. 사실 그는 마흔이 되어서야 투자자의 길에 들어섰다. 그렇긴 하지만 이 책에 소개된 투자자들을 놓고 보자면, 어린 나이에 시작하는 것이 아무래도 유리할 것이다.

성공한 투자자의 성향

투자자로 성공하길 원하는가? 만약 그렇다면 유대인 태생의 남자가 조금 더 유리한 고지에 있다고 할 수 있다. 나로서는 최선을 다했지만, 기준에 부합하는 여성 투자자를 찾기가 어려웠다. 헤티 그린(Hetty Green)이 눈에 들어오지만 52년간 연평균 수익률이 6.5퍼센트에 그쳤다.

하지만 나는 포기하지 않았고 결국 한 사람을 찾을 수 있었다. 마리코 고든(Mariko Gordon)이라는 고급 스몰캡(small-cap, 주식 시장에 상장된 가치 또는 등록된 시가총액이 많지 않은 중소기업 주식을 가리킨다-옮긴이) 투자자가 있는데, 투자 성과만 보면 이 책에 이름을 올릴 자격이 충분하다. 그런데도 그녀의 이름을 이 책에서 찾아볼 수 없다는 것은 크게 놀랄 만한 일이 아니다. 어떤 이들은 선천적으로 여성의 성향이 성공한 투자자가 되기에 어울리지 않는다고 판단하기도 한다. 기본적으로 투자자는 위험을 감수해야 하는데, 일부 연구에서는 여성이 위험을 기피하는 성향을 더 많이 보인다고 알려준다.

일부 투자 전략만 보자면 이 말은 어느 정도 일리가 있다. 그러나 앞서 말했듯 성공의 비결은 위험을 제한하는 행동과 무모하게 투자하지 않는 것이다. 다시 말해서, 투자는 오히려 여성에게 어울리는 직업일지도 모른다. 실제로 위험 감수도(tolerance)가 낮은 여성이 투자자로서 성공할 확률이 크다는 충분한 증거가 있다. 2001년 브래드 바버(Brad M. Barber)와 터렌스 오딘(Terrence Odean)의 연구에 의하면, 여성의 수익률이 남성보다 평균 1.4퍼센트 더 높았다. 다른 연구에서도 비슷한 결과가 나왔는데, 여성이 남성보다 한발 앞서 있었다. 여성 투자자의 특징을 정리해보면, 거래 강도가 높지 않고 충동성이 낮으며 남성보다 더욱 철저히 분석하는 경향이 있다. 이러한 특성은 장기적으로 좋은 결과를 가져오게 되어 있다.

아무리 생각해봐도 이 책에 소개할 만한 여성 투자자가 없는 것은 이 분야의 전통적 특징인 것 같다. 그것 외에는 이러한 결과를 달리 설명할 방법이 없다. 하지만 앞으로 25년만 지나도 분명 상황이 달라질 것이다.

또 다른 관점에서 보면 한 가지 흥미로운 점을 알게 된다. 그것은 바로 이 책에 소개된 투자자의 약 3분의 1이 유대인 혈통이라는 점이다. 이렇다 할 과학적 증거가 없다 보니 과거의 역사 속에서 그 이유를 찾게 된다. 유대인은 수백 년 동안 유럽에서 자산의 소유가 허락되지 않았다. 땅을 사서 농사를 지을 수 없었고, 당시 가장 큰 투자 대상인 토지와 부동산을 매입할 수 없었다. 상황이 이렇다 보니 유대인은 생계를 꾸릴 방안을 찾아 나서야 했는데, 집단 학살이 자주 발생했기 때문에 거주지를 옮겨도 큰 영향이 없는 직업이 필요했다. 이렇게 해서 트레이딩(trading)이 유대인에게 적당한 직업으로 선택받은 것 같다. 여러 세대에 걸쳐 트레이딩 기술이 전수되었을 것이므로, 오늘날 유대인 투자자들이 남다른 성과를 거두는 것도 이해할 만한 일이다.

투자 성공은 지능 순이 아니다

고등 교육을 받은 것은 또 다른 장점이거나 성공의 조건일지 모른다. 이 책에 소개된 투자자 열 명 중 한 명 이상이 박사 학위를 가지고 있으며, 세 명 중 한 명은 석사 학위를 받았고 거의 모든 시험에서 최고점을 받았다고 한다. 게다가 입학만 하면 누구나 학위를 딸 수 있는 허울뿐인 대학 출신은 거의 찾아볼 수 없다. 절반 이상이 전 세계적으로 유명한 대학 출신이다.

하지만 모든 일이 항상 그렇듯이 반대의 경우도 있다. 월터 슐로스, 아널드 반 덴 베르그(Arnold van den Berg), 마이클 파버(Michael Farber), 제시 리버모어, 알베르 프레레(Albert Frere)처럼 교육을 전혀 받지 않고도 성공한 투자자도 있다. 물론 숫자는 그리 많지 않다. 그리고 칼 아이칸(Carl Icahn), 폴 튜더 존스(Paul Tudor Jones), 존 헨리(John Henry), 존 브라이얼리(John Brierley)는 모두 대학을 중퇴했다.

이 책의 주인공을 모두 살펴보아도 박사 학위와 투자 수익의 연관성은 전혀 찾아볼 수 없다. 학문적인 관심이 없는 사람들은 이런 통계에서 어느 정도 위안을 얻을 수 있다. 워런 버핏도 "성공은 IQ 125 이상과 아무런 상관관계가 없다"고 말한 적이 있다.

IQ 검사 결과를 기준으로 최고의 펀드 운용팀을 구성하고, 이를 기반으로 최고의 투자운용사를 설립하는 것이 가능하다면, 이미 실행되었을 것이다. 사실 롱텀캐피털(Long Term Capital)이라는 헤지펀드가 최초이자 마지막 실험이었다. 노벨경제학상을 수상한 로버트 머튼(Robert Merton)과 마이런 숄스(Myron Scholes)가 1992년에 설립한 헤지펀드인데, 6년 후에 45억 달러의 손실을 남긴 채 청산되었다. 아무래도 투자에서는 높은 지능이 가장 중요한 요소는 아닌 것 같다.

교육 수준이나 지능은 관련이 없지만, 이 투자자들에게는 한 가지 공통점이 있다. 다들 오랫동안 강도 높은 연습 과정을 거쳤다는 것이다. 또한 이들의 대다수가 연장자 멘토와 가까이 지내거나 그들의 지도, 감독을 받았다. 그뿐만 아니라 본격적인 투자에 뛰어들기 전에 평균 15년의 모의 연습 기간을 거쳤다. 월가의 대표적 투자자 마이클 프라이스는 수년간 연습하고 깊이 생각하는 과정을 거친 후에야 자기만의 성공 투자 공식을 발견하게 되었다.

하지만 성공으로 가는 길은 셀 수 없이 많은 실패로 점철되어 있기 마련이다. 특히 초창기에는 어리석은 실수와 큰 실패를 어김없이 겪게 된다. 일례로 미국 투자자 찰스 M. 로이스는 펜실베이니아 펀드 운용을 맡은 첫해에 40퍼센트의 손실을 입었다.

말콤 글래드웰(Malcolm Gladwell)의 저서 『아웃라이어』는 1만 시간을 바쳐 열심히 노력하면 전문가가 된다고 하는데, 투자자라는 전문직에도 적용되는 법칙이다. 투자 고수의 옆에서 직접 보고 배울 기회가 있다면 학습 곡선의 기울기가 더욱 가파르게 나타날 것이다. 마찬가지로 펀더멘털 투자(fundamental investment, 기업의 본질적 가치를 분석해 투자하는 방법–옮긴이)에 필요한 지식보다 트레이더에게 필요한 지식을 배우는 것이 좀 더 빠른 방법일지 모른다. 하지만 어느 날 갑자기 주식 시장에 뛰어들어 하루아침에 스타 투자자가 되려는 허황된 꿈은 버려야 한다. 그런 일은 한 번도 일어나지 않았고 앞으로도 영원히 없을 것이다.

지금까지 살펴본 내용을 정리하면 좋은 소식과 나쁜 소식으로 나뉜다. 먼저 좋은 소식은 경쟁에서 밀리지 않을 정도의 재능을 가진 사람이라면, 투자 스타일이나 프로필과 관계없이 누구에게나 기회가 열려 있다는 것이다. 나쁜 소식은 지름길이 없다는 것이다. 누구나 열심히 노력하고 인내와 끈기를 보이며 최선을 다해야 한다.

마지막으로, 투자자는 자신의 정신적 리듬에 충실해야 한다. 투자 활동이 많다는 사실로 기분이 좋아지는 사람이라면, 거래장으로 달려가야 한다. 장기 투자자가 어느 기업의 연례보고서를 마르고 닳도록 읽었는지 알아내려고 애쓰는 것은 별로 도움이 되지 않는다. 이 책에서는 모든 스펙트럼의 투자자를 소개하고 있다. 이들 중에서 자신에게 제일 잘 맞는 스타일을 찾아보기 바란다.

시장은 정말 효율적인가?

금융 시장에서 지난 100년간 시장 효율성에 대한 논쟁이 끊이지 않고 있다. 지금까지 밝혀진 것으로는 시장 효율성 가설을 뒷받침하기 어렵다. 오히려 현실은 그 반대에 가깝다. 증권 시장이 효율적인 곳이라면 장기적으로 아무도 이곳에서 수익을 내지 못할 것이다. 행여 누가 투자에 성공한다면 그 사람은 억세게 운이 좋은 것이다.

효율성 이론이 옳다면 이 책의 내용 전체가 무의미해진다. 투자 모형, 전략, 성공한 투자자의 조언은 모두 필요 없게 된다. 시장 효율성 이론(EMH)에 따르면 주식은 항상 정확한 가치를 반영한 가격으로 거래된다. 이 시장에서는 평가절하되어 매각되는 주식이 존재할 수 없으며, 반대로 과대평가된 주식을 매입하는 일도 발생할 수 없다. 이는 투자자가 시장보다 더 높은 수익률을 달성할 수 없다는 뜻이며, 적절한 주식을 선택해 시장에 타이밍을 맞추는 것도 불가능할 것이다. 하지만 상당수의 전문 투자자는 효율성 이론에 이의를 제기한다. 필립 카렛, 월터 슐로스, 윌리엄 루앤(William Ruane)을 위시해 이 책에 소개된 오랫동안 높은 수익률을 달성한 투자자들은 이론과 반대되는 결과를 증명했다. 그저 소규모 펀드를 운용하는 투자자 몇 사람을 논하는 것이 아니다. 평균 25년 이상 매년 압도적인 수치로 투자 시장을 제패한 100여 명의 거물급 투자자들이 주인공이다. 심지어 이들은 남들보다 낮은 투자 위험을 감수하면서 그렇게 했다.

100여 명이라는 숫자가 적다고 주장하는 사람이 있을지 모른다. 하지만 이들이 운용한 자본 규모는 상상을 초월한다. 현재 주식 시장에서 활동하지 않는 투자자를 제외하더라도 이들이 운용하는 총자산 규모는 1조 달러가 넘는다. 지금 여기서 시장 효율성 이론을 완전히 논박하려는 것은 아니다. 단지 그 이론과 상반되는 결과를 입증한 운용자산이 워낙 큰 규모라서 그냥 지나칠 수 없다는 것이다.

이러한 결과는 투자자가 시장을 이기려고 더 열심히 일하게 북돋워 주며, 고객은 특출난 성과를 거두는 투자운용사를 찾아야겠다고 생각할 것이다. 이는 충분히 가능성 있는 시나리오다. 시장은 사람들이 말하는 것과 달리 효율성이 높지 않기 때문이다. 어쩌면 남들에게 영향을 받기도 하고 영향을 주기도 하는 개개인이 모여서 시장을 구성하기 때문일지 모른다. 2000년에 발생한 주식 시장의 닷컴 버블을 생각해 보자. 아무도 증시가 폭발적으로 상승한 것에 관해 합리적이거나 근본적인 설명을 제시하지 못했다. 그 현상은 지극히 감정적이었다. 1989년 일본 증권 시장도 마찬가지였다. 시장 효율성 이론에 따라 투자 시장에 버블 현상이 발생한 적은 한 번도 없었다. 16세기 네덜란드의 튤립 버블이나 2007년 미국 부동산 시장의 버블 현상도 마찬가지였다.

압도적인 주식 투자 비중

이제 이야기의 핵심으로 가보자. 어떤 투자 방식이 가장 좋은가? 어떤 투자자가 가장 성공적이라고 해야 하는가? 우선 이 책에 소개된 투자자들이 어떤 자산군에 투자하는지 살펴보자. 자산 순위는 아래

주식	84%
채권	22%
선물	19%
파생상품/선물 거래	18%
고위험 부채 증권	6%

도표에서 확인할 수 있다.

다들 예상했겠지만 주식 투자가 가장 압도적이다. 과거를 살펴보면 왜 그런지 이해할 수 있다. 100년을 돌아보면 주식의 연평균 수익률은 약 10퍼센트였고 채권은 절반 수준밖에 되지 않았다. 하지만 이것만 보고 선불리 판단해서는 안 된다. (1981년부터 2011년까지) 30년을 되짚어보면 채권 수익률이 주식보다 월등하게 높았다. 20세기 말에 주식 시장이 호황을 누렸는데도 채권 수익률을 따라잡지 못한 것이다.

하지만 대부분의 경우 채권이나 통화 시장보다 주식 시장에서 차이를 내는 것이 더 쉽다. 이 책은 절대 수익률만 고려하기 때문에(상대적인 수익은 손에 넣을 수 없다는 속담도 있다), 투자자의 80퍼센트 이상이 주식에만 투자하거나 분산 투자를 하더라도 주식에 집중적으로 투자했다는 것도 이해할 만하다.

그런데 자산군의 규모라는 측면에서 보면, 주식 시장은 가장 뚜렷한 선택지가 아니다. 전 세계에서 약 4만 6000종목이 상장 거래되고 있으며 시장 가치가 50조 달러에 육박하지만, 이는 채권 시장의 절반밖에 되지 않는다. 채권 시장은 상장 주식의 세 배를 보유하고 있다. 가장 규모가 큰 것은 외환 시장인데 거래 규모로는 전체 주식 시장의 세 배에 가깝다.

가치 투자자가 지배적이다

투자 전략을 보자면 이 책에 소개된 투자자의 절대 다수는 가치 투자자다. 하지만 모든 투자자의 프로필을 아래와 같이 일목요연하게 도표로 정리해보면, 그 경계가 명확한 것은 아니라는 점을 알 수 있다. 한 명의 투자자가 다양한 투자 스타일을 보일 수 있고, 다양한 투자 전략에 서로 겹치는 부분이 나타나기도 한다.

1984년 《콜롬비아 비즈니스 스쿨》에 실린 기사에서는, 워런 버핏이 가치 투자를 가리켜 최고의 투자 전략이라고 주장했다고 한다. "장기적인 투자에 성공하는 사람들은 대부분 가치 투자를 지지하는 세력이다. 그들은 철저히 개인적으로 따로 활동하며, 투자가 성공할 경우 복권 당첨을 능가하는 수익을 거둬들인다. 올바른 전략을 고수하면 큰 승리를 얻게 된다." 오랫동안 시장에서 활동한 투자자에게 유리하며,

가치 투자	52%
역발상 투자	25%
정성적 투자	22%
성장주 투자	20%
정량적 투자	13%
트레이더	12%

장기적인 투자 지평을 가지고 단기 거래의 변동성에 걸려 넘어지지 않는 투자자에게 이익이 된다는 것이다. 자산 대비 부채 비율이 매우 높은 경우는 아주 드문 편인데, 이런 경우가 아니라면 위험 수준도 낮은 편이다.

가치 투자를 하려면 운용사는 기업의 내재 가치보다 더 낮은 가격으로 투자해야만 한다. 이를 가리켜 "50센트를 내고 1달러를 산다"는 말이 있다. 세월이 지나고 보니 이 전략이야말로 지속적으로 고수익을 달성한다는 점이 증명되었다. 그렇지만 가치 투자 전략도 1990년부터 2000년까지 꽤 오랫동안 좋은 성과를 내지 못했는데, 이 시기에는 성장주 중에서도 기술 기업에 대한 성장주가 크게 주목받았다.

2000년 닷컴 열풍이 지나간 후에 가치 기반의 투자 접근 방법이 다시 유행하기 시작했다. 문제는 이 방법이 예전처럼 인기를 얻을 수 있느냐다. 워런 버핏이 회장으로 있는 버크셔해서웨이는 매년 오마하라는 소도시에서 연례주주총회를 개최하는데, 4만 명이나 되는 주주가 참석한다. 가치 투자의 선두주자이자 가장 큰 성공 사례의 주인공을 만나보려는 것이다.

그런데 한 가지 기억할 점은, 이 책에 소개된 가치 투자자는 대부분 벤저민 그레이엄이 제시한 기본 모형을 따르지 않고 자신만의 가치 투자 모형을 개발했다는 것이다. 그리고 가치가 부진할 때에 매수하면 장기 보유하게 된다. 이 전략이 애초에 살아남은 이유는 바로 이런 두 가지 사실과 관련이 있다.

그러나 이것이 언제나 가장 좋은 방법이었다면, 경쟁이 심화되어 수익률이 무너져서 전략을 지속할 수 없었을 것이다. 그러니까 올바른 투자 전략을 선택한다고 해서 성공이 반드시 보장되는 것이 아니다. 역사를 돌이켜보면 성공하지 못한 가치 투자자가 한두 명이 아니었다.

주식 시장에서 널리 사용되는 두 가지 전략은 가치 투자와 성장주 투자(growth investing)인데, 이 둘은 서로 겹치는 부분이 있다. 여기서 한 가지 놀라운 사실은 나의 선정 목록에 적합한 성장주 투자자가 더 이상 없다는 것이다. 이 책에 선정된 투자자 99인만 보더라도, 다섯 명 중 한 명만이 성장 기업에 투자하는 데 모든 시간을 바치거나 따로 시간을 들이곤 한다. 내가 이 책을 닷컴 버블이 발생하기 직전인 2000년 봄에 집필했다면 성장주에 투자한 투자자의 비율이 더 높았을 것이다. 그러나 역사적 관점에서 보면 지난 100여 년간 가치 투자는 30퍼센트가 넘는 차이로 성장주 투자의 우위에 있다.

그다음으로 널리 사용되는 투자는 역발상 투자(contrarian investing)다. 이 책에 등장하는 투자자 네 명 중 한 명이 이 전략을 사용한다. 간단히 말하면 사람들이 사지 않으려는 대상에 투자하는 것이다. 사람들이 찾지 않는 순간은 가치가 저평가되어 있으므로 그때 사는 것이 유리하다. 인기가 많아서 평가 가치가 높아진 주식에 투자하는 것보다 저평가된 주식에 투자하면 나중에 판도가 유리하게 바뀔 가능성이 크다.

전 세계 투자자 대다수는 다른 투자자가 무엇을 하는지 알아내는 데 거의 병적으로 집착한다. 그로 인해 금융 시장은 각자 원하는 투자자를 좇느라 사분오열되고, 그로 인해 주가가 불필요하게 오르내린다. 역발상 투자자는 이런 틈을 타서 수익을 올린다. 이론적으로는 쉬워 보이지만 실제로는 절대로 쉽지 않다.

대다수의 사람들은 자신만 실패하는 것이 최악의 경우라고 생각한다. 그렇기에 대세를 거슬러 역행하는 것은 쉬운 일이 아니다. 강인함, 확신, 인내는 역발상 투자 성공에 필요한 자질이지만 이것만으로는 충분하지 않다. 재평가의 형태로 보상을 손에 거머쥘 때까지 여러 해가 걸릴 수도 있다. 이는 의심할 여지가 없이 위험한 전략이며, 소심한 사람은 절대 이 전략을 택할 수 없다. 이런 면에서 가장 유명한 사람은『데이비드 드레먼의 역발상 투자』의 저자인 데이비드 드레먼(David Dreman)이다. 그는 2008년 초에 대다수 투자자와 다른 행보를 선택해 은행 주식에 투자했는데, 바로 그 실패 때문에 이 책에 소개되지 못했다.

그밖에도 정량적(quantitative) 투자와 정성적(quality) 투자 전략이 있는데, 서로 완전히 반대라고 할 수 있다. 예를 들어 정량적 투자자는 기업의 관리, 시장 점유율 및 기타 '소프트' 요인을 전혀 고려하지 않고, 오로지 주가수익률(PER, price earnings ratio), 배당수익률 또는 자산 가격을 기준으로 가장 '저렴한' 주식을 매입한다.

정성적 투자자는 수치에 크게 연연하지 않고 경영, 제품, 시장 지위의 측면에서 가장 우수한 기업을 찾으려 한다. 또 다른 차이점을 들자면 정량적 접근법은 여러 가지 포지션이 필요하며, 미시경제학보다 수학 계산을 더 많이 해야 한다.

정성적 투자자가 정량적 투자자보다 수적으로 우세하지만, 일부 전략은 분석 초기에 정량적 모형을 사용한다는 점을 간과해서는 안 된다. 워런 버핏의 오랜 동업자인 찰리 멍거는 버핏의 성공 이면에 질적으로 우수한 기업에 대한 투자가 있었다고 말했다.

장기적으로 어느 쪽이 더 나은지 확실하다는 점을 감안할 때, 투자자 99인 중에 정량적 접근법을 선호하는 투자자가 더 많지 않다는 것은 놀라운 사실이다. 1930년 이후의 주식 시장 수익률을 살펴보면, 주가수익률이 낮은 주식이 주가수익률이 높은 주식보다 수익률이 더 높다는 점이 명백히 드러난다.

고수익 대 저수익 비교, 기업의 자산에 대한 가격 책정도 마찬가지다. 결과는 뻔한 것이다. 문제는 이 모형이 맞지 않는 기간도 존재한다는 점이다. 요즘 고객은 예전과 달리 성과가 낮은 상태가 장기간 이어지는 것을 좀처럼 허용하지 않으므로, 장기적 투자를 시도하는 투자자가 갈수록 줄어든다.

나도 처음에는 스몰캡 투자자 몇 사람이 99인 명단에 포함될 것이라고 생각했다. 85년이라는 긴 세월을 돌이켜 보면 상장된 중소기업이 상장 대기업보다 훨씬 더 높은 수익률을 달성했다. 수익률 차이는 연간 약 3퍼센트다. 당장은 큰 차이가 아닌 것처럼 보여도, 90년 후에는 수익이 무려 열 배나 차이가 날 것이다. 실제로 이 책에 소개된 투자자 99인 중에는 대기업 못지않게 중소기업에 적극적으로 투자하는 사람이 있다.

소위 행동주의 투자라는 접근법도 언급하지 않을 수 없다. 10퍼센트 미만의 투자자가 투자 과정에서 기업 경영진이나 이사회에 압력을 가해 수익을 높이려 한다. 상당히 오랜 시간이 걸리는 일이지만, 이런 방식에 숙련된 사람에게는 상당히 유리한 방법이다. 대표적인 투자자로는 칼 아이칸과 티 분 피켄스(T. Boone Pickens)를 꼽을 수 있다.

단기 트레이더가 되고 싶다면 알아야 할 것

빨리 부자가 되고 싶다면, 그리고 노년이 되어서도 돈을 벌어야 하는 삶을 원치 않는다면, 트레이더가 되는 것 외에는 달리 방도가 없다. 물론 트레이더가 되려면 적절한 재능과 정신적 리듬도 갖춰야 한다. 트레이더가 아니고서는 짧은 시간에 높은 수익을 낼 수 있는 다른 전략은 없다. 미국인 트레이더 에드 세이코타는 12년 연속으로 연간 수익률 95퍼센트를 기록했다. 검증된 수치는 아니지만, 워낙 많이 인용되어서 사실이라고 봐도 문제가 없을 것 같다. 행여 수익률이 절반밖에 안 된다고 하더라도 매우 놀라운 성과다. 세이코타를 추종하는 사람 중 하나인 마이클 마커스(Michael Marcus)는 20년간 연평균 수익률이 무려 48퍼센트라고 알려져 있다.

이런 성과를 내려면 어떤 성향이나 기질을 갖춰야 하는지 궁금할 것이다. 박사 학위를 소지한 트레이더도 있긴 하지만 역시 학력은 별로 중요하지 않다. 사실 다른 형태의 투자에서도 학력이 가져오는 차이는 미미하다. 투자자 99인 중에서 고등 교육을 받지 않은 사람 대부분이 트레이더로 성공을 거두었다. 미시경제학이나 거시경제학에 대한 이론적 지식이 아니라 심리적 통찰과 용기가 트레이더에게는 더 중요한 도구라고 봐야 한다.

하지만 세상에 공짜는 없다. 이 전략은 위험도가 높고 매우 소모적이다. 이 전략으로 오래 버티는 투자자는 거의 찾아볼 수 없다. 가장 경험이 풍부한 미국의 유명한 투기꾼 제시 리버모어도 말년에 우울증으로 고생하다가 자살하고 말았다.

트레이더의 전략은 가치 투자자의 전략과는 상반된 접근 방법이나 기술을 요한다. 그렇지만 트레이더의 전략도 가치 투자자만큼 좋은 성과를 낼 수 있다. 중요한 것은 올바른 정신 태도를 가진 투자자가 그러한 전략을 사용해야 한다는 것이다. 어쩌면 성공적인 트레이딩 전략에 필요한 지식을 갖추는 것이 가치 투자 이론을 온전히 이해하는 것보다 조금 쉬울지 모른다. 그렇다 하더라도 중요한 것은 올바른 정신 태도다.

트레이더는 추세(trend)에 다소 취약하다. 적시에 손실을 감수하고 수익을 내기도 하지만, 시장 방향을 예측하는 면에서 성공적인 사람은 매우 드물다. 트레이더가 어떤 자산군에 관심을 보이느냐와는 별개의 문제라는 것이 상당히 놀라운 결과다. 예를 들어 거의 모든 연구 결과는 주식 수익률의 60퍼센트가 주식 시장의 전반적인 움직임에 좌우된다고 알려준다. 그렇다면 원칙적으로 따질 때 투자할 가치가 있는 주식이 무엇인지 검색하는 것보다 현재 주식 시장이 움직이는 방향이 바람직한지 알아보는 것이 더 중요하고 수익을 높이는 데 유리한 방법이다. 하지만 현실은 이와 정반대다. 쉽게 말해서, 시장이 합리적이라고 가정할 때야말로 그 시장이 앞으로 어떻게 변할지 예측하는 것이 가장 어렵다.

화폐, 주식, 파생상품 시장의 특정 움직임이 오히려 투자자의 초과 수익률을 설명해 줄 때가 있다. 전설적인 경제학자이자 성공한 투자자인 존 메이너드 케인스는 이 점을 이렇게 꼬집어 말했다. "당신이나 내가 파산하지 않고 버티는 시간보다 시장이 비이성적으로 움직이는 시간이 훨씬 더 길어질 수 있다." 이 말은 종종 그대로 현실화하곤 한다.

종합해 보면, 이 책에 소개되는 투자자는 타이밍의 귀재라고는 볼 수 없다. 이들도 너무 이르거나 너무 늦게 움직인 경험이 있다. 한 가지 사례로, GMO(Grantham, Mayo, & van Otterloo)를 설립한 미국 투자자 제러미 그랜섬(Jeremy Grantham)은 일찌감치 1995년부터 기술 기업에 투자하는 것을 꺼리기 시작했고, 포트폴리오에 현금 보유량을 늘려왔다. 이렇게 섣부른 행보의 결과는 처참했다. 실망한 주주들이 다른 곳으로 자금을 옮겨버려서 그의 펀드는 반토막 나고 말았다.

이 책에 소개된 몇몇 투자자는 그랜섬의 분석과 행동을 연구하거나 모방했다. 한 가지 차이점이 있다면, 그들은 몇 년 후에 닷컴 버블이 닥쳤을 때 거의 손실을 입지 않았다는 것이다. 그리고 당시 과감한 행보를 보인 수많은 다른 투자자와 대조적으로, 이들은 지금까지 투자자로 활동적으로 일하고 있다. 정리해 보면 투자자 99인 중에서 21세기로 넘어오던 시기에 손실을 본 사람은 그리 많지 않다. 이 또한 그들만의 특징이라고 할 수 있다.

하지만 구체적인 사실과 전력만으로 투자자를 구분하거나 한 무리로 묶을 수는 없다. 투자 태도 역시 매우 중요한 요소다. 이 책에 소개된 투자자들은 발생 가능한 문제들을 일반적으로 인지하고 있다. 물론 몇몇 투자자는 매 순간 문제를 발견해내고 끊임없이 그 문제에 대해 걱정한다. 필립 피셔와 같은 사람은 투자에 대한 걱정을 한순간도 내려놓지 못한다. 어떤 사람은 그런 불확실성과 혼란을 느끼기 때문에 나중에 투자가 성공하면 더 큰 만족감을 느낄 것이며 항상 겸손한 태도를 유지하는 데 도움이 된다. 궁극적으로 보면, 비판적 사고에서 시작된 불안으로서 건전한 두려움이라고 볼 수 있다.

이들은 생활 방식에서도 눈에 띄는 특징이 있다. 해를 거듭해도 매일 같은 방식으로 출근하고 퇴근 후 저녁에 하는 활동도 동일하며 휴가지도 매년 크게 다르지 않다. 심지어 매일 저녁 식사에 똑같은 음식만 먹는 사람도 있다. 이들의 주요 특성을 정리해서 순위를 매긴다면 즉흥성은 아마 한참 뒤로 밀려날 것이다. 변화무쌍한 세상에서 자신의 능력을 충분히 발휘하려면 이런 생활 태도가 필요할지도 모른다.

다시 말하지만 트레이더는 기이한 면이 있다. 특히 사치에 약해서 사람들의 이목을 최대한 끄는 방식으로 부를 과시하곤 한다. 반면에 가치 투자자는 막대한 부를 얻더라도 다소 절제된 소비를 선호한다.

하지만 모든 투자자는 자기 통제와 절제가 강하다는 공통점이 있다. 이들은 결코 감정적인 투자에 휩쓸리지 않는다. 기대치와 희망 사항을 팩트 및 분석 결과와 철저히 구분할 줄 안다.

최고의 투자자는 누구인가?

이 질문에 대답하기란 정말 쉽지 않다. 최고의 투자자를 선정하려면 오랜 시간 고심해야 한다. 공정성을 기하려면 관리하는 자산의 규모만 볼 것이 아니라 레버리지, 위험, 세금도 따져야 한다. 게다가 일부 투자자는 수입을 확인할 방법이 없다. 자본금을 대출받아서 투자를 시작하는 사람은 어떻게 처리해야 할까? 기본적으로 이런 투자자의 수익률은 무한대가 되어버린다.

이런 문제가 있긴 해도 장기 수익률에 따라 최고의 투자자 5인을 선

최고의 투자자	연수익률	투자 기간	초기 자본 1달러 당 현재 가치
제시 리버모어	55%	37년 (1892~1929년)	$11,022,315
라케쉬 준준왈라	75%	28년 (1985~2013년)	$6,591,054
라슬로 솜바트팔비	30%	46년 (1965~2011년)	$174,339
로버트 윌슨	30%	37년 (1949~1986년)	$16,809
셸비 데이비스	23%	47년 (1947~1994년)	$16,440

※ 제시 리버모어의 경우 1929년 이후의 재산을 계산하되, 우울증으로 투병하기 전까지의 기간만 고려했다. 라슬로 솜바트팔비는 대출 받은 돈을 자본금으로 사용하기도 했는데, 여기서는 대출금이 아니라 1000달러의 자본금을 기준으로 계산했다.

정해보았다. 위 도표에서는 투자자의 이전 수익률을 고려해 초기 자본의 1달러 가치가 얼마나 상승했는지 계산한 것이다. 손쉬운 비교를 위해 상장된 자산을 관리하는 투자자만 선정했다. 결과는 놀랍다는 말로 다 표현할 수 없을 정도였다.

37년 만에 1달러를 1100만 달러 이상으로 늘린 것은 경이롭다고 표현할 수밖에 없다. 리버모어의 재능이 이 정도로 출중하다 보니, 젊은 시절에 미국 전역의 버킷숍(bucket shop, 주가가 오를 것이라는 가정을 놓고 도박을 하는 곳-옮긴이)에서 출입을 금지당한 것도 이해할 만하다. 그가 모든 내기에서 이겼기 때문에 많은 은행을 파산시킬 뻔했다. 리버모어의 별명은 '세계 최고의 주식 투자자'인데, 사실 주식뿐 아니라 모든 투자를 통틀어서 '세계 최고의 투자자'라고 불러도 전혀 손색이 없다. 2013년 기준 전 세계 1위 부자인 카를로스 슬림도 순위에 포함되어 있지만, 리버모어는 감히 건드릴 수 없었다. 리버모어와 달리 슬림은 유복한 집안 출신이다.

이 순위에는 아메리카(리버모어), 아시아(준준왈라), 유럽(솜바트팔비) 등 세 개 주요 대륙의 최고 투자자가 모두 포함되어 있다. 한 가지 감안할 것이 있다면 모두 빈손으로 시작했다는 것이다. 사실 거액의 손실을 회복하는 것보다 소액을 회수하는 것이 무조건 쉬운 일이다. 이들이 소비한 비용이나 사치스러운 행보는 전혀 감안하지 않았다. 제시 리버모어는 남들에게 과시하기 좋아했던 것으로 잘 알려져 있는데, 세 차례 이혼을 겪으면서 주머니 사정에 적잖은 타격을 받았을 것이다.

도표에 등장한 투자자 5인은 모두 자기 자본으로 투자를 운용했다는 점에 주목해야 한다. 이들에게 주식 시장은 거의 홈그라운드와 같았다. 이 중 두 사람(리버모어와 로버트 윌슨)은 대표적인 트레이더고, 나머지 셋은 가치 투자자로 봐야 한다. 가장 높은 자리는 종종 자산을 담보로 거액의 대출을 받는 투자자가 차지하는데, 그만큼 높아진 위험을 감수한다는 뜻이기도 하다. 라케쉬 준준왈라는 갑자기 막대한 손실을 보거나 은퇴하지 않는 한 머지않아 최상위권에 진입할 것이다. 그는 1960년 생으로 아직도 활동할 시간이 많이 남았다.

국부펀드를 관리하는 투자자를 비교하는 것이 더 간편하고 논쟁의 여지도 적을 것이다. 물론 그 작업도 여러 가지 자료를 검증하느라 힘든 면이 있을 것이다. 투자자가 커리어 도중에 펀드를 바꾸면 이 책에서 당사자의 순위에 영향을 줄 수 있다. 내 목표는 수수료 제외 전 수익이 얼마인지 알아내는 것인데도, 일부 투자자의 경우 총수익을 파악할 방법이 없어서 순수익으로 거꾸로 계산해야 했다. 다시 한번 말하지만, 나는 초기 자본의 1달러가 궁극적으로 수익 가치를 어느 정도 창출했는지 계산한 것이다.

최고의 투자자	연수익률	투자 기간	초기 자본 1달러 당 현재 가치
워런 버핏	20%	48년 (1964~2013년)	$5,604
조지 소로스	32%	31년 (1969~2000년)	$5,468
월터 슐로스	21%	44년 (1955~2000년)	$3,048
제임스 사이먼스	38%	23년 (1988~2010년)	$1,649
필립 카렛	13%	55년 (1928~1983년)	$1,348

※ 월터 슐로스를 제외한 나머지 투자자의 수익은 모두 투자 관리 수수료를 차감한 수익 총액이다.

위 표를 보자. 초판본에서는 버핏이 소로스에 이어 2위를 차지했는데, 불과 1년 만에 그가 선두를 탈환해서 지금까지 그 자리를 지키고 있다. 필립 카렛과 월터 슐로스는 세상을 떠났고, 조지 소로스와 제임스 사이먼스는 은퇴했다. 1930년 생인 조지 소로스는 현역에서는 은퇴했지만 지금도 자신의 재단을 열심히 운영하고 있다. 그런데 위험을 낮추어 운영하기 때문에 연수익률은 10퍼센트 미만에 머물러 있다. 조지 소로스의 개인 실적을 계산에 포함하면 그가 단연 1위를 차지할 것이다.

거인의 어깨 위에 올라서다

투자자들의 전략과 조언은 대부분 시대를 초월하는 것이지만 맹종해서는 안 된다. 역사는 되풀이되는 경향이 있지만, 종종 새로운 방향으로 나아가기 때문이다. 어떤 모델이 과거에 입증된 것이라고 해서 앞으로도 똑같을 것으로 생각한다면 큰 실수를 저지르는 것이다. 투자자들이 달성한 과거의 높은 수익률은 투자 과정에서 크고 잦은 변동을 겪었다는 사실을 가려버리는 경향이 있다. 유명한 투자자들도 특정 시점에 크게 실패했거나 실패할 뻔한 경험이 있다. 제시 리버모어, 짐 슬레이터(Jim Slater) 등이 대표적인 사례다. 그들도 커리어 초반에 이런 실수를 저지른 것은 아니다.

조지 소로스처럼 경험이 많은 투자자도 닷컴 버블 때문에 힘든 시간을 보냈다. 그때 저지른 실수로 인해 펀드가 절반 이하로 쪼그라들었다. '캐나다의 워런 버핏'이라고 불리는 캐나다 투자자 프렘 왓사(Prem Watsa)는 2011년에 그리스 채권에 투자했다. 워런 버핏도 젊었을 때 항공사와 신문사에 투자하는 등 실수를 저질렀다. 조만간 구조조정이 시작될 것을 알아차리지 못한 것이다.

나이가 많은 투자자의 상당수는 대출을 좋아하지 않으며 막대한 현금을 보유하는 것을 선호한다. 이는 그리 놀랄 일이 아니다. 이들은 자본을 잃는 것보다 기회를 잃는 편이 더 낫다고 여기기 때문이다.

오랜 세월 투자자로서 경험을 쌓았는데도 몇몇 투자자는 큰 실패를 겪은 뒤에 은퇴를 결정했다. 마이클 스타인하르트(Michael Steinhardt)는 22년간 헤지펀드로 큰 성공을 거두었는데, 해외 투자에 손을 대면서 펀드 가치의 거의 3분의 1에 해당하는 손실을 입었다. 찰리 멍거도 1973~1974년에 파트너십 가치의 절반이 넘는 손실을 겪었는데, 벤치마크보다 훨씬 나쁜 상황이었고 결국 1975년에 투자를 중단했다.

아이러니하게도 완벽하게 분석하고도 타이밍을 맞추지 못해서 안타깝게 실패한 투자자도 있다. 줄리언 로버트슨(Julian Robertson)은 한동안 세계에서 가장 규모가 크고 성공적인 헤지펀드를 운용했다. 그는 1990년대 내내 기술주에 투자하는 것을 회피했다. 그의 생각은 옳았지만 타이밍은 적절하지 않았다. 저조한 수익 때문에 닷컴 버블이 발생한 2000년 3월에 그는 물러날 수밖에 없었다.

투자자들의 조언 중 어떤 부분은 세월의 흐름과 함께 시장이 달라지면서 더는 쓸모없는 것이 되었다. 한때 남다른 투자 아이디어라고 하더라도 많은 사람에게 알려지면 결국 기회가 메마르게 되는 것이 문제였다. 일례로 필립 피셔는 주가수익성장비율(PEG, price earnings to growth ratio)이 0.5 미만인 기업은 절대 매입하지 않았다. 하지만 이 책의 출간을 준비하는 시점에서 보면 그렇게 가치 평가가 낮은 기업은 찾아보기 어렵다. 어떤 이는 최신 트렌드를 좇는 전략으로 에드 세이코타나 마이클 마커스에 버금가는 업적을 세워보려는 야심을 품을지 모르지만, 이제 시장 상황이 달라졌다.

세월이 흐르면 상황도 달라진다. 어떤 때는 거의 알아보기 힘들지만 그래도 분명 달라진 점이 있을 것이다. 워런 버핏이 자신의 후계자를 찾는다고 말하면서 "그 사람은 지금까지 한 번도 일어나지 않은 일을 상상할 수 있어야 한다. 그러한 능력이 단연 가장 중요한 덕목이다"라고 말했다. 많은 사람이 이 말에 공감할 것이다. 25년 전만 해도 중국의 경제가 성장해서 가장 큰 나라가 될 거라고는 아무도 상상하지 못했다. 한편 전반적인 금융업계와 전 세계 경제는 이전 어느 때보다 약화된 상태다. 게다가 경제 변화의 속도도 역사상 가장 빠른 편이다. S&P 500에 포함되는 기업들이 수십 년 전에는 상상할 수 없는 속도로 대체된다. 매킨지에 의하면 S&P 500에 포함된 기업의 평균 수명은 1935년에 90년이었지만 2011년에는 11년으로 감축되었고, 앞으로는 더 줄어들 것이다.

이처럼 현실은 녹록치 않다. 그래도 이 책의 내용이 현재와 미래의 투자자에게 적잖은 도움을 줄 것이라고 확신한다. 이 책에서 언급하는 투자자들의 경력을 모두 합치면 3000년이 넘는다. 게다가 이들은 전 세계 다양한 전략, 문화, 환경을 통틀어 단연 최고의 실력자다. 서구 사람들도 일본의 주식 투자 전문가 아베 슈헤이(阿部修平)가 25년간 내림세를 면치 못하는 일본의 주식 시장에서 살아남은 것을 보면 연신 감탄을 쏟아내게 된다.

이들을 본보기로 삼는 것은 전혀 부끄러워할 일이 아니다. 투자 업계에서는 본보기로 삼겠다는 말이 최고의 찬사다. 이 책의 투자자처럼 살고 싶거나 그들의 투자 비법을 배우고 싶다면 기회는 얼마든지 열려 있다. 99명 중 30명이 금융 시장에서 쌓은 경험과 비결을 담은 저서를 출간했기 때문이다. 인생 전반에 대한 조언도 놓치지 말고 살펴보기 바란다. 어떤 책은 투자가 아니라 철학적 관점에서 보면 더 재미있게 느껴진다.

단순함이 가장 좋은 방법이다

아직도 뭐가 뭔지 잘 모르겠다는 생각이 드는 사람도 있을 것이다. 그럴 땐 고인이 된 월터 슐로스의 현명한 조언을 떠올리면 도움이 된다.

"정직하고 근면하며 평균적인 지성과 풍부한 상식을 갖춘 사람이라면 당신도 투자 분야에서 잘 해낼 수 있다. 단, 너무 욕심을 부리면 안 되고 상황이 불리해질 때 너무 감정적이 되지 않도록 조심해야 한다."

이 책에 소개된 조언의 강점은 단순함이다. 이것이야말로 성공한 투자자가 되기 위한 가장 좋은 출발점이 된다. 단순함이라고 해서 대수롭지 않게 여기라는 건 아니다. 알베르트 아인슈타인도 "단순함은 가장 고등한 형태의 지성"이라고 말한 적이 있지 않은가.

투자자들이 가장 많이 강조한 점은 자신이 이해하는 분야에만 투자하라는 것이다. 성공한 투자자는 자신이 잘 아는 분야를 먼저 파악한다. 미지의 세계를 탐험하는 것에 전혀 관심을 보이지 않으며, 비교적 자신에게 유리한 분야에 집중한다. 일단 그런 분야를 찾거나 정하고 나면 한눈 팔지 말고 온전히 집중하고 예리하게 파고들어야 한다. 자신이 어떤 투자자인지, 어떤 분야에 강점이 있는지 잘 파악한 다음, 이에 철저히 고착해야 한다.

티 분 피켄스는 원유 및 에너지 분야의 전문가이고 이언 헨더슨(Ian Henderson)의 전문 분야는 상품이다. 마크 모비우스는 신흥 시장 전문가인 반면에, 랄프 웬저(Ralph Wanger)는 강소기업 투자를 선호한다. 이 책의 투자자 중에 모든 분야를 섭렵한 사람은 없다. 이들은 모두 자기 분야에 온전히 집중해 결실을 맺었다는 점을 잊어서는 안 된다. 실제로 어떤 이는 새로운 분야로 눈을 돌렸다가 마법 같은 효력을 잃고 말았다. 예를 들어 앤서니 볼턴은 유럽에서 모두를 깜짝 놀라게 할 정도로 성공했으나 전혀 다른 환경인 중국으로 자리를 옮겨서 같은 방식을 시도했다가 실패하고 말았다.

이 밖에도 독립적으로 생각하라는 조언이 수차례 반복된다. 틀린 말은 아니지만, 말처럼 쉬운 일이 아니다. 이제 막 학교를 졸업하고 투자자로서 조심스레 첫발을 내딛는 초보자라면 더욱 그렇게 느낄 것이다. 워런 버핏처럼 투자 분야에서 60년 정도는 경력을 쌓아야 가능할 것이다.

경험이 쌓이면 실수나 실패에서 회복하는 힘도 생긴다. 하지만 초보자에게 가장 필요하고 도움이 되는 것은 끈기, 즉 인내심이다. 지금 성공한 투자자도 처음에는 차마 인정하기 부끄러운 실패를 경험했을 것이다. 투자 결과가 좋지 않거나 힘든 시기를 겪었다고 해서 쉽게 포기해 버린다면, 투자자로서의 커리어도 그만큼 짧게 끝나버릴 것이다. 사실 언제나 좋은 투자 대상을 알아보고 완벽한 타이밍에 투자하는 것은 모든 투자자에게 불가능한 일이다. 이 분야에서 성공하려면 종종 실수를 저지르거나 실패를 겪어도 견뎌낼 줄 알아야 한다.

정확하지 않은 분석에 따라 잘못 투자했다가 실패했지만 그 경험에서 배운 점이 있다면, 미래의 성공에 다가서는 데 도움이 되는 좋은 발판을 얻은 것이다. 실수를 무시하지 말고 끝없는 배움의 과정으로 이어지는 단계라고 생각하라. 잉그리드 버그만(Ingrid Bergman)이라는 여배우는 "행복은 건강이 좋고 기억력이 나쁜 것일 뿐"이라고 했다. 그러나 성공한 투자자가 되려면 건강과 기억력이 둘 다 좋아야 한다.

나는 투자자들의 총명하고 정직하고 자기 통제를 잘하면서도 고지식하지 않으며 열심히 노력하는 평범한 모습을 조명하는 데 주력했다. 하지만 솔직히 이들 대다수는 평범함과 거리가 멀다. 이들의 전기를 읽어보면 성격상 모난 구석도 많다는 것을 알 수 있다.

남들에게 이 투자자들이 어떻게 보이든 그리고 무슨 행동을 하든 간에, 미래를 예측하는 면에서는 남들보다 뛰어나다는 점이 가장 중요하다. 금융 시스템은 미래의 수익을 지금 사용해서 전반적인 생활 수준을 높이고 시장 경제의 효율성을 높이는 것이다.

서문에 인용했듯이 찰리 멍거는 성공보다 실패에 더 관심이 많다고 했다. 그런데 찰리 멍거는 또 이렇게 말한 것으로 알려져 있다. "다른 사람이 아무도 해내지 못한 최고의 경지에 오르는 것을 목표로 부단히 노력하는 것이 중요하다. 아무것도 안 하면서 머릿속으로 최고의 자리에 오른 자신을 상상하는 것은 무의미한 짓이다. 그렇게 해봐야 현실은 전혀 달라지지 않는다는 사실을 모르는 어리석은 사람은 없을 것이다."

마지막으로 내가 오랫동안 큰 도움을 받은 조언 하나를 소개할까 한다. 전 세계 최고의 부자로 알려진 미국인 존 록펠러(John D. Rockefeller)의 말이다.

"가장 높은 자리와 가장 낮은 자리는 모두 어리석은 자가 차지한다."

THE
WORLD'S
GREATEST
99
INVESTORS

THE
WORLD'S
GREATEST
99
INVESTORS

위대한
99인의 투자자들

01

아베 슈헤이

(ABE, SHUHEI)

일본

자기가 무엇을 잘하는지 파악하는 것이 무엇보다 중요하다. 두드러진 성공을 이루어 낸 전설적인 투자자는 셀 수 없이 많다. 내가 보기에 그들은 각자가 처해 있는 환경의 복잡한 측면을 이해하고 단순화하는 자기만의 비결이 있었을 것이다. 나는 초반 몇 년을 제외하고는 20년 이상 하락세 시장에 투자하고 있다. 그런데도 살아남은 비결은 내가 잘 안다고 여기는 분야에 집중적으로 투자하기 때문이다. 시장 상황이 매우 비관적일 때에도 가치의 격차를 공략하기에 좋은 기회는 항상 열려 있었다. 가격이 기업의 가치에 한참 못 미치면, 시장 환경이 최악이라도 여전히 수익을 올릴 가능성이 있다.

나의 첫 번째 원칙은 아무도 미래를 예측할 수 없다는 것이다. 따라서 잠재적 투자 대상을 평가할 때 단순한 사고 모형을 적용해야 한다. 달리 말하면 고려할 변수가 너무 많지 않아야 한다는 것이다. 자기가 알 수 없는 것의 미래를 예측하는 것은 어둠 속에서 다트를 던지는 것과 다를 바 없다. 따라서 자신이 보고 들을 수 있는 것을 기반으로 투자 결정을 내려야 한다.

나는 잠재적인 투자를 평가할 때 세 가지 요소를 검토한다.

첫째, 기업 비즈니스 모델의 지속 가능성이 어느 정도인지 살핀다. 어떤 기업이라도 매출 대 비용이라는 간단한 공식으로 표현할 수 있다. 예를 들어 어떤 기업의 향후 매출을 분석하면서, 단가를 높일 수 있는지 그리고 더 많은 단위를 판매할 수 있는지에 따라 성장 가능성이 정해진다.

둘째, 업계의 전망과 성장 가능한 규모를 평가해 해당 기업이 우위를 차지하고 수익 마진을 유지할 수 있을지 판단한다. 성장하는 시장에서 잘 자리 잡고 있는 기업이라면 투자 대상으로 아주 좋아 보일 것이다. 하지만 일본처럼 쇠퇴하는 시장에서도 기업이 여전히 성장하는 사례도 있었다.

셋째, 기업이 앞으로 나아갈 방향이나 진로를 결정하는 사람을 고려한다. 결정권자는 신뢰할 만한 사람인가? 창의적이고 혁신적인가? 성장 가능성이 큰 기업을 키운 경험이나 잠재력이 있는가?

이렇게 세 가지 요소만 고려하면 어떤 기업이 정말 유리한 입지에 있는지 알아볼 수 있을 것이다. 모든 잠재적 변수를 고려하는 것보다 한결 수월하게 투자 결정을 내릴 수 있다.

출생 1954년 일본 삿포로

학력 도쿄에서 소피아 대학교 경제학과를 졸업했으며 1982년에 미국 밥슨 대학교에서 MBA를 받았다. 2005년에 하버드 경영대학원에서 최고경영자 과정(Advanced Management Program)을 수료했다.

경력 일본의 노무라 리서치 연구소(Nomura Research Institute)에서 애널리스트로 첫발을 내디뎠다. 그 후에 뉴욕에 와서 노무라국제증권(Nomura Securities International)에서 일본 주식 거래를 3년간 맡았다. 31세가 되던 1985년에 아베캐피털 연구소(Abe Capital Research)를 창립해 미국 및 유럽 투자자의 일본 주식 투자를 관리했다. 4년 후에는 도쿄에 스팍스 그룹(SPARX group)이라는 독립자산운용사를 설립했다. 현재 스팍스 그룹의 대표 겸 CEO를 맡고 있다.

투자 철학 아베는 가치 투자자지만, 산업 및 비즈니스 모델을 집중적으로 평가하는 일을 선호한다. 또한 기업 경영 평가에도 많은 시간을 할애한다. 투자 스타일은 매우 공격적인 것으로 알려져 있는데, 주로 기업의 지분을 크게 확보한 다음 경영진과 협력해 기업의 가치를 높이는 방식으로 움직인다. 이러한 방식을 관계형 투자(relationship investing)라고 하는데, 전략적 운영 파트너와 팀을 이룬 다음 각 기업이 잠재력을 최대한 발휘하도록 도와준다. 아베는 행동주의 투자자(activist)로 여겨진다.

기타 조지 소로스의 제자이며, 일본 최초의 헤지펀드 매니저 중 한 명이다. 스팍스 그룹은 일본 최초의 상장 기업 독립운용사로서, 관리 중인 자산 규모는 약 70억 달러이고 홍콩과 서울에 사무실이 있다. 그는 일본 국내 주식의 스몰캡 거래소였던 회사를 아시아 최대 규모의 대체투자 기업으로 키워냈다. 그의 취미는 기타 연주와 그림 그리기다.

출처: 아베 슈헤이; 스팍스 자산운용사(SPARX Asset Management); 위키피디아.

02

찰스 아크레

(CHARLES T. AKRE)

미국

최고의 투자를 가리켜 종종 '복리 수익 기계(compounding machines)'라는 표현을 사용한다. 우리의 투자 과정을 이끄는 프레임워크는 '세 발 의자(three legged stool)'에 비유할 수 있다. 첫 번째 다리는 비즈니스 모형(business model)이다. 이는 투입 비용보다 오랫동안 높은 자본 수익과 가격 경쟁력을 달성하는 사업 분야를 찾는 데 도움이 된다. 두 번째 다리는 사람 모형(people model)인데, 모든 주주에게 가장 많은 수익을 가져다주는 방식으로 자산을 운용하는 사람을 찾아내는 것이다. 세 번째 다리는 재투자 모형(reinvestment model)이다. 이 방법에 훈련된 재투자 결과의 역사를 결합하면 폭넓은 재투자 기회를 가진 기업을 찾아낼 수 있다. 그것이 바로 우리가 말하는 '복리 수익 기계'다. 단, 이를 찾아내도 매입가를 결정할 때 매우 엄격해야 한다. 그 투자를 통해 얻게 될 복리 수익률은 처음에 어떻게 평가하느냐에 크게 좌우되기 때문이다.

이 세상에 당연시할 수 있는 것은 아무것도 없다. 자신의 가설과 결론을 끊임없이 재검토해야 한다. 그렇게 해서 놓친 오류를 찾아낼 수 있다면 정말 다행이다. 우리가 알지 못하는 것은 우리의 목숨을 위협하지 않는다. 우리가 잘 안다고 생각하지만 사실이 아닌 것이 우리의 목숨을 위협하는 것이다. 그러므로 부지런히 공부하고 잘 준비하기 바란다.

가치는 목적지가 아니라 과정에 숨어 있다. 사업이나 수익보다 사람이 더 중요하므로 누구를 만나든 존중심을 보이며 품위 있게 대해주어야 한다.

출생 1943년 미국 워싱턴 D.C.

학력 워싱턴 D.C.에 있는 아메리칸 대학교(American University)에서 1968년에 영문학 학사 학위를 받았다.

경력 아크레는 존스턴, 레몬 앤드 컴퍼니(Johnston, Lemon & Co.)라는 투자 회사에서 리서치 및 자산 관리 책임자로 21년간 근무했으며, 이 회사의 주주이자 이사였다. 46세에 독립해 1989년에 아크레 캐피털 매니지먼트(Akre Capital

Management, 이하 ACM)를 설립했으며, 관리자, 최고경영자 및 최고투자책임자를 맡고 있다.

투자 철학 아크레는 가치 기반의 상향식(bottom up) 주식 투자자다. 예측 가능하며 지속 가능한 고수익을 산출할 수 있으며 재투자 옵션을 갖추고 있으나 주가에 이런 사항이 적절하게 반영되지 않는 기업을 물색한다. 아크레가 좋아하는 가치 평가 방법은 주가현금흐름비율(price to free cash flow)이지만, 자기자본이익률(ROE, returns on equity)이 적어도 15퍼센트 이상인 기업에만 투자한다. 투자할 때 증가된 투자자 신뢰를 기반으로 해 이익 성장과 주가수익률 재평가라는 두 가지 요소에서 주가 상승(stock price appreciation)을 찾으려 한다. 이는 회전율(turnover)이 낮은 바이 앤드 홀드(buy and hold) 전략이다. 투자 포트폴리오를 보면 20개 미만의 포지션으로 구성되는데, 일단 투자를 시작하면 장기간 보유하는 것을 기본 원칙으로 한다. 그는 시장의 변동성을 아주 좋은 기회로 여기며 엑셀 스프레드시트에는 거의 눈길을 주지 않는다. 투자자에게 최악의 실수란, 과거의 성장 기록에 기반해 비싸게 매겨진 주식을 매입하는 것이라고 여긴다.

기타 ACM의 헤지펀드는 1993년 이후로 S&P 500 지수가 복리 8퍼센트를 기록한 것에 비해 18년간 복리 15퍼센트를 달성했다. 그는 67세의 나이에 새로운 펀드를 설립해 3년 만에 관련 펀드의 95퍼센트를 앞질렀으며, 관리 중인 자산 규모는 24억 달러다.

본사는 신호등이 하나밖에 없는 버지니아주 미들버그라는 구시가에 자리 잡고 있다. 아크레는 프레젠테이션을 할 때면 다음과 같은 수사적 질문을 사용한다.

“1페니가 있는데 매일 두 배로 늘어나는 것이 30일간 반복되면, 최종 가치는 얼마나 될까요? 무려 1070만 달러입니다.”

출처: 찰스 T. 아크레; 아크레 캐피털 매니지먼트; SMA Composite; 모닝스타(Morningstar); 위키피디아.

03

파비오 알페로위치

(FABIO ALPEROWITCH)

브라질

아무도 믿어서는 안 된다. 사람은 누구나 편견이 있기 때문이다. 투자 결정을 내리기 전에 스스로 강한 확신이 있어야 한다. 그렇게 하려면 모든 정보를 다양한 각도에서 두 번, 세 번 확인해야 한다. 예를 들어 기업을 방문할 때 CEO나 CFO를 인터뷰하면 편향된 결론을 얻기 쉽다(내가 만나본 CEO 중에 사업이 힘들다거나 회사 경영 상태가 엉망이라거나 장기적으로 볼 때 매출이 감소하고 수익이 줄어들 거라고 말하는 사람은 한 명도 없었다). 그보다는 중간 관리자, 공급 업체, 블루칼라 노동자, 주요 고객, 예전에 근무했던 직원, 업계 전문가(단, 셀사이드 분석가는 제외한다)의 말을 들어보는 것이 훨씬 낫다. 이렇게 철저한 검증을 거치지 않으면 전체 그림을 보지 못해 잘못된 투자 결정을 내릴 우려가 있다. 쉬운 일은 아니다. 시간이 오래 걸릴 수도 있다. 그렇지만 결과를 보면 그만큼 시간과 노력을 들일 가치가 있었다는 것을 깨달을 것이다.

현실 세계를 직시해야 한다. 사무실에서 컴퓨터만 들여다봐서는 투자를 잘할 수 없다. 밖에 나가서 슈퍼마켓에 가보고 거리에서 사람들의 이야기를 들어보고 쇼핑몰이나 박람회를 직접 둘러보는 것이 좋다. 여행도 도움이 된다. 우리 회사 펀드는 한동안 브라질에만 투자한 적도 있지만, 중국을 여섯 차례 방문했을 뿐 아니라 인도, 칠레, 멕시코, 미국, 독일, 영국, 러시아 등 세계 각국을 직접 다니며 조사하고 있다. 경쟁자는 모든 지역에서 등장할 수 있다. 다양한 부문의 여러 기업을 조사해 보면 새로운 경영 기술을 배울 기회가 있을 것이므로 개방적인 태도를 보여야 한다. 투자 대상에 집중하는 것은 바람직하지만, 집중 대상의 폭을 너무 제한하면 그 부문에서 좋은 경영진이 될지는 몰라도 좋은 투자자가 되기는 어렵다. 교실에 가만히 앉아 있는 것보다 바깥 세상을 직접 경험하면 더 많은 것을 배울 수 있다.

엑셀 스프레드시트는 기업의 실제 가치를 담아낼 수 없다. 이 세상의 어떤 애널리스트도 기업이 5년 이내에 어떤 성과를 낼지 예측할 수 없기 때문이다(사실 그 기업이 5년 후에 존속할 것인지도 알 수 없다). 목표 주가(target price)는 예상을 빗나가기 마련이다. 스프레드시트나 예측된 자료도 틀릴 수 있다. 그러므로 기업이든 사람이든 정량적 분석보다 정성적 분석이 훨씬 중요하다.

좋은 사람들이 경영하는 좋은 회사는 시간이 지나면 언젠가 가치를 만들어 낼 것이다. 이를테면 신상품을 런칭하거나 새로운 사업에

착수하거나 새로운 지역으로 사업을 확장하고 좋은 기업을 인수하고 인재를 영입하는 것이다. 반대로 경영진이 부실하면 가치는 무너지게 되어 있다. 헐값이라는 이유만으로 기업을 인수하면 안 된다. 시간이 지나면 가격이 더 내려갈 수 있으므로 정량적 요소를 따져서 투자할 기업을 선정해야 한다. 그리고 가치 창출에 선불 지급을 하는 것이 아닌지 확인해야 한다. 주가에 기대 가치라는 명목으로 무엇이 포함되어 있는지 알아보면 된다. 장기적으로 투자하되(우리는 투자 기간을 평균 10년으로 본다), 투자 케이스를 다시 검토하고 (적어도 분기마다) 가치 변동을 확인하는 것이 좋다.

출생 1971년 브라질 상파울루

학력 제툴리우바르가스 기업경영학교(Fundacao Getulio Vargas)에서 경영학 학위를 받았다.

경력 프록터 앤드 갬블에서 3년간 근무했으며, 1993년에 22세의 나이로 파마 인베스티멘토스(FAMA Investimentos)를 설립했다. 2013년 기준 포트폴리오 관리와 리서치 업무를 맡고 있다.

투자 철학 알페로위치는 스몰캡 주식 투자자다. 그는 기초 자료를 조사해서 10년 이상 주식을 소유할 만한 우수한 기업을 찾아낸다. 성장 초기 단계의 강소기업에 주로 투자하기 때문에 단순 수치보다는 기업의 제품, 시장, 경영진이 더 중요한 요소가 된다. 그는 기업의 경영에도 능동적으로 참여하며 이사회 임원으로 활동하고 있다.

기타 알페로위치는 약 10억 달러를 관리한다. 달러로 계산해 봐도(현지 화폐로 환산하면 31퍼센트가 늘어난다) 수익이 너무 높아서 보는 사람의 입이 딱 벌어질 정도다. 파마의 내부 방침 중 하나는 다른 펀드 매니저와 논의하거나 셀사이드(sell-side) 보고서를 보지 않는 것이다. 알페로위치는 여가에 고급 포도주, 천체 사진, 철인 3종 경기를 즐긴다.

출처: 파비오 알페로위치; 파마 인베스티멘토스.

04

키에키에 보에나완
(KIEKIE BOENAWAN)

인도네시아

투자는 과학이라고도 할 수 있고 예술이라고 볼 수도 있다. 어떤 요소는 머리를 써서 공부해야 하지만 오로지 경험을 통해서만 배울 수 있는 측면도 있다. 여기서 말하는 경험이란 실제로 투자를 해보면서 실수하는 과정을 말한다. 나도 투자 관리자로서 경력을 쌓는 동안 실수를 많이 했다. 어떤 실수는 교훈점을 명확히 찾아낸 후에야 더 이상 반복하지 않게 되었다. 처음에는 실수를 저질러도 실수라는 것을 금방 인지하지 못하는 경우가 많다. 그래서 실수를 통해 교훈을 얻는 것은 그리 쉬운 일이 아니다. 그런가 하면 어떤 실수는 너무 고통스러워서 두 번 다시 그런 실수를 되풀이하지 않는 방법을 깨우치게 된다.

내가 자주 저지른 실수는 기업지배구조(corporate governance)가 좋지 않은 회사에 투자한 것이었다. 신흥경제 시장에는 기업지배구조가 부실한 기업이 많은데, 특히 중소기업에서 그러한 현상이 잦았다. 장기적으로 이런 기업은 투자자에게 심각한 손실을 초래한다. 기업 투명성이 낮은 데다 일반 투자자에 대한 대우가 형편없고, 회계 처리에 미심쩍은 부분이 많다. 게다가 주식 발행 당시에 부풀려진 수익과 이전가격(transfer pricing), 관련 당사자의 거래도 일반 투자자에게 전혀 도움이 되지 않는다. 잘나가는 기업에서 가장 중요한 두 가지 요소는 실력 있는 경영진과 믿을 만한 비즈니스 파트너다. 나는 이 점을 뼈아픈 실수를 통해 배워야만 했다.

나도 힘겨운 경험을 통해 블랙스완을 배웠다. 독자도 블랙스완이라는 말을 들어보았을 것이다. 일어날 것 같지 않은 극도로 부정적인 결과가 실제로 일어나는 현상을 말한다. 하지만 직접 겪어보기 전에는 블랙스완의 진정한 의미를 결코 이해할 수 없다.

나는 약 10년간 매우 가능성이 낮은 일을 두 번이나 겪었다. 하나는 아시아 금융 위기에 인도네시아의 현지 통화가 달러당 약 2200루피아에서 1만 7000루피아로 폭등한 사건인데, 1년도 되지 않는 짧은 시간에 90퍼센트의 평가 절하를 당한 것이었다. 두 번째는 2008년 세계 금융 위기에 전 세계 주식 시장이 1년 만에 약 50퍼센트 하락한 것이었다. 이런 일이 생길 거라고는 상상도 하지 못했지만, 둘 다 현실로 나타났다.

블랙스완에 대해 듣기만 하는 것과 직접 경험해 보는 것은 완전 차원이 다른 것이었다. 실제로 겪어보니 느끼는 바가 컸고 많은 점을 돌아보게 되었다. 무엇보다도 예상치 못한 일이나 가능성이 낮은 결과라고 해서 함부로 과소평가해서는 안 된다는 점을 배울 수 있었다.

세월이 흐르면서 기회가 다가올 때 더 조심하며 참을성을 갖는 편이 낫다는 것도 배우게 되었다. 그리고 정말 훌륭한 투자 기회와 그런 기회처럼 가장한 상황을 구분하는 안목도 생겼다. 진실과 환상을 구분하는 것은 상당히 어려운 일이다. 무엇보다 자기 자신에게 솔직해야 한다. 장기적으로 보면 조심성과 참을성을 보여야 좋은 결과를 얻게 되지만 일단 기회가 생기면 적극적으로 나서서 기회를 최대한 활용해야 한다.

출생 1962년 인도네시아 반둥

학력 오하이오주 클리블랜드에 있는 케이스웨스턴리저브 대학교에서 컴퓨터공학을 전공했으며 1986년에 졸업했다. 1988년에 동 대학에서 금융 MBA를 취득했다.

경력 인도네시아의 자딘 플레밍(Jardine Fleming)에서 투자은행가로 첫발을 내디뎠다. 31세의 나이에 PT 자딘 플레밍 누산타라 투자운용사(PT Jardine Fleming Nusantara Investment Management)를 설립해 투자총책임자를 맡았다. 1999년부터는 슈로더 인베스트먼트 매니지먼트(Schroder Investment Management, 영국의 투자신탁운용사-옮긴이) 인도네시아 지부에서 최고투자책임자를 맡고 있다.

투자 철학 보에나완의 주요 무대는 아시아 주식 시장이다. 그는 신흥 시장에 주로 투자한다. 가장 중요한 기준은 기업지배구조가 좋으며 우수한 경영진을 갖춘 기업을 선택하는 것이다. 아직 입증된 결과가 없는 신흥 시장은 대다수 기업이 신생 기업이기 때문이다. 그는 훌륭한 비즈니스 파트너를 얻는 것이 투자에 성공하는 비결이라고 생각한다.

또 하나 중요한 요소는 투자하려는 사업의 본질적 특성을 깊이 이해하는 것이다. 본인이 성장주 투자자(growth investor)라고 생각하며, GAPR(Growth AT Reasonable Price, 성장하는 기업을 합리적인 가격에 사는 것-옮긴이)를 중요한 가치 척도로 여긴다.

기타 인도네시아 자본 시장에서 50억 달러가 넘는 자금을 관리하고 있다. 2000년에 CFA 차터홀더(charterholder)가 되었다. 여가에는 가족과 함께 테니스를 치거나 영화를 감상한다.

출처: 키에키에 보에나완; 슈로더(Schroders); 슈로더 성과 기금(Schroders Dana Prestasi); 위키피디아.

05

앤서니 볼턴
(ANTHONY BOLTON)

영국

- 신뢰할 만한 경영진이 운영하는 우수한 프랜차이즈와 함께, 자신이 이해할 수 있는 사업에 투자한다.
- 자기 자본에 비해 부채가 많은 기업은 보람 있는 성과를 거둘 수 있을지 몰라도, 가장 위험하다는 것을 기억해야 한다.
- 좋은 투자자가 되려면 IQ가 높은 것보다 투자자에 적합한 기질을 갖추고 대중과 반대로 움직이기를 좋아하는 마음이 더 필요하다.

출생 1950년 영국 런던

학력 1971년에 케임브리지 대학교에서 공학 및 경영학 석사 학위를 받았다.

경력 앤서니 볼턴은 1971년에 케이저 울먼(Keyser Ullman)에서 대학원 연수생으로 경력을 쌓기 시작했다. 5년 후에 슐레진저로 이직했으며 거기에서 투자 매니저가 되었다. 1979년에 피델리티 인베스트먼트 매니지먼트에서 최초의 런던 기반 투자 관리자로 그를 스카우트했다. 볼턴은 2007년 연말에 전업 투자 관리직에서 은퇴했지만 피델리티에서 멘토로 계속 근무하며 이 회사의 투자 과정에 참여하고 있다. 2009년에 투자자로 복귀한다고 선언한 뒤 2010년에 홍콩으로 이주해 피델리티 차이나 스페셜 시츄에이션 펀드(Fidelity China Special Situations Fund)를 맡았다. 2014년 4월에 은퇴하고 현재는 뮤지션이자 작곡가로 활동하고 있다.

투자 철학 볼턴은 주식 시장만 공략하는 가치 투자자다. 자신을 역투자자라고 생각하지만, 볼턴만큼 유연한 투자자도 찾아보기 어려울 것이다. 그는 턴어라운드 후보를 물색하는 데 큰 노력을 기울이는데, 실제로 이러한 투자에서 좋은 성과를 거두었다. 그는 합병 가능한 기업도 선호하며 기술 분석을 통해 이중 확인을 거친다. 자기 자본에 비해 부채가 많은 회사는 경계 대상인데, 실제로 이런 회사에 투자했다가 역사적인 수준의 큰 손실을 본 경험이 있기 때문이다.

그의 투자 접근 방법의 초석은 장기적으로 보면 가치주가 성장주보다 좋은 성과를 내며, 인기가 없고 저평가되었던 주식이 가장 높은 수익률을 기록한다는 것이다. 그는 현재 가치 평가를 예전의 평균치와 비교해 가치를 파악한다. 그의 상향식 분석에서 중요한 또 다른 점이 있다면 프랜차이즈 경영진의 위력일 것이다. 그는 투자에 앞서 항상 해당 기업을 직접 방문한다. 오랜 시간을 들여 자세히 살펴보고 엄격히 따지는 투자 스타일로, 근면 성실함은 그의 트레이드마크다.

기타 1979년에서 2007년까지 연평균 수익률보다 6퍼센트 이상 높은 수익률로 주식 시장을 압도했다. 같은 기간 동안 어떤 경쟁자도 그의 수익률을 넘기지 못했다. 예전 동료인 피터 린치(Peter Lynch)는 볼턴을 가리켜 진중하고 판단력이 좋은 편이라고 말한다. '영국의 버핏'이라는 별명이 있으며 두 권의 저서를 출간했다. 취미는 클래식 음악을 작곡하는 것인데, 그의 작품이 런던의 세인트폴 대성당에서 공연된 적이 있다.

출처: 앤서니 볼턴; 『투자의 전설 앤서니 볼턴』(2007); 피델리티 특수 상황 펀드(Fidelity Special Situations Fund); 위키피디아.

06

론 브라이얼리

(RON BRIERLEY)

뉴질랜드

투자자로서 내가 성공할 수 있었던 비결은 단 하나, 연구조사다. 지식이 곧 힘이다. 나는 철저히 시간 순서에 따라 기업의 프로필을 확인한다. 가능하다면 수년 전, 아니 수십 년 전까지 거슬러 올라간다. 1950년대나 1960년대의 연례보고서는 현재 시장 상황과 관련성이 없지만, 과거에 대한 정보는 현재 시장에 모습을 드러낸 그 기업에 대한 이미지를 얻는 데 도움이 된다. 그리고 해당 업계에 대한 지식과 같은 시장에서 활동하는 다른 기업에 대한 정보도 반드시 조사해야 한다. 주식을 매입하는 것은 투기를 목적으로 종이를 사는 것이 아니라 기업의 지분을 소유하는 것이다. 어떤 주식을 어떤 가격에 살 때,

이론적으로 그 회사의 모든 주식을 그 가격에 사들일 의향이 있는지 자문해 보기 바란다. 워런 버핏의 말처럼 자기가 이해하지 못하는 분야에는 아예 투자하지 말아야 한다. 나는 고정 자산을 갖추고 있으며 과도한 부채가 없는 기업을 선호한다. 그리고 기술이나 개인 서비스 관련 사업은 될 수 있는 대로 멀리하려 한다.

"달걀은 한 바구니에 담지 마라." 위험을 줄이기 위해 분산 투자를 하라는 뜻으로 자주 사용하는 말이다. 하지만 이렇게 해서는 평균 이상의 결과를 얻을 수 없다. 큰 성과를 얻으려면 자신의 판단을 믿어야 한다.

성공에는 지름길도 마법의 공식도 없다. 부단히 공부하는 것만이 유일한 길이다.

출생 1937년 뉴질랜드 웰링턴

학력 웰링턴 빅토리아 대학교(Victoria University of Wellington)에서 회계학을 전공하다가 중퇴했다.

경력 사무직으로 근무한 경력과 두 개의 소규모 벤처 기업을 운영한 경험을 바탕으로 24세에 브라이얼리 인베스트먼트(Brierley Investment Ltd, 이하 BIL)라는 회사를 만들었다. 당시 그의 수중에는 자본금이 한 푼도 없었다. 하지만 1984년에 BIL은 시가총액을 기준으로 뉴질랜드 1위 기업에 올랐으며 1987년에는 300개가 넘는 기업의 주주가 되었다. 1987년 주식 시장 폭락으로 타격을 입었고 1990년에 기네스 피트 그룹(Guinness Peat Group)을 인수해 여기에만 집중했다.

2001년에 공식적으로 은퇴를 선언했으나 여전히 이사회 임원이자 주식 시장 투자자로 활동하고 있다. 지금은 머캔타일 인베스트먼트(Mercantile Investment Co. Ltd.)의 대표직을 맡고 있다.

투자 철학 론 브라이얼리의 투자 스타일은 가치 투자지만, 기업 사냥꾼이라는 표현이 가장 잘 어울린다. 그는 중단기 평가절상(appreciation)을 내다보며 주식 거래를 하고, 기업을 인수하거나 주식의 상당 부분을 사들이는데, 궁극적인 목적은 경영에 참여해 재무 구조를 조정하는 것이다. 약세거나 취약한 주식을 찾는 데 주력한다. 달리 말하면 실적이 좋지 않거나 경영상의 문제가 있어 보이는 기업 혹은 자산이 풍부한데도 저평가된 기업에 투자할 기회를 얻으려는 것이다. 그의 동료는 "우리는 기업에 도전하고 개념에 도전하고 제안을 합니다. 그런 것들이 모두 보편적으로 받아들여지는 것은 아닙니다"라고 설명했다. 실적이 저조한 부서나 자산을 처분하거나, 남은 자산을 재생시킬 가능성이 있는 기업에도 관심을 보인다(이 때문에 자산 사냥꾼이라는 평판을 얻게 되었다). 파리에 있는 갤러리 라파예트(Galeries Lafayette) 백화점부터 뉴질랜드 항공에 이르기까지 매우 다양한 분야에 투자하고 있다.

기타 그는 똑똑하고 빈틈없는 애널리스트다. 사업 수완이 좋고 며칠씩 쉬지 않고 계속 일을 해도 끄떡없는 사람으로 알려져 있다. 뉴질랜드에서 손꼽히는 재력가 중 한 사람이며, 취미는 우표 수집이다.

출처: 론 브라이얼리; 《도미니언 포스트(The Dominion Post)》(뉴질랜드 신문-옮긴이), 2008년; 페어팩스 디지털(Fairfax Digital), 2002년; 위키피디아.

07

워런 버핏

(WARREN BUFFETT)

미국

남들보다 월등히 높은 IQ, 비범한 비즈니스 통찰력, 내부 정보는 투자에 성공하는 데 필요한 조건이 아니다. 의사결정에 필요한 건전한 지적 사고를 갖추고 감정이 그 사고의 틀을 침식하지 못하게 막아내는 능력이 필요할 뿐이다.

찰리 멍거와 나는 아무리 멋진 제품을 생산하는 기업이라도 미래를 평가할 수 없으면 절대 투자하지 않는다. 과거에는 특별한 혜안이 없는 사람도 자동차(1910년), 항공기(1930년), 텔레비전(1950년)과 같은 산업이 앞으로 크게 성장할 것이라는 점을 알 수 있었다. 하지만 해당 산업에 진출하는 거의 모든 기업을 무너뜨릴 수 있는 경쟁 역학도 그러한 미래에 포함되어 있었다. 경쟁에서 살아남는 기업도 출혈을 피하지 못했다.

강세장이 수십 년간 이어지는데도 투자자들이 큰 수익을 얻지 못하는 이유는 크게 세 가지로 정리할 수 있다. 첫째, 고비용 때문이다. 일반적으로 투자자들이 과도한 트레이딩을 하거나 투자 관리에 지출하는 비용이 많은 것이 문제다. 둘째, 기업을 신중히 조사하고 정량적으로 평가하는 것이 아니라 일시적 유행과 확인되지 않은 정보에 따라 포트폴리오를 결정하기 때문이다. 셋째, 시장이 장기간 호황을 누린 이후에 적절하지 않은 시기에 시장에 들어와서 침체 및 쇠퇴기를 한참 겪은 후에 빠져나가는 방식을 사용하기 때문이다. 투자자에게 쉽게 흥분하는 태도와 비용 지출은 가장 위험한 적이다.

출생 1930년 미국 네브래스카주 오마하

학력 네브래스카 대학교 링컨캠퍼스에서 경제학을 전공했으며 컬럼비아 경영대학원에서 MBA를 받았다. 뉴욕금융연수원(New York Institute of Finance)에서도 교육을 받았다.

경력 아버지가 운영하던 버핏퍼크 앤드 컴퍼니(Buffett-Falk & Co.)에서 투자 담당 세일즈맨으로 사회에 첫발을 내디뎠다. 3년 후에 옛 스승인 벤저민 그레이엄에게 채용되어 그레이엄-뉴먼(Graham-Newman Corp)이라는 투자 회사에서 증권 분석가로 일하게 되었다. 1956년에 그레이엄이 회사 문을 닫자, 버핏 파트너십(Buffett Partnership Ltd.)이라는 회사를 직접 설립했다. 34세에 버크셔해서웨이 경영을 맡아 지금까지 회장 겸 CEO를 맡고 있다.

투자 철학 가치 투자 철학을 가르친 벤저민 그레이엄의 제자 중 가장 유명하고 크게 성공한 제자다. 그는 정량적 측면뿐이었던 전략에 정성적 요소를 통합해 현대화된 전략을 탄생시켰다. 정성적 요소란 대차대조표에서 알 수 없는 것들을 가리킨다. 내재적 가치보다 낮은 가격에 거래되는 주요 기업의 주식을 사들여서 장기간 보유하는 편이다. 그 기업의 주식을 모두 가진 경우에는 매각을 거의 고려하지 않는다. 자신이 이해하는 비즈니스 분야에서 정직하고 유능한 경영진이 이끄는 기업을, 일정 수준의 안전이 확보되는 경우에만 투자한다. 지금까지 보험 사업에 가장 크게 투자해왔다.

버핏은 컴파운딩 성장(compounding growth)이라는 개념에 집착한다. 그레이엄과는 달리, 버핏은 본질적 가치에 대한 50퍼센트 할인은 충분하지 않다고 생각한다. 그래서 기업의 주요 장단점을 모두 파악해야 직성이 풀리는 타입이다. 장단점을 모두 알게 되면 해당 기업이 다음 사분기뿐만 아니라 향후 5~10년간 얼마나 가치를 창출할 것인지 대략 알게 된다. 그는 주당순이익(EPS, earnings per share)보다 자본 및 현금흐름수익률(return on capital and cash flow)을 더 중요하게 여긴다. 그리고 무엇보다도 현금 창출을 중시한다. 기술적 분석, 거시경제학, 파생상품 투자 등은 그리 중요하게 여기지 않으며 아예 외면해 버린다. 포트폴리오는 집중형인데, 2013년 중반에는 대형 상장 포지션 열 개로만 구성되었다. 버크셔해서웨이는 비상장 기업을 포함해 50개가 넘는 회사의 최대주주다. 그의 포트폴리오는 장기 주식 매수만 잔뜩 쌓아놓은 것이 아니라 매우 정교하고 복잡하다. 일례로 2013년 중반에는 거의 50억 달러의 파생상품이 포함되어 있었는데, 이론상 가치(notional value)는 약 400억 달러다.

버핏은 '독자적으로 생각하려는 의지'가 투자에서 성공하는 비결이라는 말을 자주 한다. 버핏의 두드러진 특징은 기업의 가치 판단에 관한 자신의 능력을 전적으로 신뢰하며, 시장도 결국에는 자신의 말이 옳다는 것을 깨닫게 될 거라고 굳게 믿는 것이다.

기타 열한 살 때 누나와 놀이처럼 주식 거래를 시작했다. 가장 좋아하는 장난감은 동전 계산기였다. 그의 별명은 '오마하의 마법사'다. 23명의 직원이 근무하는 작은 사무실에서 일하지만, 그가 이끄는 기업은 2000억 달러가 넘는 자본금을 운용한다. 2013년에 《포브스》는 워런 버핏의 재산을 530억 달러로 추산했다. 당시 세계에서 네 번째 부자였던 셈이다. 그는 자선 활동으로도 매우 유명한데, 자산의 99퍼센트를 환원하겠다고 약속했다. 이는 전 세계 역사에서 최다 기부액이라고 할 수 있다. 브릿지 게임과 우쿨렐레 연주를 좋아한다.

출처: 벤저민 그레이엄의 『현명한 투자자』(1949); 로버트 P. 마일스의 『워런 버핏이 선택한 CEO』(2002년); 앨리스 슈뢰더의 『스노볼』(2008); 버크셔해서웨이 회장이 보내는 서한, 2004년; 버크셔해서웨이 주주에게 보내는 서한, 2009년 9월; 위키피디아.

08

에두아르 카미냑
(EDOUARD CARMIGNAC)

프랑스

(결과를) 예측하되 어떤 것도 당연하게 생각하지 마라. 시장을 무시해서는 안 되지만, 실질 경제에 더 의존해야 한다. 시장은 기껏해야 투자자를 으쓱하게 해주는 것이 전부지만, 실질 경제는 승리를 안겨줄 수 있다.

생각의 틀이 자유로워야 창의성을 발휘할 수 있다. '카미냑의 비즈니스 모형'의 기반은 독립성이며, 앞으로도 이 사실은 변하지 않을 것이다. 자유에는 자제가 요구된다. 대담하게 행동하면서 자신의 신념을 고수하는 것만이 장기적으로 가치를 창출하는 유일한 방법이다. 자신의 신념이 옳다는 것이 증명될 때까지 계속 파고들어야 한다. 신중하게 고심해 강한 확신이 든 후에 매입한 것이 아니라면 나중에 헐값에 팔 수밖에 없을 것이다. 부지런히 노력하기 바란다.

출생 1947년 프랑스 파리

학력 파리 대학교에서 경제학 학위를 받았고(1969년), 컬럼비아 대학교에서 MBA를 취득했다(1972년).

경력 1972년에 뉴욕에 있는 블리스 이스턴 딜런(Blyth Eastern Dillon)에서 애널리스트로 투자자의 첫발을 내디뎠다. 3년 후에 파리바(Paribas, 프랑스 최대 은행 그룹-옮긴이)로 이직해 국제 금융 거래 업무를 맡았다. 1976년에 유럽금융공사은행(Banque de la Societe Financiere Europeenne)에서 에너지 및 광산 부문 대출 업무 책임자로 근무했다. 1984년부터 1989년까지 하만-카미냑(Hamant-Carmignac)에서 주식중개인으로 근무했다. 1989년에 카미냑 제스티온(Carmignac Gestion)을 설립했으며 현재까지 회장을 맡고 있다. UCITS(유럽연합의 공모 펀드-옮긴이)의 관리 전략에 밀접히 관여하고 있다.

투자 철학 그는 '하향식' 투자 전략을 사용한다. 어떤 경제 추세가 지속하는지 파악한 다음, 추세의 이점이 작용할 만한 분야나 기업에 집중적으로 투자하는데, 이렇게 하면 50가지 포지션을 넘기기 어렵다. 경기가 어려울 때는 지수를 반영하는 단순하고 유동적인 파생상품을 사용해 포트폴리오를 보호하고, 반등 시에는 재빠르게 대처 방안을 변경한다. 투자 스타일을 살펴보면, 자본금을 보호하는 데 중점을 두며 기회를 잘 활용하고 트렌드를 따르지 않는 편이다. 전 세계 모든 자산군에 투자하는데, 그의 자산 절반 이상이 신흥 시장에 몰려 있다. 주식 시장이 실제로 반등하거나 하락하기 전에 먼저 주식 시장의 흐름에 역행하는 행보로 많은 사람의 이목을 끌기도 한다.

기타 카미냑 제스티온은 550억 유로가 넘는 자산을 관리하는 유럽 최대 규모의 자산운용사다. 주식 투자의 절반 정도는 신흥 시장을 겨냥한다. 그의 책상 옆에 레닌과 마오쩌둥의 거대한 초상화가 걸려 있는데, 이는 앤디 워홀의 작품이다. 어떤 것도 당연히 여겨서는 안 된다는 교훈을 스스로 상기하려고 그렇게 해놓은 것이다. 프랑스에서 퇴직 나이를 60세로 낮추고 최상위 소득층 세율을 75퍼센트로 높이는 법안이 등장하자 이에 강력히 반대하는 광고 캠페인을 후원하기도 했다.

출처: 에두아르 카미냑; 카미냑 제스티온; 위키피디아.

09

필립 카렛

(PHILIP L. CARRET)

미국

투기자(speculator)들에게 필립 카렛은 다음과 같은 12계명을 제시한다.

1. 적어도 다섯 가지 비즈니스 분야에서 열 개 이상의 기업 주식을 보유하라.
2. 적어도 6개월에 한 번씩 자신이 보유한 모든 주식(security)을 재평가하라.
3. 전체 자금의 절반 이상을 소득이 발생하는 주식에 계속 투자하라.
4. 주식을 분석할 때 수익률은 중요도상 가장 마지막 순위에 둬라.
5. 손실은 빨리 처리하고 수익을 취하는 것은 신중히 처리하라.

6. 세부 정보가 정기적으로 제공되지 않거나 쉽게 파악하기 어려운 주식에 펀드의 25퍼센트 이상 투자해서는 안 된다.
7. '내부자 정보'는 재난을 피하듯 절대 경계하라.
8. 부지런히 정보를 수집하되, 조언은 사절하라.
9. 주식을 평가할 때 (주가수익률과 같은) 기계적인 공식은 모두 무시하라.
10. 주가와 금리가 오르고 사업이 잘될 때, 펀드의 절반 이상을 단기 채권에 넣어라.
11. 주가가 낮고 금리가 저조하거나 하락세를 보이는 데다 사업이 침체되는 경우가 아니라면 돈을 빌리는 것은 될 수 있는 한 자제하라.
12. 가능할 때마다 전도유망한 기업의 장기 옵션을 매입할 수 있도록 가용 자금의 적정 비율을 따로 비축해둬라.

출생 1896년 미국 매사추세츠주 린(1998년 사망)

학력 하버드 대학교를 졸업했으며, 하버드 경영대학원에서 1년간 수학했다.

경력 카렛은 초반에 약 2년간 금융업계에서 근무했다. 그 후에 《배런스(Barron's, 미국의 경제 전문 잡지-옮긴이)》라는 금융 전문 잡지에서 기자 및 기고인으로 근무하면서 가족과 친구의 자본을 관리해주기 시작했다. 결국 1928년에 자산운용사를 직접 설립했으며, 이것이 파이오니아 펀드(Pioneer Fund)로 성장했다.

1962년에 카렛 제인 캐피털(Carret Zane Capital)을 설립했으며, 1983년 87세까지 펀드 관리를 손에서 놓지 않았다.

투자 철학 필립 카렛의 저서 『The Art of Speculation(투기의 기술)』이라는 제목 때문에 그를 단기 트레이더로 오해하기 쉽다. 카렛은 이와 정반대의 투자자이며 최초의 가치 투자자로 유명하다. 그는 직접 연구·조사한 후에 데이터를 분석하고, 해당 기업의 실제 가치가 주가에 제대로 반영되지 않았더라도 그가 보기에 성장 잠재력이 있을 때만 투자를 감행한다. 그는 "우량 자산을 매입해 장기간 보유함으로써 복리 수익을 추구하는 것만큼 좋은 투자는 없다. 인내심은 흔치 않은 수익을 가져다준다"라고 말했는데, 이 말에 그의 주요 투자 목적이 잘 드러난다. 소형 장외 주식이 포트폴리오의 상당 부분을 차지하며, 과정 조작의 우려가 적은 세미상장 주식(semi-listed stocks)의 매입을 선호한다. 알찬 대차대조표는 투자에서 매우 중요한 전제 조건이다. 시장 상황이 좋지 않을 때에는 옵션이 유용할 수 있다고 보지만, 그럴 때를 대비해 현금을 따로 보유하고 있다. 레버리지는 시장이 매우 저조하고 극단적인 두려움이 조성될 때에만 사용한다. 주식 투자를 주로 하지만 종종 채권 시장도 이용한다. 연례보고서의 각주에 나오는 내용이 가장 유용한 정보라고 생각한다.

기타 카렛은 최장기 투자 기록으로 유명하다. 몇 차례의 경기 침체와 불황, 세계대전을 겪었는데도 펀드 매니저로서 55년간 고수익을 유지했다. 그는 벤저민 그레이엄이 『증권 분석』을 출간하기 6년 전에 파이오니아 펀드를 설립했다. 카렛은 이 책을 누구보다 열심히 읽었다고 한다. 그는 워런 버핏과 수년간 정기적으로 아이디어를 나눠온 사이이다. 1996년 버크셔해서웨이 연례주총에서 워런 버핏은 이렇게 말했다. "중요한 것은 우량 기업을 찾아내는 것이죠. 이 자리에 참석한 필립 카렛이 항상 그랬던 것처럼 말입니다. 그는 나의 영웅입니다. 그의 투자 전략은 항상 변함없죠. 아직 카렛을 만나보지 못했다면 이번 기회를 놓치지 마십시오. 오늘 이 자리에서 제 연설을 종일 듣는 것보다 카렛과 15분간 대화할 때에 배울 점이 훨씬 더 많을 겁니다." 카렛은 두 권의 저서를 출간했으며 100세가 넘은 고령에도 월가에서 활동하고 있다. 일식 보는 것을 매우 좋아해서 이를 보려고 전 세계 곳곳을 여행했다. 그의 조부는 나폴레옹의 재무총감을 지냈다.

출처: 필립 카렛의 12계명; 파이오니아 펀드; 파이오니아 인베스트먼트; 위키피디아.

10

리언 쿠퍼먼
(LEON COOPERMAN)

미국

- 자신 있는 분야에 집중한다. 자신이 이해하지 못하는 분야는 아예 투자하지 않는다.
- 워런 버핏의 말처럼 평생 투자하는 동안 아주 좋은 투자 아이디어가 떠오르는 일은 그리 많지 않을 것이다. 그러므로 좋은 아이디어라는 생각이 들면 신중하게 잘 살펴보기 바란다.
- 믿기 어려울 정도로 좋은 투자 기회는 허울뿐인 경우가 많다. 내가 굳게 믿는 신조는 열심히 일하는 것이 해가 되지 않는다는 말과 온전히 참여하고 끝까지 집중하면 장기적으로 좋은 결과를 얻는다는 것이다. 물론 어느 정도 행운도 따라줘야 한다.

출생 1943년 미국 뉴욕주 사우스브롱크스

학력 헌터 칼리지(Hunter College)에서 학사를 마치고 컬럼비아 대학교에서 MBA를 받았다.

경력 제록스에서 잠시 품질관리 엔지니어로 근무한 후에 MBA를 취득했으며, 골드만삭스에 입사해 22년간 투자 리서치 부서에서 일했다. 1989년에 골드만삭스 자산운용(Goldman Sachs Asset Management)의 대표 겸 CEO가 되었고, GS 캐피털 그로스 펀드(GS Capital Growth Fund)의 관리를 포함해 주식 상품 부문의 최고투자책임자의 자리에 올랐다. 1991년에 48세의 나이로 독립해 오메가 어드바이저(Omega Advisors Inc.)를 설립했으며 현재까지 대표직을 맡고 있다.

투자 철학 쿠퍼먼은 다양한 헤지펀드 가치에 투자한다. 그의 운용 분야를 요약하자면, 주식 매수 및 매도의 방향, 시장이 과대평가되었는지 저평가되었는지 판단하는 것, 자산 배분, 어떤 자산군이 향후 12개월간 가장 높은 투자 수익을 달성할지 예측하는 것, 주식 대 채권 대 현금이라는 기본 투자에서 한층 복잡한 수준의 투자 등급 대 고수익 채권 등으로 이동하는 것, 저평가된 개별 주식을 발굴하는 것, 매도 시 과대평가된 주식을 찾는 것, 화폐, 글로벌 채권, 주요 국제 지수에 매크로 투자(macro investment)를 시도하는 것 등이 있다.

주력 사업은 장기적으로 투자할 주식 종목을 선택하는 것이며, 쿠퍼먼도 이런 측면에서 가장 성공적이었다. 그가 이끄는 팀은 성장 가능성이 제대로 평가되지 않아서 M&A 가치(private-market value, 이하 PMV)가 많이 하락한 채로 거래되는 기업을 물색한다. 질적으로 높은 성장 가능성이 있는 기업을 원하는 것이다.

기타 오메가 어드바이저는 100억 달러의 자산을 운용한다. 그는 골드만삭스에 근무할 때 올아메리카 리서치 팀(All-America Research Team)의 설문 조사에서 9년 연속 포트폴리오 전략가 1위에 뽑혔다. 2013년에 《포브스》는 그의 재산이 30억 달러일 것으로 추정했다. 미국에서 내로라하는 부호들에게 재산 대부분을 자선 활동에 기부하도록 독려하는 '더기빙플레지(The Giving Pledge)'라는 기부 캠페인에 참여했고, 그밖에도 여러 가지 자선 활동을 하고 있다. 버락 오바마 재임 시에는 오바마 대통령에게 공식 서한을 보내어 계급 전쟁을 벌이고 있다는 비판을 쏟아내기도 했다.

출처: 리언 쿠퍼먼; 오메가 어드바이저; 위키피디아.

11

레이 달리오
(RAY DALIO)

미국

많은 사람이 실수를 부정적으로 여기지만 나는 실수를 긍정적 요소로 생각한다. 자신의 실수에 대해 깊이 생각할 때 많은 점을 배우게 되기 때문이다.

결과가 안 좋을 때 다른 사람이나 외부 요인을 탓하는 것은 옳지 않다. 그런 생각이 잘못된 이유는 불행이 모든 사람에게 닥치기 때문이다. 어떤 일이 발생해도 잘 대처하는 것이 각자의 도전 과제이며 일종의 시험이다. 결과가 좋지 않을 때 자신의 잘못을 인정하지 않고 다른 사람이나 다른 상황을 탓한다면 현실이 지금과 다르기를 바라는 마음이 있는 것인데, 이는 어리석은 생각이다. 또한 남을 탓하기 시작하면 개인의 장점과 여러 가지 자질을 모두 끌어내서 최선의 결과를 산출하는 데 관심을 쏟을 가능성이 줄어들기 때문에 자신의 발전에 저해가 된다. 세상은 우리를 시험하며 결코 동정심을 보이지 않는다는 것을 명심해야 한다.

사람은 누구나 약점이 있다. 성공한 사람과 그렇지 않은 사람은 약점을 다루는 데 큰 차이가 있다. 성공한 사람은 자신의 약점을 찾아내어 해결하지만, 그렇지 않은 사람은 아무것도 하지 않는다. 그래서 생각을 깊이 하는 사람이 편향적인 사람보다 성공할 확률이 훨씬 높다.

투자로 돈을 벌려면 독립적인 사고를 해야 한다. 또 한 가지 덧붙이자면 창의적 사고도 할 수 있어야 한다.

출생 1949년 미국 뉴욕주 퀸즈

학력 롱아일랜드 대학교에서 학사 학위를 받았고, 1973년 하버드 경영대학원에서 MBA를 받았다.

경력 뉴욕증권거래소에서 근무하면서 상품 선물에 투자했다. MBA를 받은 후에는 도미니크 앤드 도미니크(Dominick & Dominick LLC)에서 상품 거래 책임자로 근무했다. 1974년에 시어슨 헤이든 스톤(Shearson Hayden Stone)에서 선물 트레이더 겸 브로커로 활약했다. 1975년에는 26세의 나이로 브릿지워터어소시에이츠(Bridgewater Associates)라는 투자운용사를 설립했고, 현재 대표이자 공동 CIO(최고정보책임자) 및 멘토를 맡고 있다.

투자 철학 달리오는 헤지펀드 투자자이며 주 종목은 매크로 투자다. 분산 투자의 대가이며 이 방법으로 거대한 자금을 성공적으로 운용했다. 전 세계 환율 변동, 인플레이션, GDP 성장과 같은 경제적 추세에 주로 투자하는 편이다. 경제적 변화와 금융 변화가 일관된 프레임워크 내에서 어떻게 맞물려 움직이는지 파악하는 데 많은 시간을 할애한다. 그는 채권과 통화 시장의 전문가이며, 이 분야에서 지금까지 가장 큰 수익을 달성한 것으로 여겨진다. 그런데 달리오는 다른 자산군에도 활발히 투자한다. 2010년에 브릿지워터어소시에이츠는 금에서 가장 큰 수익을 얻었다. 주식의 경우 비교적 투자액이 적은 편이나 투자 대상을 매우 다양하게 설정하며 수백 개의 포지션을 다룰 때도 있다. 그는 “다수의 생각도 자주 틀리기 마련”이라며, 돈을 관리할 때에는 독립적인 사고를 주요 기준으로 삼아야 한다고 주장한다.

기타 달리오는 지능이 매우 높고 독특한 사람으로 알려져 있다. 세계 최대 규모의 헤지펀드를 운용하는데 자산 규모가 1400억 달러이며 직원이 1200명이나 된다. 브릿지워터어소시에이츠는 2011년에 규모와 수익 양측에서 전 세계 1위의 헤지펀드 운용사로 등극했다. 이렇게 두 가지 모두 1위를 하기란 쉬운 일이 아니다. 고객 수익이 380억 달러를 기록하는 등 절대 수치만 보더라도 두 번째로 높은 수익률을 자랑하는 헤지펀드로 성장했다. 지난 18년간의 성과를 정리해 보면 수수료를 제외하고도 연 15퍼센트의 수익을 거뒀다. 또다른 이 회사의 놀라운 특징 중 하나는 달리오가 만든 기업 문화라고 한다.
그는 열두 살에 처음으로 주식 투자를 시작했고, 『원칙』이라는 책을 출간했다. 《포브스》는 그의 순자산이 2013년 기준 129억 달러라고 보도했다. 그는 명상으로 수행을 하며, 재즈 블루스, 로큰롤과 같은 음악으로 취미활동을 한다(그의 아버지는 재즈 음악가다). 자선 캠페인에 참여해 자신의 재산 절반을 기부하기로 약속했다.

출처: 레이 달리오의 『principles』; CNBC; 브릿지워터어소시에이츠; gurufocus.com; 《더 뉴요커 (The New Yorker)》, 2011년; 위키피디아.

12

셸비 데이비스
(SHELBY C. DAVIS)

미국

- 약세장에서 수익의 대부분이 발생하지만, 당시에는 그 점을 깨닫지 못한다.
- 좋은 가격으로 매입한 좋은 회사는 좋은 벗을 얻은 것과 같으니 무분별하게 내버리면 안 된다.
- 시장 위기에 대해 예리한 통찰을 얻고자 한다면 역사를 살펴보라. 시장 위기는 불가피하고 매우 고통스럽지만 결국에는 이겨낼 수 있다.

출생 1909년 미국 일리노이주 피오리아(1994년 사망)

학력 프린스턴 대학교를 졸업하고, 1931년 컬럼비아 대학교에서 석사 학위를 받았다. 1934년에 스위스 제네바에 있는 국제연구대학원(Graduate Institute of International Studies)에서 정치학 박사 학위를 받았다.

경력 학업을 마치자마자 친척이 운영하는 투자 회사에서 5년간 근무했으며, 그 후에 프리랜서 작가로 전향했다. 아내가 내어준 5만 달러의 자본금으로 38세에 셸비 쿨롬 데이비스 앤드 컴퍼니(Shelby Cullom Davis & Company)를 설립하고 보험사 주식을 주로 관리했다. 1969년부터 1975년까지는 스위스 주재 미국 대사를 지냈다.

투자 철학 데이비스는 전문적인 가치 투자자다. 자신이 잘 아는 기업이나 자신이 유리한 입지에 있는 분야에만 투자한다(대부분은 보험사에 투자한다). 그는 펀더멘털에 집중하며 특히 대차대조표 상 건실한 보험사를 찾아다니는데, 정크본드처럼 위험 자산을 보유한 보험사를 배제하려는 것이다. 그다음으로는 경영진의 실력을 확인하기 위해 직접 찾아가서 경영진을 만나보고 그들을 엄격히 점검한다. 데이비스는 자신이 원하는 투자 대상을 '복리 수익 기계'라고 하는데, 이러한 기업의 이익만 고집하는 것이 아니라 투자자들의 다발성 매수로부터 오는 상승 효과도 좋아한다. 이 전략을 '데이비스 더블 플레이(Davis Double Play)'라고 하는데, 간단히 말하면 매수 후 보유 전략이다. 그는 강세장과 약세장이 반복되는 동안 장기적인 관점을 유지했다. 1960년대 초반에 일본 보험사에 투자했는데, 아마 미국 최초의 해외 투자였을 것이다. 데이비스는 분산 투자를 권장하는데, 그렇게 하면 실패한 투자를 성공한 투자로 상쇄할 수 있기 때문이다.

기타 데이비스는 1994년에 세상을 떠났다. 그 무렵에 초기 자본 5만 달러가 9000만 달러로 늘어나 있었다. 47년간 1만 8000배로 늘어난 것이다. 그는 벤저민 그레이엄의 저서를 연구한 후에 보험업계에 집중적으로 투자하는 전략을 사용했다. 1988년에는 《포브스》가 선정한 400대 미국 부자에 포함되었다. 워런 버핏을 제외하면, 생계 때문에 주식 투자를 선택해서 부자가 된 유일무이한 사람이다. 그는 모든 자산을 자선 단체에 기부하고, 테니스를 칠 때 새 공이 아니라 낡고 찢어진 공을 사용할 정도로 검소하게 사는 것으로 더욱 유명하다.

출처: 존 로스차일드(John Rothschild)의 저서 『100년 투자 가문의 비밀』 (2001년); 인베스토피디아; 위키피디아.

13

리처드 드리하우스
(RICHARD H. DRIEHAUS)

미국

주가와 기업 가치가 일치하는 경우는 거의 없는데, 그 이유는 평가 과정에 오류가 있기 때문이다. 시장 역학과 투자자의 감정은 주가에 큰 영향을 준다. 투자자의 감정 스펙트럼은 비관주의에서 낙관주의까지 매우 폭넓게 움직인다. 그리고 많은 투자자들은 여러 해 동안 보유할 의도로 주식을 사는데, 단기 호재를 보고 매입 결정을 내리는 경우가 많다. 즉, 투자에 사용하는 정보는 문제가 없지만 투자 기간을 고려했을 때 오류가 발생한다. 현재의 정보를 기반으로 어떤 기업에 투자하려면, 생각보다 훨씬 이른 시일 내에 정보와 다른 변화가 생기더라도 대처할 준비가 되어야 한다. 그래서 나는 다른 투자자보다 새로운 정보에 더 적극적으로 반응한다. 주식의 기술적 수익 성장률과 펀더멘털 수익 성장률을 포트폴리오에 포함하지 않았지만, 기술이나 펀더멘털의 측면에서 전망이 더 좋은 다른 주식과 끊임없이 비교해야 한다. 흥미로운 사실은 여기에서도 80:20 법칙이 성립한다. 즉, 내 주식의 20퍼센트에서 총 수익의 80퍼센트 이상이 발생한다는 것이다.

컨설턴트와 이야기해 보면, 그들은 체계가 잘 잡혀 있으며 가치에 기반한 과정을 확인하기 원한다. 주식 하나하나가 질서 있고 정확하며 일관된 평가를 거쳐야 한다고 생각한다. 하지만 현실 세계는 그렇게 정확하지 않다. 나는 보편타당한 가치 평가 방법이란 존재하지 않는다고 생각한다. 사실 단기적으로는 가치 평가가 핵심적 요소는 아니다. 각 회사의 주가는 시장 환경에서 그 회사가 어떤 입지에 있으며, 기업의 발전 단계에서 어디쯤 있느냐에 따라 달라진다. 가치를 무시하는 것은 아니지만, 중단기적 관점에서 보자면 가치는 주가 변동에서 결정적 요소가 아니라는 뜻이다. 그래서 "주가는 단기적으로 보면 투표 집계기와 비슷하고, 장기적으로 보면 저울(계량기)과 같다"는 말이 있다. 전체 시장 주기를 놓고 보면 주가의 일일 변동과 회사의 장기적 가치는 관련성이 없다.

회전율이 높으면 위험하다고 생각하는 사람이 많다. 하지만 나는 정반대로 생각한다. 큰 손실을 피하려고 일련의 작은 손실을 선택한 결과로 회전율이 높아진 것이라면 위험은 낮아진 것이다. 나는 펀더멘털이나 가격 패턴이 무너지는 주식을 계속 보유하지 않는다. 사실 그렇게 해야 위험을 줄일 수 있다. 주가가 높을 때 매수하더라도 더 높은 가격에 매도하면 돈을 벌 수 있다. 내가 선호하는 것은 이미 가격이 높아져 있더라도 앞으로 더 높아질 수 있고 상대 강도(relative strength)가 상승형(positive)인 주식이다. 이런 주식은 다른 투자자도 눈독을 들이기 마련이다. 이때 위험이 있다면 내가 거의 최고가에 가까운 가격으로 매수한다는 것이다. 그래도 이미 내림세를 보이는 주식을 사서 오르기를 기다리는 것보다, 가격이 오르는 주식을 사서 나중에 주가가 하락하는 위험을 감수하는 편이 낫다고 생각한다.

이러한 투자 철학은 강세장에서 가장 성공적이다. 하락장에서는 과거에 높았다가 가장 큰 폭으로 떨어진 주식에서 가장 많은 수익이 발생할 가능성이 있다. 소서 바텀(saucer bottom, 하강 추세에서 상승세로 전환할 것을 암시하는 장기적인 반전 패턴을 말한다–옮긴이)을 보이는 개별 주식이나 그 외 주식 반등을 암시하는 기술적인 신호가 보이는 주식을 찾아야 한다. 또 다른 전략은 이전 최고점을 기준으로 하위 10분의 1에 속하는 주식이나 (기술과 같은) 특정 부문을 모두 사들이는 것이다. 시장에서 크게 하락했다가 회복세를 보이는 주식에서 상당히 좋은 기회가 생길 수 있다. 예를 들어 중단기적 관점에서 볼 때 과매도된 기술 주식은 최저가를 기록했다가 1사분기만에 두 배로 뛰어오른다. 그러면 추가 수익이 발생한다. 장기적으로는 고전적인 성장주가 전체 시장 주기에 걸쳐 가장 높은 수익을 낼 수 있다. 많은 투자자가 다양화한다는 명목으로 투자 대상을 지나치게 확장한다. 가장 좋은 아이디어에만 집중하는 것이 훨씬 더 나은 방법이다.

출생 1942년 미국 시카고(2021년 사망)

학력 1965년에 학사 학위를 받았고 1970년에 드폴 상업대학교(현재는 드리하우스 경영대학원)에서 MBA를 받았다.

경력 14년간 주식 애널리스트 겸 펀드 매니저로 일한 후에, 1979년에 드리하우스 증권사(Driehaus Securities Corporation LLC)를 설립했다. 3년 후에 드리하우스 캐피털 매니지먼트(Driehaus Capital Management LLC)를 설립해 이사회 의장을 맡다가 2021년 3월 세상을 떠났다.

투자 철학 그는 국제 성장주 투자자로 분류하는 것이 가장 적절하다. 그의 투자 기초는 가속화된 매출과 수익, 그리고 상대적 주가 모멘텀이라고 할 수 있다. 이외에도 그는 일관되고 지속적이며 높은 수익 성장률을 보이는 기업을 찾아다닌다. 상향식 투자자로 매력적인 주식 종목이나 산업을 적절한 시기에 찾아내려면 기술적 분석이 꼭 필요하다고 생각한다.

기타 2000년에 《배런스》의 '올센추리(All-Century)' 팀은 드리하우스를 지난 100년간 뮤추얼펀드 업계에서 가장 영향력 있는 25인 중 한 명으로 선정했다. 그는 약 75억 달러의 자산을 운용하고 있다. 자선 활동이나 지역사회 봉사 활동을 통해 고전 건축과 예술 보전을 지원하고 있는데 이는 아름다움과 예술이 사람의 인생에 꼭 필요한 균형을 만들어 준다고 믿기 때문이다. 2008년에는 시카고에 리처드 드리하우스(Richard Driehaus) 박물관을 오픈했다.

출처: 리처드 H. 드리하우스; 드리하우스 캐피털 매니지먼트(Driehaus Capital Management LLC); 미드캡 성장주 모음(Mid Cap Growth Composite).

14

윌리엄 던
(WILLIAM DUNN)

미국

- 위험 관리는 생존에 필수적이다.
- 출구 전략이 없는 트레이딩은 재난을 초래한다.
- 미래를 예측할 수 있다고 말하는 사람은, 자신의 예측 능력을 아직 충분히 시험해보지 않았을 것이다.

출생 1934년 미국 일리노이주 알턴

학력 캔자스 대학교에서 기초공학을 전공한 다음, 노스웨스턴 대학교에서 이론

물리학을 전공해 1966년에 박사 학위를 취득했다.

경력 학업을 마친 후에 미군의 다양한 기지에 관한 작전 연구를 수행했다. 3년 후인 1974년에 던 캐피털 매니지먼트(DUNN Capital Management)를 설립했다. 아직 회장직을 맡고 있지만, 지금은 일상 업무에서 물러난 상태다.

투자 철학 던은 기술 애널리스트이자 소위 정량적 트레이딩의 개척자로 알려져 있으며 이 분야에서 가장 오랫동안 최고의 실적을 보유하고 있다. 다양한 선물 거래의 포트폴리오에 사용되는 체계적 모델에 100퍼센트 의존한다. 그의 의사 결정에는 감정적 요소나 펀더멘털에 관한 분석은 전혀 찾아볼 수 없다. 투자 대상 대부분이 상품인데, 포지션의 약 절반은 통화, 주식 시장, 이자율에 기반한 것이다. 던이 이끄는 팀은 전 세계 50개 이상의 선물 시장에서 트레이딩을 한다.

기타 당시 컴퓨터 프로그램이란 수백 장의 IBM 펀치 카드를 통해 접속하던 시절이었다. 던은 수많은 트레이더가 했던 것처럼 장기 상품 트레이딩에 도움이 되는 컴퓨터 프로그램을 직접 개발했다. 장기간 가장 높은 수익을 낸 것 중 하나는 바로 일본 엔화였다. 2013년 기준, 회사가 운용하는 자산 규모는 약 10억 달러다. 취미는 스키와 여행이고 손자들의 재롱을 보며 시간을 보내는 것도 좋아한다.

출처: 윌리엄 던; 던 캐피털.

15

이스라엘 잉글랜더
(ISRAEL A. ENGLANDER)

미국

성공한 자산운용가는 자기만의 강점이나 비법이 있다. 사실 그것이 성공 투자의 핵심 비법이다. 자신만의 강점이나 비법을 최대한 활용하되 절제 있는 태도를 유지해야 한다.

영어 속담에 "울타리 너머 이웃집 잔디밭이 더 좋아 보인다"는 말이 있다. 하지만 투자자는 자기 잔디를 잘 가꾸는 데 집중해야 한다. 물론 울타리 너머 이웃의 잔디를 눈으로 확인하는 것도 잊어서는 안 된다. 이웃의 잔디가 더 좋아 보인다면, 고가의 비료를 뿌렸을 가능성이 있다.

한때 투자 분야에서 최고의 자리를 즐길 때가 있었다. 그때 위험 관리 직원들은 다른 사무실에 근무하게 했다. 그 시절에는 그렇게 투자한 것이 옳았을지 모르지만, 지금은 그렇지 않다.

출생 1949년 미국 브루클린

학력 뉴욕 대학교에서 재무학을 전공했으며 1970년에 졸업했다. 나중에 동 대학교에서 MBA 과정을 시작했으나 수료 직전에 그만두고 말았다.

경력 처음에는 사무직으로 근무하다가 아멕스(Amex)에서 장내 거래인으로 활동했다. 컨버터블, 옵션, 합병 차익 거래에 집중하다가 1977년에 아멕스에 장내 거래 서비스를 개설해 월가에서 가장 큰 독점 트레이딩 데스크 계정을 운용했다. 1986년에 아멕스를 떠나 합병 차익 거래를 전문으로 하는 투자운용사를 설립했다. 공동 설립자가 법적 문제에 휘말리게 되자, 회사는 1988년에 트레이딩을 중단했다. 이후 40세가 되던 해에 밀레니엄 매니지먼트(Millennium Management)를 설립했다. 지금은 거래에서 손을 뗐으며 기업 운영에만 전념하고 있다.

투자 철학 그는 트레이더 겸 헤지펀드 매니저다. 밀레니엄 매니지먼트는 다중 전략 펀드라서 자본금을 다양한 투자팀에 할당한다. 밀레니엄 매니지먼트는 매우 다양하고 수많은 펀드로 구성되지만, 주식이 대부분을 차지한다. 포트폴리오의 모든 거래는 다양한 시장 및 도구의 내부 또는 상호관계에서 가치 평가 오류를 찾아내는 데 주력한다. 대규모 투자는 찾아보기 힘들지만 다양성이 높아서 적은 수익이 발생하는 거래는 많이 이루어진다. 통상적으로 밀레니엄은 하루에

150만~200만 건의 거래를 성사시킨다. 자신의 투자 스타일에 관해 "나는 즉각적인 만족을 원한다"라고 말한 적이 있다. 그의 투자 이론에서 가장 중요한 3요소는 무방향성 전략에 집중하는 것, 엄격하게 위험을 관리하는 것, 그리고 이러한 원칙에 충실하기 위해 노력하는 것이다.

밀레니엄에 어울리는 트레이더가 되려면 잉글랜더와 '마음이 잘 통해'야 한다. 잉글랜더의 사고방식에 따르면 돈을 잃는 것에 대해 어떠한 변명도 있을 수 없다. 트레이더가 일정액의 손실을 보면 그 자리에서 해고된다. "당신이 운이 나쁜 편이라서 당신이 매도한 이후에 주가가 다시 오르는 것이라고 생각합니까? 그러면 다른 데 가서 일자리를 알아보세요. 가서 기도나 열심히 하고요."

기타 밀레니엄은 약 190억 달러의 자산을 운용하는 전 세계 최대 규모의 헤지펀드다. 회사 창립 이래로 펀드 손실이 발생한 것은 딱 한 해뿐이었다. 2013년 기준, 세계 여러 나라에 사무실을 두고 있으며, 아시아의 경우 직원 수가 70명이나 된다. 그의 가족은 제2차 세계대전 중에 폴란드에서 추방되어 소련 노동수용소에서 생활했다. 그러다가 1947년에 미국으로 이주했다. 그는 고등학생이었을 때 처음 주식 거래를 시작했다. 《포브스》는 2013년에 그의 자산이 30억 달러일 것으로 추산했다. 현재 유대인 빈곤에 관한 메트로폴리탄 협의회(Metropolitan Council on Jewish Poverty) 이사를 맡고 있다.

출처: 이스라엘 잉글랜더 - 2009년 앱솔루트 리턴 심포지엄(Absolute Return Symposium 2009); 밀레니엄 매니지먼트; 《포브스》; alchemyoffinanciers.com.

16

장마리 에베이야르
(JEAN-MARIE EVEILLARD)

미국

가치 투자는 분명히 성공하게 되어 있다. 단지 시간이 조금 걸릴 뿐이다. 벤저민 그레이엄의 『현명한 투자자』와 버크셔해서웨이의 연례보고서에 포함된 '워런 버핏의 주주 서한'도 아주 복잡한 수학 공식을 다루는 것이 아니다. 지극히 상식적인 내용을 담고 있다.

1984년에 버핏은 가치 투자자의 수익률은 시간이 좀 걸리기는 해도 평균 수익률보다 훨씬 높다는 점을 보여주었다. 2004년 업데이트에서는 (내가 운영하는 퍼스트 이글 글로벌을 포함해) 10개의 가치 펀드에서 나오는 장기 수익이 시장의 평균치보다 훨씬 높다는 것을 고인이 된 루이스 로웬스타인(Louis Lowenstein)이 또 한 번 증명해 보였다. 그런데 가치 투자자는 왜 이렇게 수가 적은 것일까? 가치 투자자들은 인내심이 큰 장기 투자자이므로 종종 동료 투자자나 벤치마크보다 뒤처지는 모습을 보인다. 그리고 뒤처지는 것은 곧 손실을 뜻한다. 하지만 이들은 시간이 지나면 충분한 보상이 올 것이라고 확신한다. 첫술에 배부를 수 없다는 것이 이들의 신조다.

2013년 금융 위기를 겪으면서 많은 가치 투자자가 더는 상향식 투자에만 의존해서는 안 된다는 점을 깨달았다. 이제 우리가 생각해 볼 중요한 질문은 '제2차 세계대전 이후의 경제 및 금융 환경이 아직도 지속하고 있다고 봐야 하는가, 아니면 지금까지 정의해 본 적이 없는 전혀 새로운 환경에 처한 것인가'다.

출생 1940년 프랑스 푸아티에

학력 프랑스에서 경영학으로 유명한 학교인 파리경영대학(Ecoles des Hautes Etudes Commerciales)을 졸업했다.

경력 1962년에 프랑스의 다국적 투자은행 소시에테 제너럴(Societe Generale)에서 직장생활을 시작했다. 1968년에 미국으로 이주했으며, 2년 후에 소젠 인터내셔널 펀드(SoGen International Fund)에서 애널리스트로 근무하기 시작했다. 1979년에 포트폴리오 매니저가 되었는데, 후에 퍼스트 이글 글로벌 펀드(First Eagle Global Fund)로 이름이 바뀌었다. 30년 이상 펀드 운용 업무를 맡았으며 지금은 상임고문을 맡고 있다.

투자 철학 그는 장기적으로 국제 주식 시장에서 가치 투자를 한다. 다수 투자자와 반대로 투자하는 것이 그의 특징이다. 보편적인 가치 투자자와 달리, 그는 하향식 시나리오를 갖고 있다. 가치 평가(valuation)에서도 차이점이 있는데, 그는 EBIT(이자 및 세전 이익) 대비 기업의 가치를 중시한다. 가장 중요한 것은 자본금을 보전하는 것이다. 일반적으로 그는 재정적으로 안정된 기업, 즉 부채가 매우 적거나 아예 없고 내재적 가치가 현재 주가보다 훨씬 높은 기업에 투자한다. 또 세금이 낮으면 상당히 의심스러워한다. 세금이 낮다는 것은 수익이 부풀려졌을 가능성이 있다고 생각하기 때문이다.

"30~40개의 가장 좋은 아이디어만 손에 쥐는 것이 좋다는 주장은 나도 압니다. 하지만 세월이 흘러도 어떤 것이 가장 좋은 아이디어인지 미리 아는 것은 불가능에 가깝습니다." 그는 이렇게 말하면서 포트폴리오에 100개 이상의 포지션을 가지고 있다고 덧붙인다. 수년간 금에 투자하는 것을 일종의 '재난 보험'으로 사용했다. 자신의 투자 스타일이 때로는 벤저민 그레이엄처럼 심층 가치(deep-value) 스타일을 보이지만, 워런 버핏 스타일을 따를 때가 더 많다고 한다.

기타 퍼스트 이글 글로벌 펀드의 자산이 그의 손을 거치자 1500만 달러에서 200억 달러로 늘어났다. 초반 7년은 단독으로 펀드를 운용했다. 그는 시간이 흘러 은퇴했으나 후임자가 갑자기 사임하자 67세에 다시 복귀했다.

오스트리아 경제학파(Austrian School of economics)를 좋아한다. 투자 업계에서 가장 뛰어난 장기 투자 기록을 달성해, 2003년에 랄프 웬저와 함께 모닝스타(1984년 미국의 전직 주식 애널리스트인 조 맨슈에토가 설립한 펀드 평가회사-옮긴이)의 공로상을 최초로 공동 수상했다. 에베이야르 패밀리 자선 신탁(Eveillard Family Charitable Trust)을 통해 예술, 교육, 사회서비스 부문의 다양한 기관을 후원하고 있다. 오페라 관람을 좋아하며 주식을 매입할 때와 같은 역발상 방식으로 그림을 수집한다.

출처: 장마리 에베이야르; 퍼스트 이글 글로벌 펀드 1979~2011년; 《포브스》, 2009년 9월호; 위키피디아.

17

마크 파버
(MARC FABER)

스위스/중국

미래에 대한 예측은 매우 조심해서 들어야 한다. 보통 애널리스트, 펀드 매니저, 전략가는 각자 바라는 대로 일이 풀릴 때에만 제대로 예측할 수 있다. 아무리 명백한 사실이 있어도 마음에 들지 않으면 무시해버릴 가능성이 크다.

밤낮을 막론하고 매 순간 주변 상황을 호기심 어린 눈으로 잘 관찰해야 한다. 어쩌면 밤이 더 중요한 시기가 될 수 있다. 절호의 투자 기회는 항상 우리의 예상이나 기대와 가장 멀리 떨어진 곳에 숨겨져 있다.

우리는 모두 이 세상이 10년 후, 아니 5년 후에 어떻게 변할지 알 수 없다. 따라서 사업이나 투자에 관한 우리의 결정은 언제든 예상을 빗

나갈 수 있다. 혹시라도 일이 잘못되면 어떤 결과가 나올 것인지에 주의를 집중해야 한다.

투자자가 실패하는 가장 큰 이유는 아무것도 안 하는 것을 못 견디기 때문이다. 휴대전화를 들여다보지 않고 하루 정도만 무료함을 꾹 참아내면 미래가 더 명확히 보일 것이다. 인내심도 엄연히 하나의 행위라는 것을 기억하라.

출생 1946년 스위스 취리히

학력 취리히 대학교에서 경제학을 전공했으며, 24세에 경제학 박사 학위를 받았다.

경력 1970년부터 1978년까지 화이트 웰드 앤드 컴퍼니(White Weld & Company Ltd.)라는 투자은행의 뉴욕, 취리히, 홍콩 지점에서 근무했다. 1973년 이후로 홍콩에 살고 있다. 1978년부터 1990년 2월까지 드렉슬 버넘 램버트(Drexel Burnham Lambert, 홍콩)의 상무이사(managing director)를 맡았다. 1990년 6월에 마크 파버 주식회사(Marc Faber Ltd.)를 설립해 투자 고문 및 펀드 매니저로 활동했다. 또한 '더 글룸 붐&둠(The Gloom Boom & Doom Report)'이라는 유명한 투자 전문 뉴스레터를 매월 발간하며, 전 세계 유명한 금융 전문 서적 등의 출판에 정기적으로 기부하고 있다.

투자 철학 그는 전 세계의 모든 자산군에 투자하며 투자 자문도 제공한다. 경제사에 대한 해박한 지식과 트레이더로서 자신의 경험에 의존한다. 투자 업계에서는 '시장에서 가장 악명 높은 곰(주식 시장이 하락할 것이라고 판단하거나 예상하는 약세론자를 일컬음)'이자 역투자자로 알려져 있다. 그러나 가장 악명 높은 곰이라는 평판은 항상 옳은 것이 아니다. 몇 차례 상승을 예고한 적이 있었는데, 대표적인 사례로 1990년대 브라질 증시의 성장과 2009년 봄에 전 세계 주식 시장의 반등을 예측한 것을 꼽을 수 있다. 다음과 같은 몇 가지 핵심적 조언에서 그의 투자 철학을 엿볼 수 있다.

1) 인기가 없고 방치된 자산을 사들이는 투자자가 결국 모든 것을 얻게 된다.
2) 돈을 버는 가장 좋은 방법은 가치주를 사들이는 것이다. 판매 가격과 예약 비용, 현금 흐름 가격이 낮지만 높은 배당 수익률을 기록하는 것 말이다.
3) 분산 투자는 반드시 적절한 정도를 유지한다.
4) 운 좋은 기회에 투자해 큰 이익을 얻을 수 있다는 말에 현혹되지 않는다.
5) 한 가지 투자에 집중하라.

파버는 특정 주식이나 부문을 파고들 때가 있지만, 시간 대부분을 거시적 수준으로 검토하는 데 사용한다. 또한 그는 오스트리아 경제학파를 열성적으로 지지한다.

기타 여러 가지 금융 사건을 미리 예견해 많은 사람을 놀라게 했다. 2008년 금융 위기와 아시아 금융 위기를 예측했으며 1987년 검은 월요일(1987년 10월 19일에 뉴욕 증시가 대폭락한 사건-옮긴이)이 닥치기 전에 고객에게 현금을 빨리 빼라고 조언했다. 1990년 일본 버블 경제의 몰락, 1993년 미국 게임주의 하락, 1997~1998

년 아시아 외환위기도 정확히 예측했다. "관습을 거스르는 방향으로 가면 틀릴 확률은 거의 없다"를 신조로 삼고 있다. 그의 저서인 『내일의 금맥』은 7주 동안 아마존 베스트셀러 목록에 올랐다. 그가 발행하는 뉴스레터 '더 글룸 붐&둠'은 경제, 사회, 역사 추세를 사용해 투자 대상의 인기가 높아져서 주가가 오르고 위험도 커질 때를 경계하라고 투자자에게 경고한다. 다른 한편으로 파버는 인기가 없고 침체한 시장에서 계속 기회를 찾으려 한다. 마크 파버의 가장 성공한 투자 자산은 바로 금이다. 그의 웹사이트는 17세기 작품인 '죽음의 춤(The Dance of Death)'으로 꾸며져 있으며 그의 별명은 닥터 둠(Dr. Doom)이다. 마오쩌둥 배지를 25만 개나 수집했으며, 긴 머리를 뒤로 묶고 다닌다.

출처: 마크 파버; gloomboomdoom.com; 위키피디아.

18

마이클 파머

(MICHAEL FARMER)

영국

- 위험이 거의 없고 큰 보상을 받을 잠재력이 있는 것을 찾아라. 그것이 바로 기회다.
- 아내의 말처럼, 지나친 도취는 금물이다.
- 가지지 않은 것을 매도하고 원하지 않는 것을 매수하라. 즉, 역투자를 시도하라.
- 사람이 아니라 신을 두려워하라. 이곳에서의 삶은 언젠가 끝날 것이기 때문이다.

출생 1944년 영국 켄트

학력 고등학교를 졸업했다.

경력 그는 18세에 학교를 떠나 A. J. 스트라우스라는 금속 무역회사에 취직했다. 첫 업무는 '차액 계산원'이었다. 1984년부터 1989년까지 필립스 브라더스(Philipp Brothers)라는 당시 세계 최대 규모의 금속 트레이더에서 비금속 포지션을 관리했다. 1989년에 회사를 떠나 메탈게젤샤프트 AG(Metallgesellschaft AG)의 자회사인 메탈 앤드 커머디티 컴퍼니(Metal & Commodity Company)를 설립했는데, 이는 구리와 니켈을 전 세계에서 가장 많이 취급하는 기업으로 성장했고, 1999년에 런던 주식 시장에 상장되었다. 이 회사는 1년 후에는 엔론(Enron)에 매각되었다. 그는 성경을 공부하려고 2년간 휴직했다가 2004년에 두 명의 동업자와 함께 RK 자산운용사(RK Capital Management)를 설립했다.

투자 철학 파머는 상품 투자자이며, 대표적인 투자 상품은 구리다. 그의 성공 이면에는 집중력, 풍부한 경험, 깊이 있는 지식이 자리 잡고 있다. 파머가 이끄는 팀은 공급 업체와 고객 모두를 포함해 구리 시장 전반에 관해 남들보다 앞서 최신 정보를 확보하려고 열심히 노력한다. 사실 이렇게 변덕이 심한 시장에서 역투자를 하려면 상당한 배짱과 체력이 요구된다. 2006년에 펀드는 188퍼센트 상승했다가 바로 이듬해에 50퍼센트 하락했다. 파머는 이 책에 소개된 투자자 중에서 가장 변동이 심한 투자를 한다고 해도 과언이 아닐 것이다. 옵션과 선물은 많이 다루지 않고 생산자와 소비자의 비금속류를 주로 거래하기 때문이다. 그는 신앙 때문에 늘 겸손하게 행동했고 덕분에 좋은 성과를 얻은 것이라고 말한다.

기타 그의 별명은 미스터 카퍼(Mr. Copper, 구리를 뜻하는 영어-옮긴이)이며, 세상에서 가장 크게 성공한 상품 트레이더다. 그가 이끄는 팀은 23억 파운드의 자산을 운용한다. 2011년에 블룸버그의 글로벌 중형 헤지펀드 수익률 부문에서 당당히 1위를 차지해 세계에서 가장 성공한 소형 헤지펀드 매니저라는 타이틀을 얻었다. 금속 시장이 매우 악화해 불안감이 높은 상태이며, 실제로 동료 투자자들은 고전을 면치 못하거나 투자에서 물러난 사례도 있다. 하지만 파머는 당시에도 두 자릿수의 연수익률을 기록했다. 중국 구리 공급량의 15~20퍼센트의 선적을 책임지고 있다. 영국 토리당에 230만 파운드를 기부했으며 2012년에는 보수당의 공동재무책임자로 임명되었다.

출처: 마이클 파머; RK 자산운용사; 블룸버그; 위키피디아.

19

켄 피셔
(KEN FISHER)

미국

벤치마크
6%
수익률 18년간
연 10%

우리가 반드시 기억해야 하는 것은 자신의 생각이 틀릴 수 있으며 앞으로도 수없이 틀릴 것이라는 점이다. 여기에는 두 가지 요소가 관련된다. 많은 사람은 자신이 다른 사람보다 얼마나 더 똑똑한가를 중요하게 여긴다. 내가 더 명석하면 그걸로 충분하다고 생각하는데, 이는 매우 위험한 발상이다. 자본 시장은 우리가 예측하지 못한 방향으로 움직인다. 모든 사람의 의사 결정에 기반이 되는 기본 정보를 더 효율적으로 처리한다고 해서 내가 반드시 남들보다 앞서가거나 더 많은 가치를 얻는 것은 아니다. 자본 시장의 원리는 명확하다.

첫째, 어떤 방법을 사용하든 남들이 모르는 것을 알아내야 한다. 물론 쉽지 않은 일이다. 남들이 모르는 것을 나만 안다고 생각했는데 알고 보니 혼자만의 착각일 때도 있을 것이다.

둘째, 통계를 보면 전설적인 투자자로 이름을 날리는 사람도 장기적으로 보면 예측이 틀리는 경우가 빈번하다. 대다수 투자자의 공통된 예측도 맞을 때보다 틀릴 때가 훨씬 많다. 장기적으로 보면 맞을 때도 있지만 흔한 일은 아니다. 누구나 수많은 오류를 범하게 된다. 장기적으로 볼 때 내 예측이 옳은 경우가 70퍼센트만 되어도 살아 있는 전설로 불릴 수 있다. 달리 말하면, 30퍼센트는 장기적으로 틀리게 된다는 뜻이다. 하지만 장기적 안목을 갖는 것이 쉬운 일이 아니다. 끝이 보이지 않아서 견디기 힘들 때가 많기 때문이다. 그러므로 우리는 틀리는 것에 익숙해져야 한다.

오늘 내가 어떤 일에 성공하더라도 10년 후에는 같은 결과가 나오지 않을 것이다. 그러므로 항상 또 다른 가능성을 모색해야 한다. 이 세상에 변하지 않는 것은 없다. 수십 년 전에는 성공을 거둔 방법도 지금은 아예 시도할 가치조차 없을지 모른다. 35년 전에는 먼지 날리는 도서관에서 잘 모르는 무역 관련 잡지나 시장 가격에 영향을 주지 못할 비공식적 자료에서 정보를 찾아야 했다. 하지만 지금은 인터넷으로 모든 것을 검색할 수 있어서 모든 정보가 공개되어 있으며 시장 가격 설정도 손쉽게 이루어지므로, 방법을 완전히 달리해야 한다. 과거에는 주가매출액비율(PSR, price to sales ratio)이 낮은 주식을 매입하기만 하면 돈을 벌 수 있었다. 그러나 이제는 주가가 상한가를 기록하는 시기, 즉 타이밍의 문제인 경우가 아니라면 이 방법이 통하지 않는다. 어떤 것이 새로 등장해 시장에서 인기를 끄는 것처럼 보이는 시기와 과도하게 부풀려졌다가 폭락하기까지의 시차가 점점 짧아지는 것 같다. 이런 현상은 앞으로도 계속될 것이다. 지금까지 내가 배운 점은 이러한 추세는 계속되며, 앞으로도 지속할 것이라는 점이다. 자기 자신에 대한 감각을 잃으면 안 되므로 정신을 잘 차려야 한다. 그러면서도 기존의 투자 전략은 눈 깜짝할 사이에 무용지물로 전락할 것이라고 예상해야 한다.

지난 30년간 행동주의에서 배운 것은 모든 사람이 매우 어리석다는 사실도 아니고 시장에서 다른 사람보다 앞서갈 수 있는 요령도 아니다. 자신을 잘 아는 것이 곧 행동주의 그 자체라는 점이 가장 큰 교훈이다. 자신의 어떤 약점이 기습적으로 공격당하기 쉬운지, 어떤 점에서 지나치게 우쭐대는지, 자연스러운 인지적 오류를 범하기 쉬운 부분이 무엇인지 알아야 한다. 이러한 질문을 통해 자기 자신을 정확히 파악할 수 있다. 따라서 우리는 모두 다음과 같이 자문할 필요가 있다. '지금 내 약점을 파고들기 위해 무엇을 할 수 있는가?' 달리 말해서 '내가 믿는 것 중에서 거짓, 즉 잘못된 점은 무엇인가?' 하고 물어보는 것이다. 두 번째 질문에 대한 대답은 종종 두뇌의 인지적 오류에서 기인하는데, 자기를 잘 파악하고 자기 행동의 결점을 제대로 알면 이러한 오류를 바로잡을 수 있다.

출생 1950년 미국 샌프란시스코

학력 처음에는 임학을 공부했으나, 1972년에 험볼트 주립대학교에서 경제학을 전공했다.

경력 졸업 후에 유명한 자산관리사이자 작가인 아버지 필립 피셔에게 일을 배웠고, 29세가 되던 1979년에 피셔 인베스트먼트(Fisher Investments)를 설립했다. 현재까지 이 회사의 회장 겸 CEO를 맡고 있다.

투자 철학 켄 피셔는 상황에 따라 접근 방식을 변경해 그 시기에 가장 좋다고 여겨지는 방법을 사용하므로 진화론적 투자자라는 표현이 가장 잘 어울린다. 1970년대에 그가 발표한 주가매출액비율(PSR) 계산 방식은 지금도 널리 사용된다. 당분간 그는 호황을 누리는 테마와 섹터 주기에 집중할 것이다. 그는 정치적 변화와 전 세계적 동향을 분석하는 거시적 투자자다. 주식 투자는 피셔의 전문 분야인데, 투자할 기업은 스크리닝을 통해 결정한다. 투자 여부를 결정하려고 기업을 일일이 찾아다니지 않는다는 뜻이다.

기타 피셔의 회사는 400억 달러 이상의 자산을 운용하며 미국에서 가장 큰 독립형 임의 자산관리사 중 하나로 손꼽힌다. 그는 《포브스》의 포트폴리오 전략 칼럼니스트로 29년간 활동했는데, 이는 90년이 넘는 《포브스》 역사에서 세 번째로 오래 활동한 것이다. 평균적으로 그가 《포브스》에서 선정한 주식은 S&P 500보다 연간 4.4퍼센트 높은 성과를 기록했다(2013년 기준). 그는 화려한 수상 경력을 가지고 있으며 《인베스트먼트 어드바이저(Investment Advisor)》는 지난 30년간 업계에서 가장 영향력 있는 30인을 선정하면서 켄 피셔를 빠뜨린 적이 없다. 열 권의 저서를 출간했으며 대부분 베스트셀러가 되었다. PSR 외에도 주가연구개발비 비율(PRR, price to research ratio) 등 다양한 분석 도구를 만들었고, 소비자 행동에 관한 학술 연구도 진행하고 있다. 2013년에 《포브스》는 가장 부유한 미국인 400명을 선정했는데, 켄 피셔는 자산 230억 달러로 243위에 올랐다. 그는 1920년 이전 증기를 사용하던 시절에 사용된 삼나무 제재소를 35곳 이상 찾거나 발굴해 목록화하고 있다.

출처: 켄 피셔; 피셔 인베스트먼트; 《포브스》; 위키피디아.

20

—

필립 피셔

(PHILIP FISHER)

미국

필립 피셔가 말한 투자자가 하지 말아야 할 열 가지 금기 사항이다.

1. 판촉이나 홍보 업무를 하는 기업은 매수하지 않는다.
2. '장외 거래'라는 이유만으로 좋은 주식을 외면하지 않는다.
3. 연례보고서의 '느낌(tone)'이 좋다는 이유만으로 주식을 매입하지 않는다.
4. 수익에 비해 주가가 비교적 높게 거래된다고 해서 미래의 성장 가능성이 현재 주가에 이미 반영됐다고 평가절하하여 짐작해서는 안 된다.

5. 작은 수치에 너무 연연하지 않는다.
6. 분산 투자를 지나치게 중시하지 않는다.
7. 전쟁에 대한 두려움 때문에 매수하는 것을 주저할 필요가 없다.
8. 가장 핵심적인 것을 잊지 않는다. 중요하지 않은 것에 크게 영향을 받을 필요는 없다.
9. 진정한 의미의 성장주를 매수할 때 가격뿐만 아니라 시간도 고려하는 것을 잊지 말아야 한다.
10. 많은 사람이 선택하는 것이라고 해서 무작정 따라 해서는 안 된다.

출생 1907년 미국 샌프란시스코(2004년 사망)

학력 스탠퍼드 대학교에서 경영학을 전공했다.

경력 그의 커리어는 1928년에 시작되었다. 당시 새로 설립된 학교인 스탠퍼드 경영대학원을 그해에 중퇴하고 샌프란시스코에 있는 앵글로런던은행(Anglo-London Bank)에서 증권 분석가로 근무하기 시작했다. 얼마 후에 증권거래소로 직장을 옮겼지만 오래 다니지 않고 그만두었다. 1931년에 피셔 앤드 컴퍼니(Fisher & Company)라는 자본운용사를 설립해 경영하다가 1999년에 91세의 나이로 퇴직했다.

투자 철학 필립 피셔는 주식 시장에서 성장주 투자 전략(growth investment)을 처음으로 도입했다. 이는 펀더멘털에 기반한 것이며, 피셔가 가치와 성장을 혼합했다고 말할 수 있다. 실리콘밸리라는 이름이 널리 알려진 시점보다 무려 50년 전이었는데도, 그는 연구 및 개발에 노력하는 혁신 기업에 전문적으로 투자했다. 장기 투자를 실천했는데, 좋은 기업의 주식을 합리적인 가격에 매입하려고 애를 썼다. 투자 대상은 수익 마진과 매출 성장이 해당 업계보다 높아야 한다. 해당 업계나 부문에서 기술적으로 가장 앞서 있는 기업이 투자 대상이 될 수도 있다. 배당금이 없거나 자본수익률이 높은 경우, 연구개발에 몰두하는 경우, 우수한 판매 조직, 독점 제품이나 서비스도 좋은 투자 대상이다. 경영진은 진실한 모습을 보여야 하고 보수적인 회계를 고수하며 접근성, 장기적으로 우수한 전망, 변화에 대한 열린 태도, 탁월한 재무 통제력, 질 높은 직원 정책을 보유해야 한다. 가치 평가라는 측면에서 보자면 현재 주가수익률 대비 주식이익증가 비율이 0.1보다 높되 0.5 이하가 되어야 한다. 주가수익률이 높은 것은 문제가 되지 않는다. 그는 오래되고 명성이 있는 기업에 투자하는 것은 꺼리는 편이다.

피셔는 깊이 있는 조사가 성공적인 투자의 핵심 열쇠라고 말한다. 인맥 관리에 뛰어나다는 평가를 많이 받는데, '소문'을 통해 기업에 대한 정보를 폭넓게 수집하는 편이다. "좋은 투자를 많이 하는 것보다 특출난 성과를 내는 몇 가지에 투자하는 편이 더 낫다"라는 말에서 분산 투자에 대한 그의 생각을 엿볼 수 있다. 그는 좋은 주식을 매각하기에 최적의 타이밍은 '거의 없다'라고 말한다. 실제로 텍사스 인스트루먼츠(Texas Instruments, 반도체와 컴퓨터 응용기술 개발 등으로 유명한 미국의 기업-옮긴이)와 모토로라의 주식은 거의 50년간 보유했다.

기타 피셔의 투자 실적은 공식적인 자료가 없지만, 소수의 고객은 그가 얼마나 놀라운 실적을 달성했는지 증명해줄 수 있다. 그는 30명 이상의 고객을 받지 않으며 5억 달러 이상은 운용한 적이 없어서 고객 수가 적다. 피셔가 모토로라의 주주로 있는 동안 S&P 500은 7배 상승한 것에 비해 모토로라 주가는 20배 이상 상승했다. 그는 가치 투자자들에게 영향을 주었을 뿐만 아니라 업무처리 방식도 크게 바꿔놓았다. 피셔의 제자 중에서 가장 유명한 사람은 워런 버핏이다. 버핏은 종종 "그레이엄을 85퍼센트 본받고 피셔는 15퍼센트 본받는다"라고 말한다. 알려진 바에 의하면 그는 주말에는 절대 일을 하지 않으며 평일에도 오후 4시에 업무를 마친다. 네 권의 저서를 출간했는데, 그중 『위대한 기업에 투자하라』라는 투자 안내서는 1958년에 초판이 발행된 이후로 꾸준히 재인쇄되고 있다.

출처: 필립 피셔, 『위대한 기업에 투자하라』(1958년); 《포브스》; 위키피디아.

21

알베르 프레레

(ALBERT FRERE)

벨기에

- 자신이 이해하는 것에만 투자하라.
- 빚이 있으면 불면증에서 벗어날 수 없다.
- 승리는 준비된 자를 사랑한다(Amat victoria curam) – 사실 승리는 고통을 감수하는 자를 사랑한다.
- 모든 위험에는 기회가 숨어 있다.

출생 1926년 벨기에 샤를루아(2018년 사망)

학력 고등학교를 중퇴했다.

경력 17세에 아버지를 여의고 가업인 못 장사를 떠안게 되었다. 30세에 철강 공장에 투자하기 시작했는데, 1970년대 후반에 공장을 처분한 것이 큰 부를 쌓는 밑거름이 되었다. 그는 벨기에의 국영기업 위주로 투자를 계속했고 언론, 정유, 유틸리티를 아우르는 거대한 투자 제국을 이루었다.

투자 철학 프레레의 투자 타이밍은 어디 하나 흠잡을 곳이 없다. 비즈니스 구조, 정치적 영향, 업계에 미치는 장기적인 변화 추세가 그의 장점이자 미래를 예측하는 전략의 주요 특징이다. 예를 들면 그는 유럽에서 국경을 초월하는 거래의 선구자였다. EU가 가져올 한 가지 변화는 단일 유럽 시장과 통합이라는 것을 미리 예견했다.
그가 의사 결정을 할 때 항상 가치 평가를 중시하는 것은 아니다. 공기업과 사기업을 구분하지 않고 두루두루 투자하고 있다. 이러한 투자 전략을 구사하려면 구체적인 기술과 인맥이 필요하므로 실행하기가 그리 쉽지 않다. 그는 워커홀릭이라고 할 정도로 투자에 몰두하는데, 특히 냉정하게 보일 정도로 평정심을 유지하는 것이 가장 큰 특징이다.

기타 프레레는 외부의 이목을 끄는 것을 좋아하지 않는다. 그래서 인터뷰에 응하거나 대중 앞에서 연설하는 모습을 거의 볼 수 없다(하지만 나의 인터뷰 요청을 수락해 주어 얼마나 기뻤는지 모른다). 《포브스》는 2013년에 그의 자산을 약 37억 달러로 추산했다. 그는 '벨기에의 워런 버핏'이라는 별명을 얻었다. 85세의 고령에 CNP라는 초대형 투자기업을 인수한 것은 상당히 큰 규모의 투자였다. 그는 사냥과 운동을 즐기며 고급 포도주를 좋아한다. 70세에 골프를 배우기 시작했다.

출처: 알베르 프레레; 위키피디아; 《포브스》.

22

마리오 가벨리
(MARIO GABELLI)

미국

자신이 잘 아는 것에 투자한다. 하나 또는 그 이상의 분야에서 핵심 역량을 키우고, 그것에 집중적으로 투자한다. 전문 서적을 열심히 읽고, (공기업과 사기업을 구분하지 말고) 기업 경영진을 직접 만나서 대화해 보고, 핵심 역량 분야의 모든 기업 및 업계 프레젠테이션에 직접 참석해서 전문성을 배양해야 한다. 부단한 노력이 뒷받침되어야 투자에 성공할 수 있다. 투자하고 싶은 기업이 있으면 기업에 대한 분석 자료를 작성해야 한다. 수익, 현금의 흐름, 사적시장가치(PMV, private market value) 등을 모두 조사한다. 그리고 향후 5년의 예측 수치로 투자 모형을 만들어 본다. 이때 내재적 가치보다 주가가 평가절하된 기업을 주로 공략한다. 안전마진을 잘 찾아보라. 표면적 가치에 도움이 될 만한 촉매(catalyst)나 이벤트를 찾아봐야 한다. 그리고 투자는 장기적이라는 점을 항상 기억해야 한다.

나에게 투자 조언을 구하는 사람이 있다면 가장 먼저 열심히 노력하라는 말을 해주고 싶다. 이 세상에는 똑똑하고 잘난 사람이 정말 많다. 그중 자기 분야에서 크게 두각을 드러내려는 목표를 가지고 있으며 기꺼이 희생할 준비가 된 사람만이 크게 성공할 것이다.

규모가 작고 사람들에게 무시당하고 사랑받지 못하는 기업이야말로 놓쳐서는 안 될 투자 대상이다.

출생 1942년 미국 뉴욕

학력 포드햄 대학교를 수석으로 졸업했다(가벨리가 2500만 달러를 기부한 후에 가벨리 경영대학원으로 교명이 바뀌었다). 1967년에 컬럼비아 경영대학원에서 MBA를 취득했다.

경력 학교를 졸업한 뒤에 러브 로데스 앤드 컴퍼니(Loeb, Rhoades & Co.)에 애널리스트로 취직했다. 1977년 35세의 나이에 가벨리 앤드 컴퍼니(Gabelli & Company, Inc.)라는 중개업체를 설립했다. 이 회사는 후에 갬코 인베스터(GAMCO Investors, Inc., 이하 GAMCO)로 성장했다. 가벨리 앤드 컴퍼니는 1999년 2월에 상장 기업이 되었다. 그는 지금도 회장 겸 CEO, 최고투자책임자, 포트폴리오 매니저로 활동한다.

투자 철학 가벨리는 상향식 주식 가치 투자자이며, 그레이엄과 도드(Dodd)의 가치 평가 이론(valuation theory)을 지지한다. 하지만 가벨리는 PMV를 계산하려고 기업을 매우 세세히 분석하는데, 이것이 가치 평가의 틈새를 공략하는 기회가 되었다. GAMCO는 가치를 드러내 주는 촉매를 사용해 PMV보다 저평가된 것처럼 보이는 기업의 주식을 물색한다. PMV는 이제 트레이드마크가 되었으며 사모펀드 회사가 널리 사용하는데, 전략적 매수자는 기업 전체에 대해 PMV를 기꺼이 지급할 것이다. 수익 추세가 중요한 초석인데도, 가벨리는 수익보다 잉여 현금 흐름을 더 중시한다.

그는 인내심이 강한 것으로 잘 알려져 있다. 투자가 좋은 결과를 맺을 때까지 몇 년이고 기다릴 수 있는 사람이다. 사실 이는 역방향 투자 방식에 더 가깝다고 할 수 있다. 가벨리는 자신의 투자 철학을 '도드+버핏=가벨리'라는 등식으로 표현한다.

기타 GAMCO의 운용 자산 규모는 400억 달러가 넘는다. 가벨리는 《배런스》의 '올센추리' 팀에서 수여하는 상을 포함해 다수의 상을 받았다. 1997년에 모닝스타에서 올해의 미국 주식 펀드 매니저로 선정되었고 2010년에 인스티튜셔널 인베스터(Institutional Investor)에서 올해의 금융자산관리자로 선정되었다. 그는 소설 대신 기업의 연례보고서를 읽는 것을 추천한다. 자선 활동에도 참여하며, 특히 교육에 관심이 많다. 텔레비전과 신문 등에 자주 기고하며, 트위터를 통해 강한 존재감을 드러내고 있다.

출처: 마리오 가벨리; 가벨리 애셋 펀드(Gabelli Asset Fund); 갬코인베스터; 위키피디아.

23

프란시스코 가르시아 파라메스

(FRANCISCO GARCIA PARAMES)

스페인

성격인가 지능인가

내가 투자에 대해 논의하는 투자자의 90퍼센트가 투자의 매력에 빠져 있다. 하지만 그중에서 극소수만이 다음 순서를 밟을 준비가 되어 있다. 다음 순서란 투자한 후에 필요한 만큼 기다리는 것이다. 시장의 움직임과 제도적 의무를 무시할 수 있어야 하고, 시장 상황이 좋아 보이지 않을 때에도 투자를 늘려서 자신의 신념을 더욱 강조할 배짱이 있어야 한다. 요약하자면 자신을 잘 아는 것이 필수다. 지능은 일반적인 수준이면 충분하다. 결정적인 요소는 성격이다.

이러한 자질에 한 가지 더 보태자면 다른 이를 보고 배우는 것, 즉 경험 많은 투자자의 발자취를 따라가면서 안정감을 얻는 것이 누구에게나 필요하다. 투자자는 가끔 장기적 안목을 잃어버릴 수 있다. 그러나 (절대적이든 상대적이든) 상황이 좋을 때와 그렇지 않을 때에 비슷한 상황을 겪어본 투자자의 경력을 분석하면 장기적 안목을 얻게 되며 확신을 가지고 행동할 수 있다.

배움을 멈추지 말아야 한다

투자자는 투자 과정에서 강한 확신과 결단력이 필요하다. 불확실성은 우리 주변에 늘 있지만, 그렇다고 해서 끝도 없이 의심하는 것은 무의미한 행동이다. 확신을 가지려면 끊임없이 배우는 능력이 뒷받침되어야 하는데, 사실 말처럼 쉬운 일은 아니다. 예를 들어 몇 년 전 베스틴버(Bestinver)에서 경험한 일인데, 15년 이상 좋은 실적을 유지한 후에 어느 유명한 투자자가 저술한 (작은) 책 한 권을 발견하게 되었다. 그 책을 보고 우리는 투자 전략의 핵심적인 부분은 그대로 유지하면서도 전략을 좀 더 개선할 수 있었다. '확신'과 '열린 안목'을 동시에 갖는 것은 말처럼 쉬운 일은 아니다. 하지만 반드시 해내야 하는 과업이다.

경제적 프레임워크

유명한 투자자는 대부분 '경제'에 관해 알고 있는 것이 상대적으로 피상적인 수준이다. 나는 8년간 투자를 해본 후에 오스트리아 경제학파에 도달하게 되었는데, 그렇게 된 정확한 이유는 그들의 이론이 내가 매일 시장에서 실제로 눈으로 보고 듣는 인간의 행동에 대한 이론적 기반이 되었기 때문이다. 오스트리아 경제학파 이론이 아니고서는 인센티브, 목표, 결과 등 인생 그 자체를 설명할 수 없을 것이다. 특히 미제스(Ludwig von Mises)와 하이에크(Friedrich Hayek)는 투자자의 세계에서 우리가 가도 되는 장소와 가면 안 되는 장소를 알려주는 나침반을 우리 손에 쥐어주었다.

출생 1963년 스페인 갈리시아

학력 가르시아 파라메스는 마드리드 콤플루텐세 대학교(Complutense University of Madrid)에서 경제학 학위를 받았고, 1989년에 바르셀로나 IESE 경영대학원에서 MBA를 취득했다.

경력 1989년에 베스틴버에서 증권 애널리스트로 투자 경력을 쌓기 시작했다. 투자에 대한 열정이 커지면서 자산운용에 관심을 두게 되었고 얼마 지나지 않아 회사의 CIO가 되었다. 2016년에는 코바스자산운용(Cobas Asset Management SGIIC)이라는 펀드운용사를 설립했다.

투자 철학 가르시아 파라메스의 자산운용 스타일은 오스트리아 경제학파의 경제순환 이론에 대한 심층적 지식을 기반으로 하며, (그레이엄과 버핏 등의) 가치 투자 원칙을 엄격히 적용한다. 분석에서 가장 중요한 요소는 가격 결정력(pricing power)과 현금 흐름이다. 그는 향후 10년을 예측할 수 없는 투자는 시작도 하지 않는다. 근래에는 포트폴리오에 질적으로 우수한 기업만 추가되었다. 그는 경영진과 절대 맞서거나 싸우지 않는다.

기타 그의 별명은 '유럽의 워런 버핏'이다. 베스틴버 인터나시오날(Bestinver Internacional)이라는 글로벌 주식 펀드를 운용했을 때, 연수익률이 약 11퍼센트를 기록해 벤치마크(2퍼센트)를 다섯 배 이상 뛰어넘었다. 이 펀드는 1998년에 출시되었다. 베스틴버는 2013년 기준 120억 달러가 넘는 자산을 운용하고 있다. 그는 독학으로 투자자가 되었는데, 이는 다른 최고 투자자 몇몇과의 공통점이라고 할 수 있다. 스페인은 투자 전통이 길지 않은 나라이므로, 그가 스페인 출신 투자자라는 사실도 매우 흥미롭다. 그는 5개국어를 구사한다.

출처: 프란시스코 가르시아 파라메스; 베스틴버; 위키피디아.

24

—

마리코 고든
(MARIKO GORDON)

미국

중요한 것은 사람이다

기업은 월가에서 분기마다 데이터 빙고 게임을 하게 도와주는 무작위 숫자 생성기가 아니다. 기업은 사람이 운영하는 것이며 그들의 결정은 과거의 경험, 심리적 부담, 세계관에 영향을 받는다. 규모가 작은 회사는 다른 기업보다 변화 주기가 빠르며, 한 사람이 결과에 큰 영향을 줄 수 있다. 우리는 새로운 리더가 등장하면 그 사람이 새로운 관점을 가져올 것으로 기대한다. 특히 실적이 저조해도 아직 회복이 불가능할 정도로 무너지지 않은 기업이라면 새로운 리더에 대한 기대가 클 수밖에 없다. 새로운 리더십은 대부분은 변화의 선구자 노릇을 한다. 그래서 모든 변화를 꼼꼼하게 검토할 가치가 있다. 변화가 있는 곳에는 반드시 기회가 있다. 중요한 것은 기업의 문화적 DNA를 이해하는 것이다. 매출 문화, 엔지니어링 문화, 제조 문화 또는 금융 문화가 이를 지배하는가? 이러한 문화는 저마다 장단점이 있다. 이들은 저마다 어떤 전쟁을 치렀는가? 조직도를 자세히 살펴보라. 그러면 지배적 문화가 어떠한지, 그리고 기업이 어떻게 운영되는지 알게 될 것이다. 한동안 실적이 부진한 기업의 경우, 조직도에서 문제의 근본 원인을 발견할 때가 종종 있다.

충분히 시간을 내서 직원에게 어떤 방식으로 업무에 매진하도록 동기를 부여하는지 조사한다. 그리고 기업의 보상 시스템과 지배구조도 조사해야 한다. 이사회가 어떤 사람으로 구성되어 있는지, 이사회 임원의 직위 기간이 어느 정도이며 나중에 어떻게 되었는지 알아볼 필요가 있다. 직원에 대한 보상 방식이 달라지면 직원의 행동에 반드시 변화가 생길 것이다. 이는 변화를 알리는 신호이며, 어쩌면 기업이 발전하고 있다는 것을 보여주는 증거일지 모른다.

수치 자료가 있다고 해서
불확실한 것이 확실하게 바뀌는 것은 아니다

각종 비즈니스 모형이나 엑셀이 만들어 놓은 거짓된 정확성에 현혹되어서는 안 된다. 투자자가 미래를 예측하려고 애쓴다면 무속인과 크게 다를 것이 없다. 미래를 예측하는 것은 불확실하고 체계가 없는 일이라 모호한 말만 늘어놓게 된다. 그래서 정확한 수치로 표현된 것을 손에 넣어서 마음의 위안으로 삼으려는 유혹이 생길 수 있다. 하지만 대차대조표와 같은 자료의 진정한 가치는 수시로 변하거나 월가에 잘 알려지지 않은 비즈니스 모형을 깊이 있게 이해하도록 도와주는 것이지, 사분기별 수익을 '정확히' 예측해 주지 못한다. 이런 모형은 수많은 연동기어가 연결된 매우 복잡한 일련의 물레바퀴 정도로 생각하면 된다. 연결된 기어의 비율을 따지느라 시간을 다 허비하면 정작 중요한 질문을 놓치게 된다. 이를테면 "물이 하나도 없으면 어떻게 되나요? 홍수가 나면 어떻게 되는 겁니까? 오염된 물이 들어오면요?"와 같은 질문이 더 중요하다. 기업이 운영되는 전반적인 환경을 이해하는 것은 매우 중요한 사안이다. 이론적 모형에 1시간을 투자한다면 기업의 생태계, 즉 기업이 몸담은 환경을 연구하는 데 적어도 2시간 이상 투자해야 한다.

나는 생각하는 연습 삼아 이런 상상을 해본다. 이 회사가 하룻밤 사이에 사라져 버리면 어떻게 될까? 어떤 문제가 발생할까? 누가 영향을 받을까? 이렇게 생각하면 기업을 둘러싸고 있는 '해자(moat)'와 생태계에 미치는 영향 및 가치를 평가하는 데 도움이 된다.

자신의 심리 상태를 잘 관리한다

초보자처럼 열린 마음을 가지는 것이 좋다. 투자 대상에 접근할 때 그 대상에 대해 아무것도 모른다고 가정하라. 이 세상과 비즈니스 세계는 우리의 머릿속에 자리 잡은 비즈니스 모형보다 훨씬 빠르게 변화를 겪는다. 로버트 서튼(Robert Sutton)은 강한 확신을 두되 너무 집착하지 말라고 했다. 돈을 벌려면 색다른 관점이 필요하다. 다른 투자자는 무엇을 놓치고 있을지 생각해 보라. 이렇게 생각하는 연습을 하면 다수의 행동에 휘둘리지 않고 다른 투자자에게 인기 없는 것을 살 수 있는 용기를 갖게 된다. 하지만 본인이 이유 없는 고집을 부리거나 바보처럼 행동하는 것도 알아차릴 수 있어야 한다. 그럴 때는 자신이 틀렸다는 증거를 확인하는 즉시, 마음을 바꾸는 단호함이 필요하다.

투자를 하다 보면 틀리는 것이 일상생활이 된다. 틀릴 때보다 맞출 때가 더 많고, 틀릴 때 잃는 것보다 수익이 더 많다면 성공한 투자자가 되는 것이다. 그렇다 하더라도 예상했던 것보다 훨씬 더 자주 틀리는 것을 경험할 것이다. 때로는 과정의 오류로 인해 좋지 않은 결과가 나올 수 있다. 때로는 과정에 흠잡을 것이 하나도 없었는데도 나쁜 결과가 나올 가능성이 있다. 매출을 추적해 결과가 좋은지 나쁜지 확인하고 원인을 찾아내기 바란다.

어떤 경우에는 실수로 매도한 주식을 다시 사들이는 것이 최선의 대응책이다. 대다수 투자자는 자기 시야에서 벗어난 것은 금세 잊어버린다. 특히 주식을 매도한 후에 주가가 올라도 관심을 두지 않는다. 모든 행동과 그에 대한 근거, 당시 시장의 상황, 자신의 마음 상태 등 모든 것을 추적해 보면 일정한 패턴을 찾을 수 있을 것이다.

증거를 보여주는 문서를 차곡차곡 남겨두면 지성의 정직함을 창출하게 된다. 자신이 투자하지 않았지만, 투자 가능한 분야에서 높은 수익이 창출된 것과 그렇지 않은 것을 주기적으로 확인한다. 제일 성공적인 투자와 대실패로 끝난 투자 종목을 고른 다음 과거 시점으로 돌아가서 당시 주식 시장에서는 그 종목에 대해 사람들이 뭐라고 했는지 조사해 보기 바란다. 그렇게 하면 투자자들이 무엇을 잘못 이해했거나 어디에서 실수했는지 알아낼 수 있다. 이와 같은 리버스 엔지니어링(reverse engineering, 완성된 시스템을 거꾸로 추적, 분석해 처음의 문서, 기법 등의 개념을 알아내는 것이며 역공학이라고도 함-옮긴이)은 잘못 이해한 부분을 찾아내고 그 실수에서 배울 점을 끌어낼 수 있으므로 유용한 기법이다.

주가는 해당 기업보다 훨씬 불안정하고 변덕스럽다. 그러므로 투자자는 자신의 감정 상태를 잘 관리해야 하는데, 기업의 펀더멘털에 대한 자신의 감정적 반응이 다른 투자자의 반응에 휘둘리지 않도록 노력해야 한다. 이는 성공한 투자자가 되는 데 필수 과정이다.

출생 1962년 미국 뉴욕

학력 프린스턴 대학교에서 문학을 전공한 후, 야간 과정으로 재무관리를 공부했다.

경력 고든은 1986년에 매닝 앤드 네이피어(Manning & Napier)에서 포트폴리오 매니저의 수습생으로 금융 시장에 입문했다. 그 후에 로이스 앤드 어소시에이츠(Royce & Associates)에서 전설적인 스몰캡 투자자 척 로이스(Chuck Royce)와 함께 일했다. 당시 처음으로 포트폴리오를 관리할 기회를 얻었다. 1990년에 스타트업 자금운용사 발렌수엘라 자산운용사(Valenzuela Capital Management)에 합류했다. 5년 후에 그녀는 운용 자산이 하나도 없는 상태에서 캐슬록 자산운용사(CastleRock Capital Management)를 설립했다. 이는 1998년에 다루마 자산운용사(Daruma Capital Management)로 변경되었으며, 현재 고든이 CEO 겸 CIO를 맡고 있다.

투자 철학 고든은 스몰캡 지분 투자자(equity investor)지만 가치에 많이 기울어 있다. 대다수 스몰캡 투자자는 잠재적 손실에 대비하려고 포지션을 확대하고 분산 투자를 시도하지만, 고든은 25개 이상 35개 미만의 스몰캡 투자에 집중하는 포트폴리오를 운영한다. 2년 이내에 가치가 50퍼센트 이상 상승할 잠재력이 있다고 판단되는 주식만 선별한다. 동시에 이익 성장이 가속화되고 상승폭이 하락폭의 세 배가 되어야 한다. 포트폴리오의 회전율은 연간 40퍼센트이며, 하나의 포지션이 전체의 6퍼센트 이상 차지하는 것을 허용하지 않는다.

투자할 때 무엇을 중점적으로 고려하는지 물어보면 고든은 이렇게 대답한다. "나는 모든 것을 다 고려합니다. 투자 과정에 결정적인 한두 가지 마법 같은 요소가 따로 있는 게 아닙니다. 투자자가 모든 비즈니스 부문에 평생을 바쳐 전문성을 갖추는 것은 불가능합니다. 그 대신 전문가에게 배우려고 항상 노력해야 하죠. 나는 콘퍼런스와 같은 기회를 통해 공급망 전문가, 디지털 마케팅 전문가와 자주 교류하면서 정보를 얻습니다. 그들이 어떤 점에 유의하는지 알아낸 다음, 개인적 필터링을 거친 후에 투자 정보로 활용하는 것이죠."

고든에 따르면 매수하기에 가장 좋은 타이밍은 주식이 좋은 가치를 제공할 때에만 국한되는 것이 아니라, 가격을 상승시키는 요인을 명확히 알아낼 수 있을 때도 포함된다. 많은 경우에 매출이나 수익, 현금 흐름의 성장이 예상을 훨씬 웃도는 것이 가격을 상승시키는 요인으로 작용한다. 다른 수치보다 무조건 더 중요한 어떤 특정 수치가 따로 정해져 있는 것이 아니다. 고든은 손실을 보고 있더라도 긍정적인 현금 흐름이 있는 회사라면 매수할 수 있다고 여긴다. 물론 성급하게 결정하지 않고 심층 조사를 거쳐 결정할 것이다.

고든의 투자 과정은 다음과 같이 6단계로 이루어진다.

1) 새로운 아이디어를 체계적으로 생성한다.

2) 과거를 이해한다.

3) 미래의 결과를 가늠해 본다.

4) 투자 이론을 정한다.

5) 포트폴리오 구성을 모니터링한다.

6) 목표 가격, 새로운 기회, 포트폴리오 위험을 기준으로 매각한다.

기타 다루마 자산운용사는 선종을 창립하고 소림사에서 승려들을 전사로 훈련한 5세기 승려의 이름을 딴 것이다. 레이 달리오처럼, 마리코 고든은 기업 문화의 법칙을 제시한다. 다루마는 헤지펀드를 포함해 총 23억 달러의 자산을 운용한다. 고든의 취미는 하와이의 전통춤인 훌라다.

출처: 마리코 고든, 다루마 자산운용사.

25

벤저민 그레이엄

(BENJAMIN GRAHAM)

미국

- 자기가 하는 일을 잘 알아야 한다.
- 남의 손에 사업을 맡기지 않는다. 단, 적정 수준의 관심과 염려를 하고 사업을 맡긴 사람을 감독할 예정이거나, 상대방의 정직성과 능력을 절대적으로 믿어도 될 타당한 이유가 있다면 예외를 둘 수 있다.
- 적당한 수익이 발생할 가능성이 크다는 것이 믿을 만한 방식으로 검증되지 않는 한, 제조업이나 무역과 같은 것에 섣불리 발을 들이지 않는 편이 낫다. 특히 이익을 얻을 확률은 낮고 손실이 발생하면 큰 피해를 볼 수 있는 벤처 기업은 아예 멀리해야 한다.

• 자신의 지식과 경험을 기반으로 용기를 내야 한다. 사실을 기반으로 결론을 내렸고 자신의 판단이 합리적이라는 확신이 있다면, 행동으로 옮기는 것을 주저하지 않는다. 다른 사람이 주저하거나 나와 다른 결론을 내렸다고 해서 휘둘릴 필요가 없다.

출생 1894년 영국 런던(1976년 사망)

학력 1914년에 컬럼비아 대학교 경제학과를 졸업했다.

경력 대학을 졸업한 후에 뉴버거, 헨더슨 앤드 러브(Newburger, Henderson & Loeb)에 곧바로 취직했다. 1920년에 기업 파트너의 자리에 올랐다. 30세에 제롬 뉴먼(Jerome Newman)과 손잡고 그레이엄-뉴먼(Graham-Newman)을 설립했다. 2년 후에 컬럼비아 대학교에서 고급 증권 분석을 가르치기 시작해 1956년에 은퇴할 때까지 강의했다. 은퇴하던 해에 그레이엄-뉴먼의 파트너십도 마침표를 찍었다.

투자 철학 그는 가치 투자의 지적 아버지이며 가치 투자학파를 창시했다. 그는 내재적 가치보다 낮은 가격에 매수하는 것이 '가치 투자'이며, '가격'과 '가치'의 차이가 클수록 손실 우려에 대한 안전마진이 높아진다고 주장한다. 그레이엄은 내재적 가치를 기준으로 3분의 2 이하의 가격에 매수하는 것을 선호한다. 그의 투자 철학에서 가장 중요한 것은 자본금을 지키는 것이고, 그다음으로 중요한 것은 자본금을 늘리는 것이다. 그는 투자금의 25~75퍼센트는 채권에 투자하되,

시장 상황에 따라 다양화하는 것을 제안한다. 또한 기업에 투자할 경우의 투자 가치는 다음 사분기의 수익이 아니라 사업 전체에 투자자가 얼마를 내놓을 의향이 있느냐에 달려 있다고 생각하는 것이 바람직하다고 조언한다.

그레이엄의 접근 방식은 대부분 정량적이고 매우 정적이고 수학적이다. 대차대조표와 기업 이력을 중시하지만 기업 경영진과 이야기를 나누는 편은 아니다. 투자의 주요 특징은 대차대조표를 강조하고 평균 이상의 수익 마진 및 풍부한 현금 흐름을 중시하는 것이다. 또한 20년간 배당금이 중단되지 않아야 하고 최근 10년간 주당순이익이 적어도 30퍼센트 이상 증가해야만 투자한다. 따라서 매수 후 보유 전략과는 거리가 멀다. 그는 투자자에게 2년 후에 주가가 50퍼센트 이상 오를 때에 매도하라고 조언한다. 이 전략의 단점은 너무 훌륭한 방법이라서 거의 모든 사람이 이를 따라 한다는 것이다. 실제로 1970년대 중반에 투자 업계에 그의 전략이 널리 도입된 나머지, 과연 우수한 투자 대상을 충분히 선택할 수 있을지 의문스러운 지경에 이르렀다. 이를 지켜본 그레이엄은 투자 전략을 변경하기로 했다.

기타 1929년 주식 시장 붕괴와 대공황에서 거의 모든 재산을 잃다시피 했다. 그 후에 위험 회피형 전략을 개발했는데, 투자와 투기를 구분하는 방식이었다. 그 후로도 두 번의 세계대전이 발생했고 1973년부터 1974년에 주식 시장이 50퍼센트나 붕괴했지만, 그레이엄은 단 한 해도 손실을 보지 않았다. 그는 변동성을 위협으로 보는 것이 아니라 자신에게 유리한 것으로 생각하는 새로운 시장 접근 방식의 템플릿을 제시했다. 그는 주식 시장을 미스터 마켓(Mr. Market)이라고 의인화하는데, 감정에 문제가 있어서 매우 변덕스러운 사람이라고 묘사했다. 다수의 저서를 출간했는데, 그중에서 『현명한 투자자』(1949년)를 가리켜 워런 버핏은 최고의 투자 서적이라고 극찬했다. 그는 가르치는 기술을 타고 났으며, 실제로 이 책에 소개된 다수의 투자자가 그레이엄의 제자다. 투자 외에 그리스와 라틴 고전 문학 및 외국어에 관심이 많다. 포르투갈어 원서를 다수 번역 출간했다.

출처: 벤저민 그레이엄의 『증권 분석』(1934년), 『현명한 투자자』(1949년); 그레이엄-뉴먼, 《포브스》; 위키피디아.

26

—

제러미 그랜섬

(JEREMY GRANTHAM)

영국

역사를 믿어야 한다. 조지 산타야나(George Santayana, 하버드 대학교 철학 교수–옮긴이)는 "역사는 되풀이된다. 역사를 잊어버리는 사람은 스스로를 위험에 처하게 만드는 것이다"라고 했는데, 이는 투자에도 그대로 적용된다. 어떤 버블이 닥쳐오더라도 결국 사라질 것이며, 모든 투자 열풍은 가라앉기 마련이다. 업계의 감언이설은 철저히 외면해야 한다. 어느 업계에나 이번이야말로 새로운 도약의 기회라거나 영구적으로 높은 생산성을 달성할 기회라고 주장하며 투자자를 부추기는 세력이 있다. 하지만 연방준비제도에서 그런 말이 나온다 해도 마음이 흔들려서는 안 된다. 오히려 연방준비제도에서 발표한 것이라면 더욱 단호하게 대처해야 한다. 시장은 혀를 내두를 정도로 비효율적이며 공정한 가격에서 멀어져 간다. 투자 전문가와 그들의 고객 모두의 마음을 아프게 하고 인내심이 바닥이 나게 만든 후에야 비로소 공정한 가치라는 제자리로 돌아온다. 그때까지 견뎌내는 것, 살아남는 것이 투자자가 할 일이다.

"돈을 빌려주지도 말고 빌리지도 마라." 투자할 목적으로 돈을 빌리는 것은 생존 가능성에 방해가 된다. 레버리지를 사용하지 않은 포트폴리오는 중단할 방도가 없으나 레버리지를 사용한 포트폴리오는 중단할 수 있다. 레버리지는 투자자의 중요한 자산인 인내심을 줄여버린다(잠깐 다른 이야기를 좀 하자면, 지나친 대출은 훨씬 더 심각한 문제다. 대출은 재정적 공격성, 무모함, 탐욕을 조장한다. 수익을 계속 늘려주는 것처럼 보이지만 갑자기 한순간에 사람을 파멸시킨다. 개인의 경우, 대출을 받으면 시간이 흘러도 자신이 재정적으로 감당할 수 없는 물건을 지금 손에 넣을 수 있다. 이렇게 매혹적이다 보니 수많은 사람이 마약처럼 대출에 저항하지 못했다. 그런데 중세 이후로는 정부도 대출의 유혹을 뿌리치지 못하는 것 같다. 특히 요즘 정부가 그런 양상을 보인다. 생각이 올바른 사회라면 부채의 유혹이 얼마나 무서운 것인지 인식하고 그에 맞추어 법을 마련해야 한다. 이자 지급에 대해 세금을 공제해 주거나 다른 방식으로 혜택을 주면 안 된다. 법적으로 정부의 누적 부채는 GDP의 50퍼센트라는 합리적인 한도가 정해져 있다. 현재의 잘못된 상황이 바로잡히려면 10~20년이 걸릴 것이다).

보물을 한 배에 싣는 것은 어리석은 행동이다. 수천 년 전에 상인들은 문자 그대로 보물을 한 배로 옮기는 것이 얼마나 무모한 짓인지 경험을 통해 뼈아픈 교훈을 얻었을 것이다. 투자도 마찬가지다. 투자를 다양하게 하면 포트폴리오에 회복력, 즉 충격을 받아도 견디는 능력이 생긴다. 투자를 더 많이 하고 투자 종류를 다양하게 하면, 포트폴리오에서 비교적 큰 포지션이 위험한 양상을 보이거나 투자에서 심각한 위기를 겪더라도 그 시기를 견디고 살아남을 가능성이 커진다.

인내심을 가지고 장기적 안목에 집중하라. 좋은 카드가 나올 때까지 참고 기다릴 줄 알아야 한다. 끈질기게 기다린 끝에 아주 저렴한 시장이 나오면, 이를 안전마진으로 사용할 수 있다. 이제 고통을 견디기만 하면 된다. 정말 훌륭한 투자는 예외적이라서 좀처럼 모습을 드러내지 않기 때문이다. 개별 주식은 대부분 회복되며, 전체 시장도 반드시 회복된다. 이전 규칙을 따르면 나쁜 소식이 사라질 때까지 버틸 수 있을 것이다. 전문가들과 비교해 자신의 장점이 무엇인지 파악하기 바란다.

지금까지 전문 투자자에게 가장 힘든 문제는 경력과 비즈니스의 위험에 대처하는 것이다. 자신의 직업을 보호하는 것도 투자 대리인의 업무에 포함된다. 전문 투자자의 두 번째 문제는 고객의 눈에 바쁘게 일하는 것처럼 보여야 한다는 것이다. 물론 어느 정도의 쇼맨십이 있어야 고객을 안심시킬 수 있는 것도 사실이다. 개인 투자자는 다른 사람이 무엇을 하든 신경 쓰지 않고 좋은 투자 대상이 나올 때까지 기다릴 수 있다는 면에서 비교적 유리하다. 하지만 전문 투자자는 주변의 눈길을 의식하지 않을 수 없다.

출생 1944년 영국 돈커스터

학력 셰필드 대학교에서 경제학을 전공했으며, 1966년에 하버드 대학교에서 MBA를 수료했다.

경력 로열더치셸(Royal Dutch Shell)에서 경제전문가로 투자자의 첫걸음을 내디뎠다. 1969년에 배터리마치 파이낸셜 매니지먼트(Batterymarch Financial Management)의 공동설립자가 되었다. 7년 후, 33세의 나이에 GMO를 공동 설립했으며, 현재 최고투자전략가, 이사회 임원을 맡고 있고 자산 배분 부서에서 일하고 있다.

투자 철학 그랜섬의 전문 분야는 자산 배분이다. '평균으로 되돌아가는 것'이라는 표현을 자주 사용하는데, 이것이 그의 투자 철학이다. 그는 모든 자산군과 시장이 과거의 최저점과 최고점의 평균 수준으로 되돌아갈 것이라고 믿고 있다. 그가 운영하는 회사는 역사적 변화를 이해하고 향후 7년의 결과를 예측하는 데 주력한다.

기타 그랜섬은 투기 시장 '버블'을 정확히 예측해 투자자로서의 명성을 얻었다. 실제로 그는 1980년대 후반에 일본 주식 및 부동산 투자를 하지 않았으며, 2008년 닷컴 버블 때도 투자하지 않았다. 2011년에 《블룸버그 마켓(Bloomberg Markets)》이 선정한 가장 영향력 있는 50인에 선정되었다. 또한 지구 환경을 보호하고 개선하는 사명을 가진 그랜섬 재단의 설립자다.

출처: 제러미 그랜섬, GMO가 사분기마다 발행하는 서한, 2012년 2월호; Global Asset Allocation; 위키피디아.

27

글렌 그린버그
(GLENN H. GREENBERG)

미국

자신이 어떤 분야에 재능이 있는지 파악하고 그 분야를 벗어나지 않도록 한다. 한 번 성공하면 자신감이 올라 다른 분야에서도 충분히 잘 해낼 수 있다는 착각에 빠지기 쉽다. 평소에 투자하던 분야에서 좋은 사냥감을 찾지 못할 때도 비슷한 생각이 들 수 있다. 하지만 내 경험을 돌이켜보면 이런 식으로 다른 곳에 눈을 돌리면 항상 돈을 잃고 말았다.

금융 모델링(financial modelling)이 정확성을 추구하는 것처럼 보이지만, 거기에 속아 넘어가면 안 된다. 미래를 스프레드시트에 복잡한 숫자로 표현하느냐 아니면 종이에 대충 적어보느냐는 중요하지 않다.

미래는 어차피 미리 알 수 없는 것이기 때문이다. 종이에 직접 적어본 사람은 자신의 예상이 대략적이므로 계산 오차의 가능성을 고려할 것이다. 하지만 컴퓨터로 모델링하는 사람은 좀 다르다. 역사적인 수치를 하나도 빠트리지 않고 컴퓨터에 입력해서 복잡한 분석을 해내기 때문에 미래에 대한 자신의 예측이 꽤 확실하다는 착각에 빠지게 된다.

가끔 이렇게 자문해 보기 바란다. '내가 아는 모든 지식을 동원할 때, 포트폴리오에 있는 주식마다 어느 정도의 순수익을 기대하는가?' 이 말은 트레이딩을 많이 늘리라는 뜻이 아니다. 기존에 구매한 종목의 가격이 하락하면 매도량을 늘리고, 한때 최고의 수익을 기록했더라도 더는 적절한 수익이 나지 않는 종목은 포트폴리오에서 줄이거나 아예 없애야 한다는 뜻이다.

단순한 것이 유리하다. 복잡해지면 우리가 미처 깨닫지 못하는 사이에 위험도 커질 것이다.

출생 1947년 미국 뉴욕

학력 필립스 아카데미(Phillips Academy)와 예일 대학교를 졸업했으며, 베트남 전쟁에 참전하려고 기다리는 동안 3년간 교편을 잡았다. 뉴욕 대학교에서 영문학 석사 학위를 받았으며, 1973년에 컬럼비아 경영대학원에서 MBA를 받았다.

경력 모건 개런티 트러스트(Morgan Guaranty Trust)에서 애널리스트로 취직했으며, 얼마 지나지 않아서 포트폴리오 매니저로 승진했다. 5년 후에 센트럴 내셔널-고테스먼 코퍼레이션(Central National-Gottesman Corporation)으로 자리를 옮겨 전설적인 투자자 아서 로스(Arthur Ross)의 애널리스트로 일했다. 37세에 존 샤피로(John Shapiro)와 손잡고 치프턴 캐피털(Chieftain Capital)이라는 사모 투자 회사를 설립했다. 23년 후에 치프턴 캐피털의 운용 자산 규모는 50억 달러를 넘어섰다. 2009년에 치프턴 캐피털의 동업자와 헤어지게 되자, 곧바로 브레이브 워리어 어드바이저(Brave Warrior Advisors)를 설립했다. 당시에 그는 62세였다.

투자 철학 그는 상향식 주식 투자자이며 가치 투자자로 알려졌지만, 산업 시장 구조에 집중한다는 면에서 일반적인 가치 투자자와 조금 차이가 있다. 그린버그는 구글에 투자하고 있지만, 다른 가치 투자자 중에서는 그런 행보를 찾아보기 힘들다. 그린버그는 경쟁자가 아예 없거나 매우 적으며 깊은 해자로 둘러싸인 기업을 찾으려 한다. 성장은 가파른 상승세를 보이는 것이 아니라 점진적으로 이루어지는 것이 바람직하다. 그는 기업이 향후 몇 년 이내에 어떻게 될지 예측하는 것을 좋아한다. 예측의 출발점은 현재의 잉여 현금흐름수익률과 향후 몇 년간의 기업 성장 가능성에 대한 본인의 예측이다. 그는 투자한 자본에 대한 수익도 크게 중시한다. 그래서 그의 포트폴리오는 우수 기업, 즉 기업의 펀더멘털에 강한 확신이 있고 시장 상황이 매우 가혹해지더라도 주식을 보유할 가치가 있는 기업들로 채워진다. 그는 집중형 포트폴리오를 운용하는데, 보통 종목 수를 열두 개 이하로 유지한다. 투자 대상이 되는 기업을 늘리면 그만큼 각 기업에 대해 아는 것이 적어지고 두려움이나 욕심 때문에 실수할 확률이 커진다고 생각한다. 매도 입장의 보고서는 중요하게 생각하지 않으며, 한 번 매입한 주식은 평균 5년 정도 보유한다. 종종 경영진에게 압박을 가하기 위해 투자에 대해 적극적으로 목소리를 낸다.

기타 2013년 기준 그린버그가 관리하는 자산 규모는 29억 달러가 넘는다. 그는 컬럼비아 경영대학원에서 자주 강의한다. 스쿼시 실력은 전국 4위이며 기타 연주를 좋아한다. 슬하에 일곱 명의 자녀가 있다.

출처: 글렌 H. 그린버그; 치프턴 캐피털; 브레이브 워리어; 위키피디아.

28

니웨스 헴바치라바라콘

(NIWES HEMVACHIRAVARAKORN)

태국

위기를 받아들여서 기회로 바꾸어라. 종종 나쁜 소식이 좋은 소식이 될 수 있다. 주식 시장의 위기는 장기 투자자에게 아주 좋은 기회가 될 수 있는데, 훌륭한 기업의 주식을 말도 안 되는 저렴한 가격에 매입할 수 있기 때문이다. 주식 시장이 정상적이라면 절대 꿈꾸지 못할 기회인 것이다. 일례로 2008년 대공황이 닥쳤을 때 전 세계 주식 시장이 무너짐과 동시에 태국 주식 시장도 50퍼센트나 하락했다. 당시에 나는 모든 자금을 이미 투자한 상황이었고, 이 기회에 투자를 늘리려고 대출을 받았다. 그렇게 한 것은 매우 탁월한 선택이었다. 바로 다음 해에 주식 시장이 60퍼센트 이상 회복되었고, 나의 포트폴리오는 140퍼센트가 넘는 수익률을 기록했다.

어려움에 부닥친 우량 기업을 찾아내야 한다. 물론 여기서 말하는 어려움은 해결 가능한 것이어야 한다. 개선하거나 극복할 수 있는 문제를 안고 있는 우량 기업에 투자하는 것이야말로 가장 바람직한 투자 방법의 하나일 것이다. 그런 기업이 보이면 주저하지 말고 가능한 한 주식을 많이 사들여야 한다. 문제만 잘 해결되면 주가는 날개를 얻은 듯 단숨에 상승할 것이다. 대개 그런 기업은 해결책을 찾는 데 많은 시간이 걸리지 않는다.

효과가 입증된 전략을 계속 고수하기 바란다. 장기 투자에서 가장 좋은 전략은 오랫동안, 아니 적어도 5~7년 이상 지속해서 수익이 증가한 기업에 투자하는 것이다. 그런 기업을 5~7개 정도 선정해 포트폴리오를 구성하면, 주식 시장이 어떤 상황에 부닥치든 관계없이 만족스러운 수준 이상의 수익이 보장될 것이다. 장기적으로 보면 당신의 포트폴리오가 시장을 훨씬 앞질러 나갈 것이다.

출생 1953년 태국 방콕

학력 1976년에 쭐랄롱꼰 대학교(Chulalongkorn University)에서 이학사 학위를 받았다. 마케팅 MBA를 취득했으며 32세에 금융학 박사 학위를 받았다.

경력 그는 커리어 대부분을 금융 분야에서 보냈다. 주요 분야는 재무 계획, 투자 은행, 주식 포트폴리오 투자, 기업 대출이었다. 그의 마지막 직업은 은행의 부사장이었다. 2003년 이후 개인 자산만 관리하고 있다.

투자 철학 그는 가치 투자자이며, 오로지 주식에만 투자하고 있다. 투자에서 가장 중요하게 여기는 매개변수는 시장에서 경쟁 우위를 거머쥐고 있거나 재정 상태가 매우 안정적인 성장 기업 및 자본 투자가 낮은 기업이다. 자기자본이익률(ROE)이 15퍼센트 미만인 기업에는 절대 투자하지 않는다는 원칙을 가지고 있다. 태국에 가치 투자라는 개념을 도입할 때에는 시장이 아직 역사가 짧다는 점을 고려해 투자 대상에 대한 요구 조건을 다소 낮추어야 했다.

기타 가치 투자라는 주제로 열 권 이상의 저서를 출간했으며, '가치 투자의 권위자', '태국의 워런 버핏'이라는 칭송을 받는다. 《비즈니스신문》의 칼럼니스트로도 활동하고 있다.

출처: 니웨스 헴바치라바라콘.

29

—

이언 헨더슨
(IAN HENDERSON)

영국

- 자신이 이해하지 못하는 것에 투자하지 마라.
- 인내심을 키워라. 종종 시장은 변화를 인지하는 데 느리기 때문이다. 장기 추세는 수년간 지속할 수 있다.
- 아이디어가 좋아도 실행하지 않으면 아무 소용이 없다.

출생 1949년 영국 런던

학력 에든버러 대학교에서 철학, 정치학, 법학을 수학했다.

경력 피트 마위크 미첼 앤드 컴퍼니(Peat Marwick Mitchell & Co.)에서 회계사로 5년간 근무했다. 그 후에 모건 그렌펠(Morgan Grenfell)에서 국제 포트폴리오 관리자로 5년간 근무했고, 워들리 인베스트먼트 서비스(Wardley Investment Services Ltd.)에서 9년간 CIO를 지냈다. 1991년부터 지금까지 JP모건 플래그십 펀드인 내추럴 리소스(Natural Resources)를 운용하고 있다. 2012년 1월에 물러났지만 2013년 3월까지 고문 역할을 계속했다.

투자 철학 핸더슨은 국제 상품 투자자이며 가치 기반의 투자 기회도 조금 선호하는 편이다. 변동성이 높은 상품 투자를 하려면 다음과 같은 원칙을 고수해야 한다.

1) 컨센서스(consensus)에 유의한다. 현물 가격이나 선물 가격과 가격 추정이 완전히 다른 경우처럼 타당성이 현저히 결여된 가정을 찾아낼 수 있다면 좋을 것이다.
2) 미래는 과거의 복제판이 아니므로, 평균 회귀(mean reversion)에 대한 가정을 자세히 조사해야 한다.
3) 상품 대체와 같은 패션과 추세의 변화를 잘 인식해야 한다.
4) 우수 종목을 겁낼 필요가 없다. 상품의 경우 추세가 예상보다 더 길게 지속할 가능성이 크게 때문이다.
5) 자신이 감당할 수 있는 손실 이상으로 투자해서는 안 된다.
6) 다른 사람들이 괜찮다는 말에 의존하지 말고, 자신이 믿을 수 있는 것만 투자하라.
7) 시장이 몰락해도 공포에 질리지 마라. 이 세상이 무너지지는 않을 것이다.

기타 종합해 보면 그는 거의 100억 파운드의 자산을 운용했으며, 시에서 최고의 상품 관리자라는 평가를 얻었다. 투자 업무 외에 가장 좋아하는 활동은 승마와 사냥이다.

출처: 이언 헨더슨; JP 모건 내추럴 리소스.

30

존 헨리

(JOHN W. HENRY)

미국

계획을 세우고, 절도 있게 계획을 실천하고, 자신이 기대한 것이 아니라 '상황'이 실제로 어떻게 돌아가는지 유심히 관찰하라. 그것이 제일 중요한 일이다. 우리는 분석을 할 때 가능한 한 객관적이 되려고 노력한다. 하지만 매일 그 안에서 존재하는 사람의 처지에서는, 가끔 안 좋은 일이 생길 때에도 기존 계획을 실천하는 것이 그리 쉬운 일은 아닐 것이다. 살다 보면 항상 예기치 못한 상황을 만나게 된다. 이때 신중하게 대처한다는 핑계로 기존의 계획을 고수하는 것을 등한시할 수 있다. 하지만 가만히 생각해 보면, 지금까지 성공적으로 일을 처리한 방법을 계속 고수하는 것이야말로 가장 신중한 대처일 것이다. 이것도 내가 해야 할 중요한 역할 중 하나라고 생각한다. 나는 경기가 좋지 않을 때 모든 사람에게 인내심을 가지라고 다독인다. 예상치 못한 일이 발생했을 때 사람에게 책임을 물어서는 안 된다.

특정 기간을 최대한 유리하게 활용하는 것이 항상 가능하지는 않다. 불확실한 세상에서 가장 합리적으로 보이는 투자 철학은 트렌드를 따라가는 것이다. 트렌드를 따라간다는 것은 오를 때 사서 하락할 때 파는 것이다. 우리는 19년간 일관되게 이 방법을 실천하고 있다. 추세가 시장의 근본적 특성이 아니었다면, 우리가 이런 유형의 거래를 하다가 얼마 버티지 못하고 사업을 중단했을 것이다. 항상 비싸게 매수해 싸게 매도한다면 파산하는 데 19년이 아니라 19개월도 걸리지 않을 것이다. 하지만 추세는 인생에서 핵심적이고 아주 기본적인 요소다. 비싸게 사서 싸게 팔면서도 투자에 성공하는 것이 어떻게 20년이나 가능하단 말인가? 시장의 근본적인 성격이 추세를 따르는 것이 아니라면 도저히 설명할 수 없는 결과다. 한편 매년 똑똑한 투자자들이 싸게 사서 비싸게 파는 방식으로 한동안 성공적인 투자를 하지만, 얼마 가지 않아서 파산하는 것을 보게 된다. 특정 투자 상품을 자신의 개인적 논리에 따라 운용해야 할 이유를 파악했다고 착각하기 때문이다. 이런 사례들을 많이 봤기 때문에 우리는 우리의 투자 방식을 충실히 따른다.

'이건 이렇게 했어야 한다', '이렇게 해볼 만도 했다', '이렇게 할 수도 있었다', '이렇게 하면 안 되는 것이었다'라는 것과 같은 추측이나 후회, 성급한 결론은 모두 제쳐두고 실제 상황에 집중하는 것이 가장 중요하다. 현재 상황에 온전히 집중한다면 실질적인 변화를 유도할 수 있다. 어떤 상황에서든 가장 훌륭하고 현명하고 후회하지 않을 행동은 있는 그대로를 유지하는 것이지, 성급하게 결론을 내리거나 결론을 짜내려고 하는 것이 아니다. 일단 관심을 기울여 보라. 내 투자나 인생에서 그보다 더 큰 영향을 가져온 행동은 없었다.

출생 1949년 미국 일리노이주 퀸시

학력 캘리포니아 대학교에서 철학을 전공했으나 졸업하지 못했다. 엘리시앙 필드와 힐러리라는 두 개의 록밴드에서 활동한 것이 학업을 마치지 못한 이유 중 하나일 것이다.

경력 그가 25세였을 때 아버지가 세상을 떠나면서 2000에이커의 가족 농장을 맡게 되었다. 그때 옥수수, 밀, 콩 등에 투자하면서 혼자 헤징 기술을 터득했다. 이후 그는 상품 거래 어드바이저가 되었다. 8년 후인 1982년에 존 헨리 앤드 컴퍼니(John Henry & Company, Inc., 이하 JWH)를 설립했다. 이 회사는 전 세계에서 가장 오래된 관리선물(managed futures) 어드바이저 중 하나로 인정받고 있다.

투자 철학 헨리는 상품 선물 트레이더이며, 선물 시장에 사용할 수 있는 기계적인 추세 추종 방법을 개발했다. 시스템 트레이딩 방식에서는 인간의 감정뿐만 아니라 펀더멘털에 대한 주관적 평가도 배제하는 것을 중시한다. 그는 아무도 미래를 예측할 수 없다고 생각한다. 헨리의 투자 철학에서 또 하나 중요한 초석은 인내심이다. 그는 장기간 보유하는 것이 가장 좋은 투자 방식이라고 생각한다. 실제로 그는 선물 시장에서 최장기 거래를 하는 투자자로 알려져 있다. JWH는 선물 시장과 상품, 금속, 에너지, 통화, 이자율, 주가지수와 같은 분야에서 전 세계적으로 운영되고 있다. 분산 투자를 하는 데도 JWH의 역사적 성과는 변동성이 매우 크다.

기타 여러 해 동안 다양한 투자 프로그램이 시행, 종료되는 일이 반복되었기 때문에 대략적인 투자 실적을 추정할 수밖에 없다. 금융과 금속 프로그램은 1984년부터 2000년까지 연평균 수익률이 29퍼센트였다. 2013년 기준, 가장 오래된 프로그램은 1997년부터 시행된 것인데 연평균 수익률이 12퍼센트다(벤치마크는 5퍼센트다). 실적이 부진한 데다 대규모 상환이 이루어지자, 그는 2012년 가을부터 외부 자금 운용을 중단했다. 《포브스》에 따르면, 헨리의 순자산은 11억 달러다. 그는 다양한 스포츠를 후원, 투자하고 있다. 보스턴 레드삭스(Boston Red Sox), 리버풀 FC 등 여러 스포츠 팀의 구단주다.

출처: 존 W. 헨리; 마이클 코벨(Michael Covel), 『추세추종전략』(2004년); 《CME Magazine》; Turtletrading.com; 위키피디아.

31

마이클 힌츠
(MICHAEL HINTZE)

영국

- 주식의 시장 가격은 펀더멘털, 기술, 감성이라는 세 가지 요소에 좌우된다. 장기 거래든 단기 거래든 거래가 잘 되려면 세 가지 요소가 잘 맞아떨어져야 한다.
- 통화 거래에서 중요한 것은 거시경제 수치가 아니라 중앙은행이 통화 정책을 완화하느냐 긴축하느냐의 문제다.
- 사기는 미리 안전책을 세우기 가장 어려운 '위험'이며, 파헤치는 것도 매우 어려운 대상이다. 그러므로 펀더멘털 분석을 강화하고 여러 번 재확인해 사기를 미리 방지하는 것이 가장 바람직하다.

출생 1953년 중국 하얼빈

학력 시드니 대학교에서 고등수학 및 물리학 학사와 전기 엔지니어링 학사 학위를 받았다. 뉴사우스웨일스 대학교에서 음향학 석사 학위를 받았으며 하버드 경영대학원에서 MBA를 받았다.

경력 오스트레일리아 정규군에서 대위로 3년간 복무한 후에 오스트레일리아의 시빌 앤드 시빅(Civil and Civic Pty Ltd.)이라는 건축회사에서 전기설계 엔지니어로 근무했다. 미국으로 이주한 후에 살로먼브라더스에서 국채, 회사채 등의 고정 수입 증권을 거래하는 트레이더(fixed-income trader)로 근무했다. 1984년에 골드만삭스로 자리를 옮긴 후에 영국 트레이딩 책임자, 유럽 신흥 시장 트레이딩 책임자 등 여러 가지 업무를 맡았다. 골드만삭스의 해외 전환사채(euro-convertible) 및 유럽형 워런트(European warrant)를 런던에 설립했다. 12년간 근무한 후에 CSFB로 자리를 옮겨 전환사채 유럽 책임자가 되었고, 레버리지펀드그룹펀드(Leveraged Funds Group Fund)의 상무이사(managing director)가 되었다. 1999년에 헤지펀드 CQS를 설립했으며, 지금도 최고 경영자와 선임투자책임자를 맡고 있다.

투자 철학 CQS는 전환사채 부문에서 가장 뛰어난 헤지펀드였는데, 힌츠의 손에서 다중 전략을 구사하는 투자운용사로 성장했다. 그는 하향식 거시적 주제 분석과 상향식 펀더멘털 리서치를 같이 실시하며 거시경제학, 금융 및 통화 정책, 지정학적 추세와 같은 다양한 분야의 지식을 증권 선정(security selection)에 통합한다. 꽤 복잡한 일이기에 아마추어가 시도하기 어렵다. 기업의 여러 부문이 상호 협력해야 투자의 전체 스펙트럼을 이해할 수 있다. 그는 8월과 크리스마스 전후에 가장 활동적인데, 그때가 알파 수익을 얻기에 좋은 기회라고 생각하기 때문이다.

기타 CQS는 2013년 기준 120억 달러가 넘는 자산을 운용했다. 그중 상당 부분은 힌츠의 이전 고용주가 보유했던 것이다. 힌츠는 자기 회사를 설립하기 전에도 투자 업계에서 이미 유명세를 누리고 있었다. 헤지펀드에서 다양한 전략을 구사하며, 롱온리(long-only) 전략도 맞춤형 및 혼합형으로 구사한다. 이 회사는 수년간 많은 상을 받았는데, 2013년에 《파이낸셜 뉴스》에서 최고의 헤지펀드 매니저 상을 받았다. CQS는 브루노 익실(Bruno Iksil)의 악명 높은 JP모건 거래와는 정반대편에 있다. 런던 고래로 불리던 브루노는 20억 달러의 손실을 입기도 했다. 《포브스》는 2013년 기준으로 그의 자산이 16억 달러 정도라고 추산했다. ABS 펀드는 2006년 10월에 설립된 이래로 항상 연간 실적이 29퍼센트를 넘었다. 힌츠는 자선 활동에도 매우 열성적이며 이미 3000만 파운드 이상 기부해 기사 작위를 받았다. 오스트레일리아에 있는 농장에 관심이 많으며 공개 연설을 할 때 성경을 자주 인용하는 것으로 알려져 있다. 러시아어에 매우 능통하다.

출처: 마이클 힌츠; CQS 방향성 기회 펀드(CQS Directional Opportunities Fund); 위키피디아; 인스티튜셔널 인베스터, 2011.

32

칼 아이칸
(CARL ICAHN)

미국

모든 성공한 투자자의 공통점을 정확히 담아낼 만한 단어는 없다. 그나마 가장 비슷한 단어를 찾는다면 자기가 하는 일에 대한 '열정'이나 '집착'이라고 할 수 있을 것이다. 두 번째 공통점은 게임을 하든 투자를 하든 간에 엄청난 승리를 거머쥔 후에도 좀처럼 자만심에 부푸는 모습을 보이지 않는다는 것이다. 투자 결과가 매우 좋아도 자신이 천재라고 착각하지 않는다. 오히려 얼마나 운이 좋았기에 이런 결과가 나왔느냐고 생각한다. 러디어드 키플링(Rudyard Kipling, 영국의 소설가이자 시인–옮긴이)은 이런 말을 남겼다. "승리와 재난을 만나면, 두 사기꾼을 똑같이 대우해 줘라."

위대한 투자자라면 누구나 갖추고 있는 세 번째 자질은 주의 깊게 연구한 기업의 '장기적(secular)' 변화와 '순환적(cyclical)' 변화의 차이를 인지하는 것이다. 주기적 변화 때문에 눈여겨보던 기업이 하락하면, 성공하는 투자자는 그 기회를 빌려 가능한 한 빨리 그 기업의 주식을 사들일 것이다. 이때에는 시장의 여건이 어떠한지 개의치 않으며, 시장 상황에 영향을 받거나 겁을 먹지도 않는다. 하지만 '장기적' 변화 때문에 기업이 어려움을 겪는다면, 성공하는 투자자는 손실을 감수하면서 그 기업에서 손을 뗄 것이다.

장기적 주기와 순환적 주기를 알아보는 능력은 학습을 통해 습득하는 것이 아니다. 그것은 타고난 본능이거나 수년간 힘든 노력과 경험을 통해 갈고닦은 재능에 가깝다. 달리 말해서 성공한 투자자가 되려면 감정을 철저히 통제하면서 게임에만 집중해야 한다. 이것은 다른 분야에서 성공하는 사람에게도 마찬가지일 것이다.

출생 1936년 미국 뉴욕

학력 1957년에 프린스턴 대학교에서 철학을 공부했고, 뉴욕 대학교 의과대학에서 수학했으나 졸업은 하지 않았다.

경력 아이칸은 1961년에 월가에 입성했다. 첫 직장은 드라이퍼스 앤드 컴퍼니(Dreyfus & Company)였는데, 투자상담사로 근무했다. 32세에 위험차익 거래와 옵션 트레이딩 전문 기업인 아이칸 앤드 컴퍼니(Iahn & Co. Inc.)를 설립했다.

1978년에 개별 회사에 대한 실질적인 통제권을 행사하는 포지션을 사들이기 시작했다. 금속, 부동산, 소비재 등 다양한 사업에 투자하는 다각화된 상장지주회사인 아이칸엔터프라이즈(Icahn Enterprises)의 설립자이자 대주주다.

투자 철학 아이칸은 전 세계적으로 가장 유명하며 크게 성공한 행동주의 투자자다. 하지만 그의 투자는 역발상 가치 투자에 뿌리를 두고 있다. 아이칸의 전략은 파산해 아무도 거들떠보지 않는 자산에 투자하는 것인데, 이러한 자산을 재정비해 시장에서 다시 인기를 되찾을 때 파는 방식으로 투자한다. 회사의 주가와 자산의 실제 가치에 차이가 발생하는 이유를 알아보려면 기업 구조 및 운영 상태를 조사하게 된다. 이런 경우 '십중팔구 경영진의 문제'에서 이러한 차이가 발생하는 것을 볼 수 있다고 그는 설명한다. 가치 실현에 필요한 단계를 거치기 위해 공개 제안, 대리 경쟁, 경영진의 책임(accountability) 요구 등을 시행한다. 기업을 평가할 때에는 비용 보상(replacement cost), 폐기가액(break-up value), 현금흐름과 수익 창출력, 청산 가치를 검토한다.

그는 롱숏 전략(long-short equity), 은행 부채, 기업 의무(corporate obligation), 옵션, 스와프 등 거의 모든 시장 도구를 동원해 투자를 운용한다. 그는 컨센서스 사고는 일반적으로 맞지 않다고 생각한다. 아이칸은 "추세를 따라가면 모멘텀이 항상 당신에게 무너져 내릴 것"이라고 말한다. 행동주의 투자자에 대한 일반적인 견해와 달리, 그는 장기 투자자에 가깝다. 자본 구조, 경영 및 자산에 대한 최고의 장기 소유자를 찾는 것을 가장 중시한다.

기타 아이칸엔터프라이즈는 수입이 약 200억 달러이고 자산 규모는 300억 달러에 가깝다. 2008년에 아이칸 리포트(Icahn Report)를 설립해, 주주의 권리를 옹호하고 실적이 부진한 기업의 경영진과 이사진을 개편할 것을 권고했다. 그는 다양한 방식으로 수년간 여러 기업의 포지션을 손에 넣었는데, 변화를 유도해 더 높은 가치 평가를 이끌어내는 데 실패한 적이 거의 없다. 아이칸의 손을 거친 유명 기업 중에는 RJR 나비스코, 텍사코(Texaco), TWA, 필립스패트롤(Phillips Petroleum), 웨스턴유니언(Western Union), 걸프 앤드 웨스턴(Gulf & Western), 비아컴(Viacom), 블록버스터(Blockbuster), 타임워너(Time Warner), 야후, 모토로라와 델(Dell) 등이 포함되었다. 아이칸은 타임워너에 3.3퍼센트의 지분이 있었는데, 무려 343페이지 분량의 제안서를 공개해 경영진을 공격했다. 2013년에 《포브스》는 그의 순자산을 약 203억 달러로 추산했는데, 이는 전 세계 부호 중 8위다. 그는 아이칸자선재단(Icahn Charitable Foundation)을 통해 다양한 자선 활동에 참여하며, 특히 아동 복지, 교육, 의료 사업에 관심이 많다.

출처: 칼 아이칸; 아이칸엔터프라이즈; 아이칸 리포트; 위키피디아.

33

켄트 자네르

(KENT JANER)

스웨덴

성공한 투자자는 두 가지 중요한 능력이 있다. 하나는 흥미로우면서도 수익성이 높을 것 같은 투자 대상을 알아보는 안목이다. 이는 매크로 경제의 발전, 주식 또는 다른 투자에 대한 신중한 분석이 뒷받침된 것이다. 시장 평가(market valuation)가 분석 결과보다 너무 높거나 낮으면 상황은 꽤 흥미로워진다. 이렇게 차이가 나는 이유를 알 수 있을 때는 좋은 거래를 찾을 가능성이 커진다. 하지만 이유가 불분명하면 위험이 큰 것이고, 자신의 평가에 뭔가 누락되거나 오류가 있을 가능성이 크다. 시장 가격은 미래에 대한 예측을 기반으로 하지만, 미래에 대한 예측은 우리 대다수가 생각하는 것보다 훨씬 불확실하다. 지금

당장 합리적으로 보이는 특정 시나리오를 받아들여 거기에 자신을 가두는 것은 불안을 처리하기에 좋은 방법이 아니다. 여러 가지 가능성 있는 향후 시나리오를 고려하되 발생 가능성을 서로 비교하면서 고민하는 편이 낫다. 시장 가격은 이러한 시나리오에 관한 합리적이고 균형 잡힌 평가를 반영해야 한다. 새로운 정보가 끊임없이 쏟아져 나오므로 시간이 지나면 자신의 평가를 돌아보고, 그에 따라 합리적이라고 여겼던 시장 가격도 조절해야 한다.

성공한 투자자의 두 번째 능력은 위험을 인지하고 대처하는 능력이다. 이는 주로 투자에서 심각한 손실을 초래할 가능성을 줄이는 것을 가리킨다. 최악의 결과는 손실이 너무 커서 더는 새로운 투자를 시도할 수 없거나 시도할 마음조차 사라지는 것이다. 이런 상황을 초래할 위험은 아예 감수하지 않도록 한다. 자신이 어떤 위험에 노출되어 있는지 판단한 다음, 자신이 기꺼이 위험을 감당할 의사가 있는지, 그리고 보험 등의 보호 수단을 마련해야 할 특정 위험이 있는지 결정해야 한다. 많은 경우에 예상치 못한 상황이나 거시경제 쇼크에 대비해서 일반적인 수준의 보험을 마련해 두는 것이 좋다. 물론 보험료는 적정 수준을 넘지 않아야 한다. 위험을 측정하는 데 수학적 모형이 유용할 수 있지만, 금융 시장에 대한 실질적 경험이 뒷받침되어야 한다. 모형은 어디까지나 현실을 단순화한 것에 불과하므로, 과도하게 모형에 의존하는 것은 바람직하지 않다. 좋은 판단력과 상식은 종종 중요하지 않은 자질로 여겨지지만, 현실에서는 이 두 가지 요소가 매우 중요하다.

변화가 끊이지 않는 세상에서 투자자로서 장기간 위험 조정 고수익률을 원한다면, 금융 이론을 알아야 하고 거시경제 구조와 관계, 정치학, 중앙은행의 금융 정책도 파악해야 한다. 반드시 전문가 수준의 지식을 갖추어야 하는 것은 아니지만, 폭넓은 지식을 갖추지 못하면 시야가 좁아진다. 현실은 하루가 다르게 바뀌므로 과거에 성공을 보장했던 요소나 역학 관계는 금방 유명무실한 것이 되어버린다. 그러므로 같은 투자 방식을 고집하거나 같은 대상에 반복 투자하는 것은 어리석은 일이다.

부지런히 노력하는 태도와 일에 대한 열정은 성공에서 매우 중요한 요소임을 기억하라.

출생 1961년 스웨덴 라이스발

학력 스톡홀름 경제학교(Stockholm School of Economics)를 1984년에 졸업했다.

경력 학교를 졸업한 후 첫 번째 직업은 스벤스카 한델스 은행(Svenska Handelsbanken, 스웨덴 2위의 은행-옮긴이)에서 공채를 담당하는 시장조성자(market maker)였다. 2년간 근무한 후에 런던에 있는 씨티코프(Citicorp)로 이직해 비슷한 업무를 맡아 영국의 우량 채권을 취급했다. 1989년에 스웨덴 은행인 JP 은행으로 자리를 옮겨 채권과 은행 투자 전략 업무를 맡았다. 1998년에 넥타(Nektar Asset Management)라는 헤지펀드를 설립하고, 회사 초기부터 지금까지 투자 책임자를 맡았다. 지금은 이사회 의장도 맡고 있다.

투자 철학 넥타는 유럽에서 2000년 이후 10여 년간 수익률이 무척 높은 헤지펀드 중 하나로 손꼽힌다. 시장 중립 펀드로서 다양한 금융 상품 비교에서 발견되는 가치 평가 오류(misvaluation)를 추적하는데, 이는 위험 관점에서 이득이 된다. 포지션은 (저성장, 고인플레이션, 높은 변동성 등의) 거시경제 주제를 기반으로 할 수도 있다. 넥타의 강조 대상은 이자율 시장이다. 펀드는 일반적으로 수백 개가 넘는 포지션을 보유하고 있으며, 특징은 상대적인 위험이 낮다는 것이다.

기타 자네르는 1992년에 스웨덴 화폐 크로나화가 하락할 때 투자해 큰 성공을 거둔 투자자 중 한 사람으로 유명해졌다. 2013년 기준 넥타는 40억 달러가 넘는 자산을 운용하고 있다. 자네르는 수년간 여러 가지 국제적인 상을 받았는데, 특히 《헤지펀드 리뷰(Hedge Funds Reviews)》에서는 3년 연속으로 넥타를 최근 10년간 유럽에서 최고의 시장 중립 펀드로 선정했다. 자네르는 스톡홀름 금융연구소 과학자문위원회의 회원이다. 그의 취미는 심해낚시다.

출처: 켄트 자네르; 넥타 자산운용사.

34

라케쉬 준준왈라
(RAKESH JHUNJHUNWALA)

인도

그가 강조하는 투자의 십계명을 정리하면 다음과 같다.

1. 낙관주의자가 되어라. 낙관주의는 성공 투자자의 필수 요건이다.
2. 현실적인 수익을 기대하라. 두려움과 욕심 사이에서 균형을 잡을 줄 알아야 한다.
3. 다양한 매개변수를 폭넓게 고려하고 큰 그림을 보면서 투자하라. 투자는 지성에 근거한 것이 아니라 지혜를 반영한 행동이어야 한다.
4. 캐비앳 엠프토르(Caveat emptor, 매수자 위험 부담 원칙). 위험이라

는 단어를 항상 잊지 않도록 하라.

5. 절제할 줄 알아야 한다. 게임 플랜을 미리 마련하는 것이 좋다.
6. 유연한 사고를 지향하라. 투자는 언제나 가능성을 논하는 영역이기 때문이다.
7. 역발상 투자가 투자의 정석은 아니지만, 완전히 배제할 대상도 아니다.
8. 중요한 것은 무엇을 사느냐다. 얼마에 사느냐보다 무엇을 사느냐가 더 중요하다.
9. 확신을 하되, 기다릴 줄 알아야 한다. 인내심이 시험받는 순간이 있더라도 언젠가 확신에 대한 보상이 있으리라 생각하라.
10. 수익이나 손실에 휘둘리지 말고 독립적인 결정을 내려라.

출생 1960년 인도 뭄바이

학력 1985년에 시드넘 대학(Sydenham College)을 졸업한 후에 공인회계사가 되었다.

경력 그는 학교를 졸업하고 곧바로 투자를 시작했다. 몇 년간 좋은 성과를 얻은 후에 레어엔터프라이즈(Rare Enterprise)라는 주식 트레이딩 기업을 설립했다. 지금도 이 회사의 CEO이자 단일 주주다. 그밖에도 국내(인도) 다수의 상장 기업 및 비상장 기업의 이사직을 맡고 있다.

투자 철학 준준왈라는 트레이더 겸 장기 투자자다. 장기 투자를 유지하기 위해 외부 경쟁에서 우위에 있으며 확장성과 우수한 경영진을 갖추고 투자 기간에 EVA(기업이 벌어들인 이익에서 기업 자본을 조달하는 데 소요된 비용을 빼고 남은 것)가 마이너스로 떨어지지 않는 기업에 집중적으로 투자한다.

그는 회사의 자본 증가에도 관심이 많다. 그는 잠재력이 큰 중소기업을 사들이는 것을 좋아한다. 이런 회사는 기관 보유 지분이 낮고 리서치가 제대로 이루어지지 않으며 주변에서 비관적으로 바라보는 사람이 많은데, 준준왈라는 오히려 이런 기업에 흥미를 느낀다. 하지만 그는 지나치게 깊이 분석하지 않으려고 조심하는데, 한 인터뷰에서 이 점에 관해 이렇게 설명했다. "나는 지나치게 깊이 있는 분석은 필요 없다고 생각한다. 그런 분석에 정신이 팔리면 투자자는 아무것도 하지 못하고 얼어붙게 된다. 상식만 갖추면 된다."

그의 단기 트레이딩은 조지 소로스의 트레이딩 전략과 마크 파버의 경제사 분석에서 얻은 교훈에 크게 영향을 받았다. 그는 '추세가 나의 가장 좋은 벗'이라는 경험을 통한 원칙을 중시한다. 레버리지를 자주 사용하며 인도 시장에서 위험을 기꺼이 감수하는 투자자라는 평을 얻고 있다.

기타 그는 인도 최초로 투자자 출신의 억만장자가 되었다. 지금까지 트레이딩으로 가장 많은 이익을 얻었다. 100달러로 시작했으나 28년간 연평균 수익률 75퍼센트를 유지하고 있다. 물론 그동안 인도 시장이 눈부신 발전을 거듭한 것(연간 25퍼센트)은 사실이다. 그렇지만 준준왈라의 수익률이 시장 성장률보다 세 배 이상 높다. 몇 가지 윤리적 규칙과 투자 규칙을 직접 만든 후에 이를 엄격히 따르는 것을 중시한다. 그중 하나는 "남에게 빌린 지식에 기반해서는 돈을 벌 수 없다"라는 규칙이다.

그는 재산의 4분의 1을 기부하기로 했다. 최근에는 경주마 20마리에 푹 빠져 지내고 있다. 트레이딩 사무실에는 유명 투자자들의 명언이 곳곳에 장식처럼 붙어 있다.

출처: 라케쉬 준준왈라; indiatimes.com; 위키피디아.

35

—

강방천

(KANG, BANG-CHUN)

한국

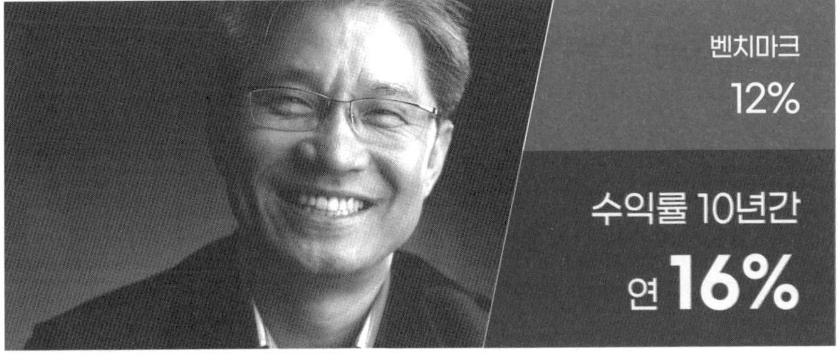

변화를 주목하라. 나는 투자 결정을 할 때 인구 통계, 소비 동향, 인프라 등의 비즈니스 환경을 중요하게 생각한다. 요즘은 그중에서도 리더십 구조와 산업 구조의 변화를 예의주시하고 있다. 전 세계에서 중국의 경제적·정치적 영향력이 확대됨에 따라 세계 패권이 달라지고 있다. 1930년대에 경제 주도권이 영국에서 미국으로 넘어간 것은 구조적인 리더십 변화의 대표적인 사례다. 산업 구조도 적잖은 변화가 일어나고 있다. 산업혁명은 사회 전반을 크게 바꿔놓았으며 산업혁명의 시작은 근대 산업 사회가 도래했음을 알리는 신호탄이었다. 그러나 관련 산업의 효율성과 수익성은 점진적으로 하락하고 있다. 이제는 친환경 에너지, 모바일 혁명과 같이 새로운 산업이 등장할 시기가 된 것이다.

각 산업에서 일등 기업이 누구인지 주목하라. 모든 산업은 호황과 불황을 반복하기 마련이다. 나는 이렇게 호황과 불황이 반복되는 과정에서 끝까지 살아남을 위대한 기업이야말로 각 산업의 일등 기업이라고 생각한다. 비즈니스 환경도 끊임없이 달라진다. 역동적인 각 산업의 일등 기업은 변화에 능동적으로 적응해 자신의 시장 지배력을 강화한다. 우리는 이러한 일등 기업과 반드시 함께해야 한다.

투자 아이디어는 일상생활로부터 얻어지며 그 삶 속에서 경험하고 소비되는 것들을 주목해야 한다. 즉, 사람들이 평소에 흔히 접하는 정보나 경험들을 곰곰이 생각하고 따져봐야 한다. 그렇게 하면 일상생활에서 숨겨진 가치를 언제든지 찾아낼 수 있다. 단순한 소비 활동을 할 때도 한 걸음 더 나아가 '왜 그럴까?'라고 생각해 보라. 예를 들면, 내가 왜 이 물건을 사려고 돈을 내는 것이며, 이 회사의 비즈니스 모델이 어떻게 돈을 벌게 해주는지 생각해 보는 것이다. 이러한 꼬리를 무는 상상력을 반복해 간다면 우리 일상 속에서 숨겨진 위대한 기업들을 찾아낼 수 있을 것이다.

출생 1960년 한국 시골 태생(전남 신안군 암태면)

학력 1987년에 한국외국어대학교를 졸업했으며 경영정보학을 전공했다.

약력 강방천 회장은 1987년에 SK증권에서 본격적으로 투자 전문가로 활동하기 시작했다. 이후에 쌍용투자증권, 동부투자증권에서 펀드 매니저로 일했다. 1999년에 39세의 나이로 '에셋플러스투자자문사'를 설립했으며, 이는 현 '에셋플러스자산운용'이 되었다. 현재까지 이 회사의 회장직을 맡고 있다.

투자 철학 한국에서 유명한 가치 투자자이며 주식에만 투자한다. 벤저민 그레이엄과 워런 버핏에게 많은 영향을 받았다. 견고하고 강건한 비즈니스 모델을 중요시하며 인내심 있는 장기 투자를 고집한다. 전통적인 가치 투자자들이 그러하듯, 강 회장은 주식을 위대한 기업의 주인이 되는 '동반자 티켓'이라고 생각한다. 즉, 주식 투자는 기업의 동반자로서 사업을 함께 하는 것이고 이것이 바로 주식의 본질이라고 주장한다.

기타 한국에서 다수의 상을 받았다. 1997년 한국의 외환위기 당시에 인내심 있는 장기 투자로 큰 수익을 올린 것이 가장 두드러진 성공 사례로 손꼽힌다. 시간이 날 때마다 자전거를 타는 등 건강한 취미를 가지고 있다.

출처: 강방천, 에셋플러스자산운용.

36

마크 킹던

(MARK E. KINGDON)

미국

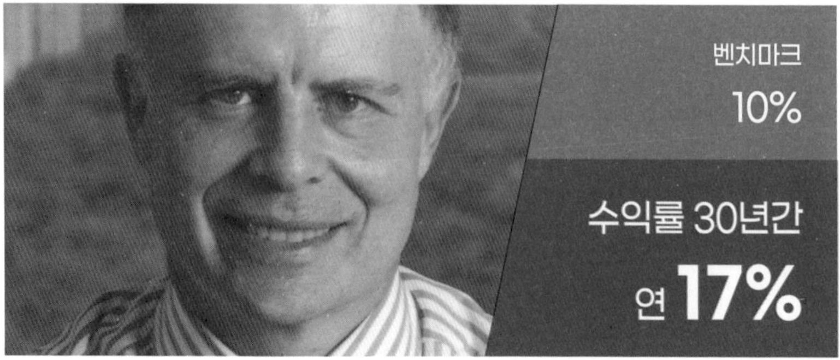

- 손실을 줄이고 이익이 계속 증가하게 만들어라.
- 상황이 순조로울 때는 자신이 꽤 똑똑하다고 생각할 수 있다. 하지만 현실은 자신이나 남들이 생각하는 것만큼 똑똑하지 않다. 시장 상황이 불리할 때에는 본인이 굉장히 우매한 것처럼 느껴지지만 사실은 그렇지 않다.
- 투자 운용은 올바른 관점을 유지하는 한, 즐거운 일이 될 수 있다. 물론 쉽지 않은 일이다. 가족과 지역사회 봉사활동을 우선으로 하는 균형 잡힌 생활을 유지한다면 더 행복해질 것이고, 결국 더 좋은 투자자가 될 것이다.

출생 1949년 미국 뉴욕

학력 킹던은 컬럼비아 대학교에서 경제학을 전공했으며 1973년에 하버드 경영대학원에서 MBA를 받았다.

경력 그의 첫 직장은 AT&T의 연금 기금이었다. 2년 후에 센추리 캐피털 어소시에이츠(Century Capital Associates)라는 헤지펀드로 이직해 GP(general partner)가 되었다. 34세에 킹던 캐피털 매니지먼트(Kingdon Capital Management)를 설립하고 지금까지 대표이자 이사회 임원, 아시아 및 신흥 시장과 기술 부문 책임자로 일하고 있다.

투자 철학 킹던은 글로벌 상향식 및 하향식 헤지펀드 투자자다. 그는 펀더멘털 분석과 기술 분석을 모두 사용하며, 주식, 채권, 통화, 상품, 신용 등 폭넓게 투자하고 있다. 전반적으로 글로벌 주식이 포트폴리오에서 가장 큰 부분을 차지한다. 주식 시장에 투자할 때에는 성장 투자자에 가까운 모습을 보이는데, 이익 모멘텀을 가장 중요하게 생각하지만 대차대조표를 아예 무시하는 것은 아니다. 그러나 투자 심리가 맞아야 한다. 조직은 손실을 줄이는 것이 중요한데, 포지션의 유동성과 매도 목표도 마찬가지다. 그밖에 목표 포지션에 대한 시장의 관점도 매우 중요한 사안이다. 이는 필수적인 변수를 감시하고 다른 투자자들보다 한발 앞서나가는 데 꼭 필요하다. 하지만 킹던이 생각하는 자신의 장점이자 경쟁력은 펀더멘털 리서치다. 그의 펀드는 200개가 넘는 포지션을 보유하고 있으며 평균 보유 기간은 1년 미만이다. 그는 대체로 레버리지를 사용하지 않는다.

기타 킹던은 약 40억 달러의 자산을 운용한다. 고등학교 시절에 그는 이미 투자 뉴스레터를 발간하기 시작했다. 컬럼비아 대학교 이사회, 할렘 칠드런스 존(Harlem Children's Zone, 교육 분야의 NGO-옮긴이), 뉴욕 경찰 재단, 미국 사회과학연구위원회, 카네기홀 이사회에 소속되어 있다. 2003년에 기관 투자자/대체 투자 뉴스 평생 공로상(Institutional Investor/Alternative Investment News Lifetime Achievement Award)을 받았다. 그는 요가, 필라테스, 태권도로 심신을 수련한다.

출처: 마크 E. 킹던; 킹던 캐피털; 킹던 어소시에이츠 펀드(Kingdon Associates Fund); 위키피디아.

37

세스 클라만
(SETH A. KLARMAN)

미국

가격은 건전한 투자 의사 결정에서 가장 중요한 기준이다. 모든 증권이나 자산은 특정 가격에 '매수'되며 더 높은 가격에 '보유'되고 거기서 가격이 더 올라가면 '매도'된다. 하지만 모든 자산군에서 대다수 투자자가 단순함, 장밋빛 전망, 순조로운 진행을 선호한다. 주가와 관계없이 최근에 잠깐 뒤처진 것보다는 실적이 우수한 것이 더 인기가 높다. 그리고 비어 있거나 인기가 없는 건물이 더 실속 있고 안전한 투자인 경우가 있는데도, 수리가 필요한 건물보다 이미 꽉 채워진 건물을 더 선호하는 경향이 있다. 사실 투자자가 기존의 관행을 고수한다고 해서 별다른 불이익을 받지는 않기 때문에 남들이 선호하는 자산에 투자하는 것은 위험을 낮추는 전략으로 간주할 수 있다. 하지만 기존 관행에 안주하면 높은 실적은 기대하기 힘들 것이다. 투자 실적에 대한 평가가 빈번히 이루어지며 상대적인 평가를 당하기 때문에 대다수 투자자는 잠시도 쉬지 않고 투자에 매달린다.

그들은 투자를 일종의 게임처럼 여기며 고객이 힘들게 번 돈이 위험해질 수 있다는 점을 깊이 생각하지 않는다. 하지만 잠시도 쉬지 않고 계속 투자하라고 요구하는 것은 투자자의 도구함에서 가장 중요한 도구인 '미래에 발생할지 모르는 아주 좋은 기회를 참을성 있게 기다리는 능력'을 아예 없애버리는 것과 같다. 사실 투자자가 잠재적인 투자의 장점을 이용할 기회를 놓칠까 봐 전전긍긍하다 보면, 가치 평가가 확대되는 바로 그 시점에 큰 폭으로 하락하는 위험에 노출될 수 있다. 신중하게 투자하려면 수익에 연연하는 만큼 위험에도 신경을 써야 한다. 하지만 시시각각 변하는 시장에서는 수익을 창출하라는 압력이 가장 크게 다가와서 위험에 신경 쓸 여력이 없을 수 있다.

주가가 하락할 때 매수해야 한다. 상승장보다는 하락장일 때 매수 가능한 주식이 훨씬 많고 매수자 간 경쟁도 피할 수 있다. 너무 늦는 것보다는 차라리 너무 이른 편이 훨씬 낫다. 하지만 매수한 종목의 가격 하락에도 대비해야 한다.

출생 1957년 미국 뉴욕

학력 코넬 대학교 경제학과를 졸업했으며 1982년에 하버드 경영대학원에서

MBA를 받았다.

경력 클라만의 첫 근무지는 뮤추얼 쉐어 펀드((Mutual Shares Fund)였다. 뮤추얼 펀드는 현재 프랭클린 템플턴 인베스트먼트에 흡수되었다. 그는 맥스 하이네(Max Heine)와 마이클 프라이스라는 유명한 투자자 밑에서 일했다. MBA를 받은 후에 바우포스트 그룹(Baupost Group LLC)을 설립했으며, 현재 대표 겸 포트폴리오 매니저를 맡고 있다.

투자 철학 클라만은 위험 회피형 가치 투자자이며 전 세계 여러 나라의 공공 자산과 개인 자산에 포지션을 가지고 있다. 전통적인 가치주는 물론이고 부실 채권, 청산, 해외 주식이나 채권과 같이 소수의 투자자만 관심을 두는 투자 종목에 이르기까지 매우 폭넓게 투자한다. 특히 유동성이 낮고 복잡한 자산을 전문적으로 다루는데, 이 부문은 투자자 간 경쟁이 낮은 편이다. 그가 중시하는 지표 중 하나는 청산 가치다. 복잡한 파생상품, 풋옵션과 그밖의 복잡한 도구를 투자에 사용할 때도 있다. 헤지펀드를 운용하지만, 주식 공매도는 거의 시도하지 않으며 레버리지도 하지 않는 편이다. 그는 위험을 낮추는 데 매우 집착하며 투자 포트폴리오에 상당히 많은 현금을 보유하는데, 때로는 현금 보유가 50퍼센트 이상을 기록한다. 전체 포트폴리오에서 주식 투자는 아주 적은 부분에 불과하다. 바우포스트의 운영을 한마디로 요약하자면, 과잉 반응으로 인한 '주가의 괴리(mispricing)'라고 할 수 있다. 그는 전통적인 장기 지향적 분석은 너무 단순하고 지나치게 낙관적이며 엉성하기 짝이 없는 것이라고 생각한다.

기타 현금 비중이 높다는 면에서 그의 전략은 매우 특이하다. 그런데도 꾸준히 높은 수익률을 유지하고 있다. 2013년을 기준으로 이전 10년간 바우포스트는 S&P 500보다 연간 15퍼센트 높은 실적을 보였다. 위험 조정 수치는 매우 놀라운 수준이다. 그가 운용 중인 240억 달러의 자산을 고려하면 놀라움은 더 커질 것이다. 한번은 고객에게 보낸 서한을 통해 자신은 단 1년 만에 가장 높은 성과를 내는 펀드가 되고 싶지 않다고 밝혔는데, 아마 업계에서는 매우 독특한 발언으로 평가되었을 것이다. 1991년에 출간한 『Margin of Safety: Risk Averse Investing Strategies for the Thoughtful Investor(안전마진: 사려 깊은 투자자를 위한 위험 회피 전략)』은 지금까지도 가치 투자의 기본서로 여겨진다. 크게 주목받는 사람은 아니지만, 하버드 경영전문대학원에서 가치 투자를 전문적으로 강의하며 다양한 자선 활동에 참여하고 있다. 야구와 경마를 매우 좋아한다.

출처: 세스 클라만, 『Margin of Safety: Risk Averse Investing Strategies for the Thoughtful Investor』(1991); 세스 클라만이 바우포스트 고객에게 보내는 서한, 2005년, 2008년, 2010년; 《블룸버그 비즈니스위크 (Bloomberg BusinessWeek)》, 2010년 6월; 위키피디아.

38

에드워드 램퍼트
(EDWARD LAMPERT)

미국

일반적으로 예측이라는 개념은 투자와 비즈니스에 핵심적이다. 우리는 기회가 명백하게 모습을 드러낼 때까지 마냥 기다릴 수 없다. 그러므로 이렇게 생각해봐야 한다. '다른 사람들과 기업은 특정 상황에서 이렇게 대처했다. 이제 전혀 새로운 상황이 발생했는데, 이 경영진은 어떻게 대처하려고 할까?'

다른 투자자와 기업에 한 가지 당부하고 싶은 점은 대규모 장기 투자자를 확보하면, 그 기업을 오랫동안 운영할 능력이 생긴다는 것이다.

재무제표가 투자자와 경영진에게 유용한 도구라기보다는 방해만 될 뿐이라고 비판하는 목소리가 있다. 이런 주장을 반박하고 재무제표가 중요한 자료임을 설득하는 데에는 너무 많은 시간과 노력이 소모된다.

출생 1962년 미국 뉴욕

학력 1984년에 예일 대학교에서 경제학 학사 학위를 받았다.

경력 졸업 후 골드만삭스에서 인턴으로 일하기 시작했다. 워런 버핏이 주주들에게 보내는 편지에 감명받은 나머지 골드만삭스의 위험차익 거래 부서(risk arbitrage department)를 떠나서 1988년에 ELS라는 헤지펀드를 세웠다. 당시에 그는 26세였다. 지금도 회장 겸 CEO를 맡고 있다.

투자 철학 램퍼트는 자신을 '공격적인 보수적' 투자자라고 말한다. 일각에서는 그를 가리켜 '집중 가치' 투자자라는 표현을 사용한다. 투자자와 기업인이라는 두 가지 역할을 동시에 한다는 면에서 독특한 헤지펀드 매니저라고 할 수 있다. 무엇보다도 그는 거대한 소매점 브랜드인 시어스의 CEO 겸 회장이다. 시어스는 ELS에서 가장 큰 부분을 차지하며 전체 자산의 3분의 1 이상을 차지한다. 램퍼트는 지나치게 저평가된 기업을 찾는 데 주력하며, 경영 상태가 좋지 않으나 적절한 변화를 통해 수익을 크게 높일 수 있는 기업을 선호한다. 따라서 그는 경영진과 매우 긴밀하게 소통하며, 투자는 열 건 미만을 유지한다. 그는 자신이 투자한 종목을 대부분 수년 이상 보유하고 있다.

램퍼트의 투자 스타일을 유지하려면 비교적 단기 투자를 즐기는 사람에 비해, 비즈니스와 기업 경영진 및 기업의 가치에 대해 세부적인 지식을 갖춰야 한다. 대량 현금 생성이 가능하며 손쉽게 파악할 수 있는 성숙한 기업을 선호한다. 과거의 실적은 기업의 질적 수준의 척도로 삼기에는 상당히 과장된 부분이 많다고 생각한다. 투자할 때 가장 중요시하는 것은 기업이 수익을 극대화하기 위해 자본을 할당하는 방법이다. 램퍼트는 1997년에 소매 투자를 시작한 것치고는 이 분야에서 크게 두각을 드러낸다. 그의 공매도 전략에 대해서는 알려진 바가 없다.

기타 그는 수년간 워런 버핏을 주의 깊이 연구했다. 버핏이 몇 가지 투자를 하기 전에 내놓은 몇 년 치 연례보고서를 모두 검토했다. 버핏의 입장이 되어 보면 왜 그런 투자 결정을 내렸는지 이해할 수 있을 것이라고 생각한 것이다. 그래서 '새로운 워런 버핏'이라는 별명까지 얻었다. 그는 케이마트와 시어스를 합병해 시어스홀딩스(Sears Holdings)라는 기업을 탄생시켰다. 케이마트의 파산 기간에 부채를 매입하고 비용을 절감해 직원 3만 4000명을 감축하는 방식으로 케이마트를 손에 넣었다. 케이마트는 미국에서 세 번째로 큰 할인 체인점이며 당시 매출액은 200억 달러가 넘었다. ELS에서 운용하던 자산 규모는 100억 달러였으나 시어스의 실적이 부진한 탓에 25억 달러로 감소했다. 램퍼트의 2004년 수입은 10억 2000만 달러로 추산되며, 월가 최초로 1년 만에 10억이 넘는 수익을 벌어들인 재무 관리자가 되었다. 2013년에 《포브스》는 램퍼트의 개인 자산이 290억 달러일 것으로 추산했다. 2003년에 납치를 당했지만, 납치범을 설득해 이틀 만에 풀려나는 일도 있었다.

출처: 에드워드 램퍼트; CNNMoney; 블룸버그; 시어즈가 주주에게 보내는 연례 서한, 2008년; 써드 애비뉴 매니지먼트(the Third Avenue Management)의 투자자 컨퍼런스 겸 오찬, 2003년 11월 18일; 《비즈니스위크》, 2007년; 위키피디아; online.wjs.com, 실적은 추정 수치로 표시하였다.

39

제시 리버모어
(JESSE LIVERMORE)

미국

• 흘려들은 정보에 따라 결정하지 않는다.

• 한동안 주가가 높았다가 크게 떨어졌다는 이유만으로 해당 주식을 매수하지 않는다.

• 주식이 제대로 움직이지 않으면 아예 건드리지 말아야 한다. 정확히 뭐가 잘못된 것인지 말할 수 없다면, 그것이 어느 방향으로 가고 있는지도 모른다는 뜻이다. 진단이 없으면 예후를 알 수 없다. 예후를 알 수 없는 것은 수익을 기대할 수 없다.

• 손실을 볼 때 시장을 탓하지 않는다. 손실이 발생하는 포지션은 추가하지 않는다. 그런 포지션은 당신의 선택이 잘못되었다는 뜻

이다.

- 매수할 엄두가 안 날 정도로 주가가 너무 높거나, 매도하면 안 될 정도로 주가가 너무 낮은 상황은 존재하지 않는다. 첫 거래로 수익이 나기 전까지 두 번째 거래를 보류하는 것이 좋다.
- 손실을 보이는 것은 매도하고 수익을 보이는 것은 보유한다.
- 절대 주가와 싸우지 마라. 어떻게든 수익을 되돌릴 방법을 찾으려 하지 말고, 손실을 인정하고 중단하라.
- 주식 시장에는 한 가지 관점만 존재한다. 그것은 강세론도 약세론도 아니고 시장을 정확히 꿰뚫어 보는 관점이다.
- 투자자의 가장 큰 적은 내면에서 스며 나오는 지루함이다.
- 투자로 생계를 유지하려면 자기 자신과 자신이 내린 판단을 믿어야만 한다.
- 황소도 곰도 돈을 벌지만, 돼지는 도살당하고 만다(강세장에 투자한 사람과 약세장에 투자한 사람 모두 수익을 거둘 수 있지만, 탐욕에 눈이 멀어 방향성 없이 투자하는 사람은 손실을 본다는 뜻—옮긴이).
- 시장은 결코 틀리는 법이 없다. 틀리는 것은 사람의 의견이다.

출생 1877년 미국 매사추세츠주 슈루즈베리(1940년 사망)

학력 고등학교를 중퇴했다.

경력 리버모어는 농장에서 유년 시절을 보냈다. 14세에 어렵게 보스턴으로 터전을 옮겼고, 그곳에서 패인웨버(Paine & Webber)라는 증권 브로커 회사에 일자리를 얻었다. 주가의 흐름을 공부한 후에 가격 변동(price fluctuation) 거래를 시작했다. 2년 후에 직장을 그만두고 직접 증권 브로커로 나섰다. 그는 20대에 뉴욕으로 이사한 다음 주식과 상품 시장에 투자했다. 이후의 37년간 연수익률 55퍼센트를 달성했다.

투자 철학 리버모어는 자신만의 투자 전략을 세우고 자기 자본으로 거래하는 자수성가형 투자자다. 위아래로 큰 움직임을 잡는 데 주력하는데, 오랜 기간에 걸쳐 큰 추세를 신중히 따라가며 매 순간 트레이딩하는 것을 지향한다. 그는 추세추종자라는 표현이 만들어지기 한참 전에 최초의 추세 추종자가 되었다. 리버모어가 이룩한 혁신 중 가장 중요한 것은 증권 트레이딩 전략인데, 올바른 방향으로 가고 있는 포지션의 손실을 빨리 줄여서 포지션의 크기를 키우는 전략이었다. 또한 그는 기업과 경제 전반에 대한 근본적인 분석을 기반으로 놀랄 만한 포지션을 손에 넣었다. 모든 실수는 자신의 전략을 개선할 기회로 여긴다. 실제로 리버모어는 이렇게 설명한다. “세상에서 자기가 가진 것을 전부 잃어버리는 경험은 무엇을 하지 말아야 할지 제대로 배울 기회가 됩니다. 돈을 잃지 않기 위해 무엇을 하지 말아야 하는지 알게 되면, 그때부터 비로소 어떻게 해야 투자에서 성공할지 배우는 과정이 시작됩니다. 내 말을 잘 이해했기 바랍니다. 그때부터 성공의 비결을 배우는 과정이 겨우 시작되는 것일 뿐입니다.”

기타 리버모어는 아마 역대 최대 규모의 주식 트레이더일 것이다. 가장 전설적인 투자자 중 한 사람이라는 점에는 의문의 여지가 없다. 그의 별명은 ‘월가의 큰 곰’이다. 1929년 이후의 개인 자산은 1억 달러로 추정되는데, 2013년 기준으로 20억 달러가 넘는다. 리버모어가 말한 것처럼 손에 겨우 몇 달러를 쥐고 투자를 시작했다고 가정해 보면, 37년간 연수익률 55퍼센트를 달성한 것이다. 기억력이 뛰어나고 수학을 잘하는 것으로 유명했다. 또한 방해받는 것을 매우 싫어하고 조용히 혼자 일하는 것을 좋아했다. 일례로 시장이 운영되는 시간에는 직원들이 리버모어에게 말을 거는 것이 금지되었다고 한다. 하지만 리버모어도 완전무결한 투자자는 아니다. 적어도 두 번 이상 파산한 적이 있는데, 스스로 정해둔 거래 규칙을 제대로 지키지 않은 것이 주된 원인이었다. 투자가 잘 될 때는 호화스러운 생활을 즐겼는데, 집도 여러 채였고 롤스로이스와 요트를 여러 대 소유했으며 전용 기차선로를 가지고 있었다. 『제시 리버모어의 회상』이라는 제목의 일대기는 월가에서 주식 투자의 바이블이라고 불린다. 그는 『주식투자하는 법』이라는 저서도 출간했다. 하지만 우울증으로 오랫동안 고생하다가 63세에 자살했다.

출처: 에드윈 르페브르(Edwin Lefevre), 『제시 리버모어의 회상』 (1923년); 제시 리버모어 『주식투자하는 법』 (1940년); jesse-livermore.com; 위키피디아.

40

대니얼 러브
(DANIEL LOEB)

미국

지금까지 우리가 만나본 기업 이사진은 다양한 기업의 이사회에서 받는 봉급에 의존하는 사람들이었다. 그래서 이들은 주로 정년이 될 때까지 이사회 임원의 급여와 더불어 항공기 1등급 좌석, 고급 숙박 시설, 무료 콘 비프 샌드위치를 받는 것으로 동기가 부여되는 것 같다.

나는 유동성이 적은 포지션에 투자하는 것에 매우 뼈아픈 교훈을 얻었다. 말할 필요도 없이 이런 투자는 두 번 다시 하지 않을 것이다.

우리가 100퍼센트 장담할 수 있는 것은 단 하나뿐인데, 그것은 바로 우리가 잘못된 판단을 내릴 수 있고, 모든 것에 해답이 있는 것이 아니며, 가끔 실수도 저지른다는 것이다. 하지만 자기 자신과 동료를 솔직하게 대하고, 자신이 가진 편견이나 잘못된 생각에 주의를 기울이고, 과정에 집중하고, 실수를 저지를 때에 그 이유를 파악하려고 노력하며, 의사 결정 능력을 향상하려고 노력하면서 자신을 계속 관찰한다면, 오류를 최소한으로 줄일 수 있으며 결국에는 더 나은 인간, 더 나은 투자자가 될 것이다.

출생 1961년 미국 캘리포니아주 산타모니카

학력 1984년에 컬럼비아 대학교 경제학과를 졸업했다.

경력 처음에는 E.M. 워버그 핀커스 앤드 컴퍼니(E.M. Warburg Pincus & Co.)의 변호사로 근무했다. 아일랜드 레코드(Island Records)에서 잠시 기업 개발자로 근무한 후에 뉴욕 기반의 헤지펀드인 라프터 이퀴티 인베스터스(Lafter Equity Investors)로 자리를 옮겼다. 그 후에 제프리 앤드 컴퍼니(Jefferies and Co.)라는 투자은행에서 애널리스트로 근무했다. 씨티코프의 고수익 판매 부문 부사장으로 근무하면서 업계에 대한 경험을 더 쌓은 후에, 1995년에 서드포인트(Third Point LLC)라는 헤지펀드를 설립했다.

투자 철학 러브는 헤지펀드 매니저인데, 이벤트 주도적이며 가치 기반의 전략을 구사한다고 표현하는 것이 가장 적절해 보인다. 다르게 표현하자면 민첩하고 기회를 잘 활용하며 무엇보다 상황에 매우 집중하는 스타일이다. 그는 주로 법적 요소, 규제 사항, 회계 문제를 집중적으로 분석한다. 서드포인트는 증권 외에도 기업 신용, 모기지, 상품에도 투자하는데 이러한 투자는 미국 시장에 집중되어 있다. 하지만 그리스 국채에 투자해 큰 수익을 얻은 경험이 있다. 러브는 상향식 분석 방법을 사용하며, 고위험 투자와 위험 회피 투자를 오갈 때 빠르고 결단력 있게 행동한다. 파산 관련 경험이 있으므로, 재정 상황이 극도로 어려운 기업에 투자하는 것을 좋아한다. 그는 거시경제 환경을 생각하고 시장 방향에 베팅하는 데 긴 시간을 보낸다. 또한 주주행동주의를 포트폴리오 일부로 사용하며, 2012~2013년에는 야후 이사회에 합류했다. 2013년에는 행동주의 표적으로 소니를 선택했다. 때때로 가시밭길을 갈 때도 있는데, 2008년에는 펀드 손실이 38퍼센트를 기록했다.

기타 서드포인트는 운용 자산 규모가 약 100억 달러로서, 가장 큰 헤지펀드 중 하나로 분류된다. 러브는 금융 시장에서 날카로운 비평을 하는 것으로 유명한데, 특히 다른 금융 전문가의 실적이나 행동을 공개적으로 거침없이 비판하는 편이다. 2005년 스타 가스 파트너스(Star Gas Partners)라는 미국 에너지 기업에 보내는 서한에서 이 회사의 수장 이리크 P. 세빈(Irik P. Sevin)을 '미국에서 가장 위험하고 무능한 경영인'이라고 비난했다. 그는 기금 모금 파티를 주선하고 프렙포프렙(Prep for Prep, 리더십 개발 및 영재 교육 프로그램-옮긴이)과 초당파적 정치 싱크탱크인 서드웨이(Third Way)의 이사회에 소속되어 있다. 그는 5세에 처음으로 주식에 관심을 가졌으며, 고등학교를 졸업하기 전부터 본격적으로 주식 거래를 했다. 《포브스》는 2013년에 그의 개인 재산이 15억 달러일 것으로 추산했다. 러브는 미술품 수집, 요가와 서핑을 즐긴다고 알려져 있다.

출처: 대니얼 러브; 서드포인트의 분기별 서한; 밸류워크(Valuewalk); 위키피디아.

41

피터 린치
(PETER LYNCH)

미국

기본적인 내용은 단순하고 끝이 없다. 주식은 복권이 아니다. 모든 주식은 기업과 관련이 있다. 기업은 좋은 성과를 낼 때도 있고 손실을 초래할 때도 있다. 기업이 예전보다 좋은 실적을 내지 못하면 주가는 하락한다. 반대로 기업의 실적이 좋으면 주가는 오를 것이다. 수익이 계속 증가하는 좋은 기업의 주식을 가지고 있다면 투자를 잘한 것이다. 제2차 세계대전 이래로 기업 수익은 최대 55배 증가했으며 주식시장은 60배나 커졌다. 네 차례의 전쟁과 아홉 번의 경기 침체, 여덟 명의 대통령 선출과 한 번의 탄핵이 있었지만, 이러한 성장을 막지 못했다.

자신이 선택한 모든 주식 종목에서 수익을 내야 하는 것은 아니다. 내 경험을 돌이켜 보면, 만족스러운 결과가 나오는 것은 포트폴리오의 종목 열 개 중에서 여섯 개 정도다. 이유가 무엇일까? 손실은 마이너스가 아니다. 각 주식 종목에 투자한 원금이 손실의 최대 한계다. 하지만 수익에는 최고치가 따로 정해져 있지 않다. 인생에서 주식 투자로 성공하는 경험을 원한다면, 승승장구하는 기업 몇 개에만 투자하면 된다. 거기서 나오는 수익으로 실패한 다른 투자의 손실을 충분히 상쇄할 수 있을 것이다.

나는 주식 투자가 전형적인 펀드 전문가보다 전형적인 아마추어에게 유리하다고 확신하며 지금까지 이러한 확신을 뒤흔드는 일은 한 번도 경험하지 못했다.

출생 1944년 미국 매사추세츠주 뉴턴

학력 1965년에 보스턴 칼리지를 졸업했고, 1968년에 펜실베이니아 대학교 와튼스쿨에서 MBA를 받았다.

경력 린치는 1966년에 피델리티 인베스트먼트(Fidelity Investments)에 인턴으로 취직했다. 그전에 피델리티 대표의 캐디로 일했던 것이 취직하는 데 도움이 되었을 것이다. 린치는 애널리스트를 거쳐 1974년에 리서치 책임자가 되었다. 1977년에는 마젤란 펀드(Magellan Fund)의 책임자가 되었다. 마젤란 펀드는 당시에는 작고 주목받지 못하는 회사였다. 그는 가족과 시간을 보내고 싶다며

1990년에 투자 관리자를 사임했다. 그 후로 피델리티에서 여러 가지 직위를 거쳤다. 현재는 부회장을 맡고 있다.

투자 철학 린치는 역사상 가장 걸출한 성장 지향적 주식 투자자다. 그는 몇 가지 새로운 투자법을 직접 개발했다. 가장 유명한 투자 원칙은 '자신이 아는 것에 투자하라'라는 것인데 이는 '현지 지식(local knowledge)'이라는 경제 개념으로 잘 알려져 있다. 현지 지식이란 투자자가 각종 도표를 심층 연구하는 것보다 직접 현지 매장을 둘러볼 때 더 많은 정보를 얻게 된다는 뜻이다. 또 다른 투자 전략인 PEG는 성장 대비 주식 수익률이다. 그는 합리적 가격의 성장주를 뜻하는 GAPR를 최우선시하는 투자자 중 한 사람이지만, 대차대조표가 안정적이며 우수한 경영진이 이끌어가는 기업에만 이를 적용한다. 주식 유동성에는 괘념치 않으며 중소기업을 선호한다. 그는 턴어라운드 사례와 에셋플레이(asset play, 기업 자산의 진정한 가치가 현재 주가에 반영되지 않았기 때문에 투자자 입장에서는 저렴하게 자산을 인수해 일정 수익을 보장할 수 있는 매력적인 투자 대상을 말함-옮긴이)도 좋아한다. '카멜레온'이라고 알려질 정도로 전반적으로 매우 유연한 투자 전략을 구사한다. 본사를 화려하게 꾸미느라 주주에게 돌아가야 할 수익을 갉아먹는 기업은 자신의 포트폴리오에 포함하지 않는다.

기타 13년간 부채를 만들지 않고 벤치마크보다 13퍼센트 높은 실적을 유지한 것은 뮤추얼 펀드에서 놀라운 기록이다. 특히 그 기간이 가치주가 성장주보다 실적이 더 좋은 경우라면 말이다. 린치는 마이크로소프트나 시스코처럼 시장에서 가장 주목받는 기술주에 투자하지 않았다. 그가 운용하는 동안 마젤란 펀드의 규모는 1800만 달러에서 140억 달러로 늘어났고, 그가 사임할 무렵에는 1000개가 넘는 포지션을 쥐고 있었다. 그는 주식 시장 상황이 좋지 않더라도 시장을 떠나지 말고 기다리라고 말한다. 성급하게 시장을 떠나버리면 다음 투자 기회를 놓칠 위험이 더 커지기 때문이다. 채권에서 발생하는 이자가 배당 수익보다 최소 6퍼센트 높을 때만 다른 투자에 관심을 가지라는 것이 그의 지론이다. 린치는 소위 열 배의 수익률을 내는 '텐 배거(ten bagger, 투자자들에게 꿈의 수익률로 알려진 열 배 이상의 수익률을 내는 대박 종목-옮긴이)'의 창안자이기도 하다. 펀드를 운용하던 시절에 그는 매년 700건의 연간보고서를 검토했다. 세 권의 저서를 출간했으며, 은퇴한 후에는 다양한 자선 활동에 열심히 참여하고 있다.

출처: 피터 린치, 『전설로 떠나는 월가의 영웅』(2000); 피델리티 인베스트먼트; 마젤란 펀드; 인베스토피디아.

42

미안 무하마드 만샤
(MIAN MUHAMMAD MANSHA)

파키스탄

자기자본이익률을 일정하게 유지하려고 노력하면서, 침체기에도 지속적인 수요가 있는 제품이나 서비스에 투자하는 것이 합리적이다. 투자자가 되는 것은 어려운 일이 아니지만, 탐욕과 투자를 구분하려면 많은 훈련과 절제력이 필요하다.

고객에게 가치를 제공할 수 있으며, 가격 측면에서 투자자에게 가치를 제공할 수 있는 프로젝트에 투자해야 한다. 자세히 연구하고 분석하면 이러한 프로젝트를 알아보는 통찰을 얻을 수 있다.

투자가 처음이라면 자본 수익에 대한 안목을 키우고 단기 수익과 장기 수익에 신중하게 분산 투자하라. 계절성 투자자는 힘든 시기에도 투자를 유지, 보유할 수 있어야 한다. 장기 투자는 항상 좋은 결과를 얻을 수 있다. 통상적으로 일반적인 주식은 1~2년이 장기에 해당하고, 전략적 주식은 4~5년이 적당하다.

출생 1947년 방글라데시

학력 런던의 헨던 칼리지(Hendon College)에서 회계학을 공부했다.

경력 1969년에 처음으로 직물업에 뛰어들어서 가업인 니샤트 밀(Nishat Mill)을 운영했다. 당시 그는 22세였다. 눈에 띄게 사업 성과를 높였으며 전력, 시멘트, 항공, 보험, 금융업 등에 투자해 사업을 확장했다. 그는 니샤트 그룹(Nishat Group)의 회장이며, 파키스탄 국내는 물론이고 다수의 해외 상장 기업, 비상장 기업, 조직의 회장 및 이사회 임원을 맡고 있다.

투자 철학 만샤는 주식 시장뿐만 아니라 다른 분야에서도 장기 투자자의 성향을 보인다. 그의 투자 철학은 침체기에도 안정적인 수요를 보이는 기업에 투자하는 것이다. 기업보다 시장 부문과 고객 기반을 더 중요하게 여긴다. 그의 전략은 낮은 위험을 보장하며 안전하고 성숙한 산업에 일관되게 집중하는 것이다. 만샤는 공기업, 사기업, 비상장 기업 등 관계없이 장기적 관점을 중시하며, 그가 손을 뻗는 모든 부문에서 이 투자 모형으로 항상 좋은 결과를 얻었다.

기타 현재 니샤트 그룹은 열두 개 계열사로 이루어져 있는데, 그중 여섯 개는 상장 기업이다. 만샤는 파키스탄에서 가장 큰 민간 사업체를 가지고 있으며, 수출이나 납세 규모로도 1위를 차지한다. 또한 파키스탄 최초의 억만장자이며, 개인 자산이 약 26억 달러로 파키스탄 제1의 부호다. 언론에서는 그를 '미스터 파키스탄'이라고 부른다. 사업 외에 자선 활동에도 참여하고 있으며 크리켓 경기 관람을 좋아한다.

출처: 미안 무하마드 만샤; 위키피디아.

43

로버트 메이플브라운

(ROBERT MAPLE-BROWN)

오스트레일리아

- '가치' 투자자이며, 투자 대상마다 펀더멘털을 폭넓게 분석하는 것이 매우 중요하다고 생각한다.
- 분산 투자도 중요하다고 생각하지만, 오스트레일리아에서 주식 포트폴리오를 구성할 때에는 약 30개의 개별 투자를 유지하는 것이 바람직하다고 본다.
- '가치'는 '저렴'하다는 뜻이 아니다. '가치'를 결정하려면 그 기업이 어떤 산업에 속해 있으며, 경영진의 질적 수준이 어떠한지를 살펴봐야 한다.

출생 1940년 오스트레일리아 뉴사우스웨일스(2012년 사망)

학력 메이플브라운은 1965년에 사우스웨일스 대학교 무역학과를 졸업했으며, 5년 후에 공인회계사 자격을 취득했다.

경력 그는 인터내셔널 퍼시픽 코퍼레이션(International Pacific Corporation)이라는 상업은행에 취직했는데, 이는 로스차일드 오스트레일리아(Rothschild Australia)의 전신이었다. 투자 운용 부문 책임자로 근무하다가 1984년에 퇴사했으며, 44세에 메이플브라운 애벗(Maple-Brown Abbott Ltd.)을 설립했다. 2000년까지 CEO를 맡았으며, 사망할 때까지 비상임 이사장이었다.

투자 철학 장기 상향식 가치주 선정이라는 표현이 메이플 브라운의 투자 스타일을 가장 잘 묘사한 것이라고 할 수 있다. 그는 시장이 내재적으로 효율적이지 않다고 확신했기에 불가피하게 비관주의적 분위기가 짙어지는 시기를 이용했다. 가치 평가가 좋지 않을 때 매수했다가 과도한 낙관주의가 장기간 시장을 장악할 때에 매도하는 역발상 투자를 해온 것이다. 일반적으로 메이플브라운의 투자는 주식 수익률과 장부 가치 평가는 시장보다 낮고, 대차대조표와 배당 수익률은 시장보다 높았다. 그의 주안점은 강력한 대차대조표였으며, 보고된 수익을 기본적인 현금 흐름과 상호 일치시키는 것이었다. 그는 모든 자산군에 투자했지만 주식 투자로 명성을 얻었으며, 경영진 교체를 강력히 요구할 필요가 있을 때는 쉽게 뒤로 물러나지 않았다.

기타 메이플브라운의 가치 기반 투자 철학은 오스트레일리아의 주식 시장에 가치 투자의 전통을 설립했다. 이 펀드는 현금 보유량을 평균 20퍼센트로 조정했는데, 펀드 출시 이후 벤치마크를 크게 웃도는 실적을 달성했으며, 현재 자산운용 규모는 90억 달러를 넘는다. 그는 오스트레일리아 주식 투자 포트폴리오 및 BF(balanced fund, 채권이나 주식 등에 분산 투자하는 것-옮긴이) 운용에서 장기적인 성과를 내고 있다. 1960년대에 벤저민 그레이엄에게 큰 영향을 받았다.

출처: 로버트 메이플브라운; 메이플브라운 애벗 합동연금신탁(Maple-Brown Abbott Pooled Superannuation Trust); 위키피디아.

44

하워드 막스
(HOWARD MARKS)

미국

걸출한 투자자가 되려면 다른 투자자와 다르게 생각해야 한다. 그들보다 더 뛰어난 생각을 해야 한다. 나는 이것을 '이차적 사고(second-level thinking)'라고 부른다. 대다수 투자자가 자산을 평가할 때 컨센서스 중심의 사고, 즉 일차적 사고를 거치게 된다. 일차적 사고는 금세 자산의 시가에 반영된다. 그렇기에 주가가 매우 낮아서 매수할 때와 반대로 주가가 매우 높아져서 매도해야 할 때를 분간하려면 주가를 결정하는 시장의 컨센서스를 능가하는 사고가 필요하다. 뛰어난 투자자가 되려면 많은 것을 폭넓고 심도 있게 파악해야 한다. 그중에서도 다음의 세 가지 요소는 반드시 알아야 한다.

첫째 위험이 무엇인지, 둘째 무엇이 위험을 구성하는지, 셋째 위험을 통제하는 것을 가장 우선시해야 하는 이유가 무엇인지 이해해야 한다. 투자에서 좋은 결과를 얻으려면 소위 말하는 성공 비결을 찾아서 투자하는 것도 중요하지만 실패를 최소화해 위험을 제한할 필요도 있다. 또한 투자의 성공 비결은 고수익 자산을 매수하는 것이 아니다. 상승의 여지가 있으며, 기대치가 너무 높았다는 것이 드러날 때 손실을 제한할 수 있을 만큼 충분히 낮은 가격으로 매수하는 것이 투자에서 성공하는 방법이다. 위험을 항상 의식하는 투자자는 미래를 예측할 때 여러 가지 가능한 결과를 동시에 고려한다. 또한 주식을 매수할 때에도 발생 가능성이 가장 큰 시나리오, 다시 말해서 '매수' 결정을 뒷받침하기에 충분한 근거가 되는 시나리오 하나에만 집중하는 것이 아니라 다양한 시나리오를 폭넓게 고려한다.

시장에서 군집 행동(herd behaviour)의 역할을 이해해야 한다. 감정이나 자존심은 투자 행동에 부정적인 영향을 줄 수 있으므로 이러한 영향을 잘 통제해야 한다. 실제로 투자자는 다음과 같은 점들에 유의하며 투자를 진행해야 한다.

1. 자신이 가진 지식이나 미래에 대한 예측에 한계가 있다는 것을 인정해야 한다. 특히 거시경제에 관해서는 겸손해야 한다. 그리고 자신의 한계에 따라 행동해야 한다.
2. 다수를 따르지 않고 그들이 가는 방향과 정반대 포지션을 선택한다.
3. 한동안 자신의 견해가 남들에게 어리석은 일탈 행동처럼 보일 것

이나, 그 기간이 지나면 자신의 행동이 옳았다는 점이 증명될 것이다. 지금 인기가 있고 실적이 좋더라도 본질적으로 나쁜 투자는 과감히 포기해야 한다. 그리고 아무도 매수하지 않아서 시들거리지만 사실은 저평가된 보석이 있다면 두려워하지 말고 바로 사들여야 한다.

각종 주기와 그것들의 역사에 대해 깊이 있는 이해를 갖춰야 한다. 추세가 한동안 지속되었고 앞으로도 이어질 것처럼 보이지만 그렇게 될 가능성보다는 평균으로 회귀할 가능성이 더 크다는 것을 이해해야 한다. 정치, 경제, 시장은 모두 나름의 주기가 있다. 우리는 그러한 주기에서 현재 어느 지점에 와 있는지 파악한 다음 반주기적 방식으로 행동해야 한다. 시장이 상승세일 때에 공격적으로 행동하기 쉽지만, 오히려 그럴 때 공격적인 행보를 자제해야 한다. 또한 하향세일 때에 다들 부정적이 되지만, 그럴 때 남들처럼 한껏 움츠러들어서는 안 된다. 조심하는 자세를 버리고 보다 적극적이고, 도전적으로 행동해야 한다.

투자 과정에서 경제학, 기업 재무, 회계, 금융 모형, 재무제표 분석은 핵심적인 요소인데, 일반적 지능을 가진 사람이라면 누구나 배워서 이해할 수 있는 것들이다. 이러한 기본 사항은 능숙하게 다루어야 하며, 가능하다면 전문가의 도움이 필요 없을 정도로 해박하게 알아야 한다. 기본 개념을 깊고 폭넓게 이해해야만 이러한 요소를 활용해 투자에 성공할 수 있을 것이다. 화려한 투자 실적을 원한다면 이러한 지식이 필수적으로 뒷받침되어야 한다.

출생 1946년 미국 뉴욕

학력 펜실베이니아 대학교 와튼스쿨에서 금융학을 전공했다. 1970년에 시카고 대학교 경영대학원에서 회계 및 마케팅 전공으로 MBA를 취득했다.

경력 씨티코프(Citicorp)에 16년간 근무했다. 리서치 애널리스트로 시작해서 나중에 인환유가증권(convertible securities), 고수익 증권을 담당하는 선임 포트폴리오 관리자가 되었다. 그 후에 TCW 그룹(TCW Group)으로 자리를 옮겨 부실 채권, 하이일드 채권(high yield bonds, 수익률이 높지만 신용등급이 낮은 채권-옮긴이), 인환유가증권을 맡았다. 49세에 오크트리 캐피털(Oaktree Capital)을 공동 창립해 지금까지 회장을 맡고 있다.

투자 철학 막스는 상향식 가치 투자자이며 부채에 주로 초점을 맞춘다. 오크트리 캐피털의 전략은 효율성이 낮은 시장에 투자하거나 기업 부채, 인환유가증권, 부실 채권, 부동산, 신흥 시장 주식과 같은 대체 투자를 찾는 것이다. 투자 과정에서 위험 분석이 매우 중요하게 여겨진다.

기타 오크트리 캐피털은 세계 최대 규모의 부실 채권 투자업체로 성장했으며, 보유 자산이 800억 달러에 이른다. 막스는 고객에게 메모 구독 서비스를 제공하는 것으로 유명하며, 2011년에 『투자에 대한 생각(The most important Thing)』을 출간했다. 요가를 즐기며 다이어트 계획에 따라 생활한다.

출처: 하워드 막스; 오크트리의 부실 채권 펀드 17종; 블룸버그.

45

마크 모비우스
(MARK MOBIUS)

홍콩/싱가포르

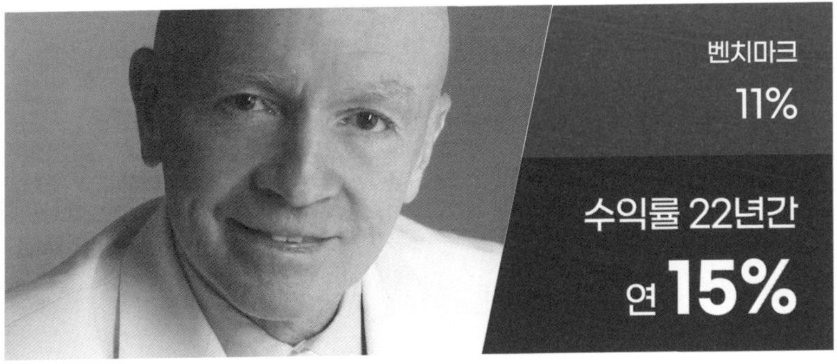

분산 투자하라. 달걀을 한 바구니에 모두 담았는데 하필 그때 문제가 생겨 모든 것을 잃을 수도 있다. 이러한 위험은 모든 투자자에게 해당하며, 그처럼 최악의 상황에 부닥칠 가능성을 줄이려면 분산 투자를 해야 한다. 분산 투자는 예기치 못한 사건, 자연재해, 경영진의 부정부패, 투자자 패닉과 같은 문제에 대한 최선의 방어책이다. 그리고 한 가지 분야나 시장에만 투자하는 것보다 모든 부문에 걸쳐 국제적으로 투자하는 것이 항상 더 좋은 결과를 낳는다. 한 국가만 연구하는 것이 아니라 전 세계를 둘러보면 저렴하면서도 좋은 투자 대상을 더 많이 찾을 수 있다. 주식 한 종목, 하나의 시장, 하나의 투자 부문이 지닌

운명에 지나치게 의존하는 일이 없기 바란다.

단기 수익을 손에 넣으려는 마음이 있더라도 장기적 안목을 가져야 하는데, 분할투자법이 도움이 된다. 시장에 대한 장기적 안목을 가지면 감정에 휘둘릴 우려가 적고 실수할 확률이 낮아진다. 또한 시장의 단기 변동성 이면을 넘어 시장의 패턴이나 단기간 시장을 관찰하는 사람에게 잘 드러나지 않는 정치적·경제적 행동을 찾아낼 수 있다. 각국 및 기업의 장기적 성장 및 전망을 살펴보되, 특히 비인기 종목에 주목한다면 고수익을 얻을 확률을 높일 수 있다.

단기 투자에 대한 불안이나 투자 결과에 대한 실망을 최소화하려면, 일정 패턴에 맞추거나 특정 기간에 걸쳐 꾸준히 매수하는 방식의 분할투자법을 사용할 수 있다. 투자를 시작할 때부터 일정 기간에 걸쳐 주식을 매수할 계획을 세우는 투자자는 주가가 높을 때와 낮을 때 모두 매수하기 때문에 결국 평균 비용을 낮추게 된다.

시장 주기를 받아들이고, 주가변동성(volatility)과 친숙해지는 편이 좋다. 전 세계 어느 주식 시장을 연구해 봐도 강세장이나 약세장은 항상 일시적이라는 점을 알 수 있다. 모든 주식 시장은 주기적 변화를 보이는데 비관적 단계, 회의적 단계, 낙관적 단계, 유포리아(euphoria, 희열 또는 황홀경을 뜻함-옮긴이) 단계, 공황 단계, 침체 단계가 반복된다. 이러한 변동성 때문에 투자자가 쌀 때 사고 비쌀 때 파는 기회가 생기는 것이다. 시장은 조울증 환자와 비슷해서 주가가 상승할 때에는 필요 이상으로 많이 오르고 하락할 때는 끝도 없이 추락하기 때문이다. 투자자는 시장 주기를 이해하고 그에 따라 투자 계획을 마련해야 한다.

출생 1936년 미국 뉴욕

학력 보스턴 대학교에서 학사와 석사를 마치고, 1964년에 매사추세츠 공과대학에서 정치경제학 박사 학위를 받았다. 일본 교토 대학교에서도 수학했다.

경력 첫 직장은 국제 증권사 비커스다코스타(Vickers-da-Costa)였고, 나중에 대만 타이베이에 자리 잡은 인터내셔널 인베스트먼트 트러스트 컴퍼니(International Investment Trust Company)의 대표직에 올랐다. 그 후에 독립적인 컨설팅업체를 운영하다가 1987년에 프랭클린 템플턴 인베스트먼트(Franklin Templeton Investments)에 합류해 템플턴 이머징 마켓 펀드(Templeton Emerging Markets Fund)의 총책임자가 되었다. 이머징 마켓 그룹의 회장으로서 템플턴의 17개 이머징 마켓 사무실에 소속된 애널리스트를 감독하고 60개 이상의 포트폴리오를 관리했다. 2018년에 모비우스 캐피털 파트너스를 설립했다.

투자 철학 모비우스는 상향식 가치 투자자라고 할 수 있다. 그가 이끄는 팀은 저평가된 주식 중에서 시간이 지나면 가치가 오를 가능성이 있는 것을 찾기 위해 심층적인 기업 조사를 실시한다. 그는 모든 신흥 시장 국가 및 부문에서 가장 좋은 투자 대상을 찾아내어 최소 5년 이상 투자를 지속하려고 생각하고 있다. 투자 대상이 선정되면, 주변이나 해당 지역 전체 및 업계 내 다른 기업과 비교한다. 그는 정량적 요소와 정성적 요소를 모두 중시하므로, 최근 5년간의 재무 자료를 검토하고 향후 5년의 가능성을 예측한다. 모비우스는 '사전 조사'를 중시하는 사람이므로 반드시 기업을 직접 방문한다. 이머징 마켓 투자의 선구자 중 한 사람으로 알려져 있다.

기타 《아시아머니》는 모비우스를 '가장 뛰어나고 영향력 있는 100인'에 선정했다. 1999년에는 카슨 그룹이 벌인 설문 조사에서 '20세기 최고의 경영인 10인'에 선정되었다. '올해의 경영인' 상도 여러 번 받았다. 『Mark Mobius: An Illustrated Biography of the Father of Emerging Markets Funds(마크 모비우스: 신흥 시장 펀드의 아버지에 대한 전기)』를 포함해 여덟 권의 저서를 출간했다.

출처: 마크 모비우스; 템플턴 신흥 시장 투자 펀드 NAV.

46

찰리 멍거
(CHARLES MUNGER)

미국

투자자가 되면 제대로 경험해보지 못한 분야에도 어느 정도 투자를 하게 될 것이다. 그러다가 조금 더 잘해보려고 노력하는 과정에서 반드시 긍정적 결과가 나오는 투자도 시작할 수 있을 것이다. 여기서 핵심은 절제와 부단한 노력, 연습이다. 골프를 배울 때처럼 정말 열심히 노력해야 한다.

기업이 다르면 체크리스트와 정신 모형(mental model)도 달라져야 한다. 안타깝지만 "다음과 같이 세 가지만 확인하면 됩니다"라고 간단히 정리할 수 없다. 투자자가 직접 끌어내야만 평생 머릿속에 깊이 새길 수 있다.

자신을 속이지 않겠다는 정신이 투자자에게 가장 좋은 태도다. 하지만 그런 생각을 하는 사람이 매우 드물다.

출생 1924년 미국 네브래스카주 오마하

학력 미시간 대학교에서 수학을 전공했으며, 하버드 대학교 법대에 진학해 1948년에 졸업했다.

경력 그는 멍거, 톨스 앤드 올슨 LLP(Munger, Tolles & Olson LLP)를 설립하고, 1965년까지 부동산 변호사로 근무했다. 1962년부터 1975년까지 휠러, 멍거 앤드 컴퍼니(Wheeler, Munger, and Co.)라는 투자 파트너십을 운용했다. 현재는 버크셔해서웨이 부회장으로서 워런 버핏의 '동업자'다.

투자 철학 멍거는 주식 시장 가치 투자자다. 하지만 일반적인 가치 투자자보다 융통성이 큰 투자 전략을 구사한다. 또한 상황에 따라 여러 가지 투자 모형을 한꺼번에 운용하는 편이다. 투자자가 소수의 자산을 운용하는 투자자라면, 주요 시장의 포지션에서 스몰캡 투자를 물색해야 한다. 하지만 멍거는 버크셔해서웨이에서 대기업에 집중적으로 투자해야 했다. 당신의 목표가 빠른 시일 내에 부자가 되는 것이라면 레버리지를 사용해야 할 것이다. 그렇지만 멍거의 대표적인 특기는 우량 기업의 주식을 사서 오래 보유하는 것이다. 멍거는 이 전략에 대해 다음과 같이 설명한다. "장기적으로 볼 때 주식이 해당 기업보다 훨씬 더 큰 수익을 내기란 쉽지 않다. 기업이 40년간 자본금 대비 6%의 수익을 얻었으며, 투자자가 그 기업의 주식을 40년간 보유했다면, 처음에 아주 저렴한 가격에 주식을 매수했더라도 투자자가 얻는 수익은 6% 수익과 별반 차이가 없을 것이다. 반대로 어떤 기업의 20~30년 수익이 자본금 대비 18퍼센트라면, 비싸 보이는 가격으로 주식을 매입했더라도, 결국에는 좋은 결과를 얻게 될 것이다." 이 전략을 보면 버크셔해서웨이가 그토록 뛰어난 실적을 달성할 수 있었던 이유를 이해하게 된다. 그는 위험 회피를 가장 중요한 우선순위로 여기며, 모든 투자에서 가치 평가는 위험을 측정하는 것에서 시작해야 한다고 말했는데, 특히 자신의 평판에 영향을 줄 수 있는 위험에 주목하라고 알려준다. 그 밖의 투자 원칙은 다음과 같다.

1) 적정 수준의 안전마진을 유지한다.
2) 미심쩍은 특성을 보이는 사람과 거래하지 않는다.
3) 위험 부담을 떠안은 만큼 적정한 보상을 추구한다.
4) 인플레이션과 이자율 노출에 항상 유의한다.
5) 큰 실수를 저지르지 않도록 조심하고 영구적인 자본 손실을 경계한다.

멍거의 기본 투자 원칙이자 인생의 기본 철학을 정리하자면 준비, 절제, 인내심, 결단력이라고 할 수 있다.

기타 그는 '초보적이며 세속적인 지혜'라는 개념을 도입했다. 이는 비즈니스에 관한 문제에 해답을 제시하는 일련의 정신적 모델을 합쳐놓은 것이며, 버크셔해서웨이의 운영에도 상당한 영향을 주었다. 멍거는 지혜를 매우 중시하며, 자신의 긴 인생에서 배움을 계속한 것이 가장 큰 도움이 되었다고 말했다. 당연히 그의 자선 활동은 대부분 대학을 후원한 것이었다. 그의 투자 인생을 지탱한 초석과 같은 요소가 두 가지 더 있는데, 그것은 바로 동기 부여와 윤리적 요소다. 그는 사람들이 특정한 방식으로 행동하는 이유를 이해하려면 동기 부여 요소를 파악해야 하며, 좋은 기업이란 윤리적 기업이라고 생각한다. 눈속임에 의존하는 비즈니스 모형은 반드시 실패하게 되어 있다. 멍거는 아인슈타인, 찰스 다윈, 아이작 뉴턴을 연구했으며, 가장 존경하는 인물은 벤저민 프랭클린이다.

출처: 찰리 멍거, 『Poor Charlie's Almanack(불쌍한 찰리의 연감)』(1978), 찰리 멍거, "주식 종목 선택의 기술" ; 휠러, 멍거 앤드 컴퍼니 파트너십; 위키피디아.

47

존 네프
(JOHN NEFF)

미국

통상적으로 요즘 세상에서는 투자자에게 정보가 많을수록 유리하고 경쟁이 심할수록 불리하다고 생각한다. 하지만 나는 그와 반대로 생각해야 한다고 말하고 싶다. 투자에서 정말 중요한 변수는 사실 몇 개뿐인데 너무 많은 정보를 처리하려고 하면 중요한 변수에 온전히 집중하기 어려워진다. 올바른 가치 평가를 하려면 논리적이면서도 신중한 방식으로 정보를 수집해야 한다. 남들은 모르고 자기만 안다고 생각하는 정보나 피상적인 지식만 믿고 투자하려는 사람이 우후죽순처럼 늘어나는 덕분에 내 수익률이 높아지는 것도 사실이다. 이러한 투자자는 기업, 산업 및 경제 추세에 대한 엄격하고 근본적인 분석을 하지 않는다. 그래서 다른 사람이 이미 발굴하고 있는 장소만 들여다보며 금을 찾으려 한다. 뮤추얼 펀드 투자자 중에 가장 인기 있는 펀드를 공략해서 돈을 벌 수 있다고 생각하는 사람은 엄청난 노력을 기울이지만 정작 아무것도 손에 넣지 못할 것이다.

이제 상황이 많이 달라졌고 기준도 예전과 다르다. 어떤 기업은 크게 성장했고 어떤 기업은 합병되었으며, 폐업한 기업도 있다. 그리고 요즘은 배당금 수익이 그리 크지 않으며 예전의 주가수익률은 거의 찾아볼 수 없다. 간략한 증권 분석은 요즘 시대에 와서 권장 사항이 된 것은 아니지만, 내가 운용한 윈저 펀드의 성공을 만든 사고 과정의 증거라고 볼 수 있다. 이 방법이 여전히 유효하냐고 묻는다면 나는 그렇다고 답할 것이다. 총수익과 주가수익률의 관계는 아직도 나의 투자 결정을 지배하는 요소이며, 이를 통해서 내가 정한 높은 기준에 부합하는 수익을 얻을 수 있다.

주가수익률의 장점 외에 교훈이 또 있다면, 그것은 바로 성공적인 장기 투자 전략이 반드시 '매우 위험하지만 아주 매력적인 종목 몇 가지'에 의존할 필요는 없다는 것이다. 기록을 보면 우리는 주식 종목을 매우 다양하고 폭넓게 선정했다. 많은 경우에 윈저 펀드는 두 가지 산업을 제외한 모든 산업의 대표 종목에 골고루 투자했으며 같은 종목에 재투자한 때도 많았다. 어떤 경우에는 챔피언급의 다양한 종목에서 성공적인 결과를 얻었다. 하지만 전혀 자랑할 것이 없는 결과를 거둔 종목도 있었다. 가끔 홈런을 칠 때도 있었지만, 대부분의 득점은 안타를 쳐서 얻은 것이었다. 성공하는 투자자는 누구나 그런 식으로 수익을 얻는다.

출생 1931년 미국 오하이오주 오선(2019년 사망)

학력 1955년에 톨레도 대학교를 수석으로 졸업했다. 1958년에 케이스웨스턴리저브 대학교에서 MBA를 받았다.

경력 네프는 1955년에 클리블랜드의 내셔널 시티 뱅크(National City Bank)에서 주식 애널리스트로 경력을 쌓기 시작했다. 1964년에 웰링턴 매니지먼트에 합류해 윈저 펀드(Windsor Fund), 제미니 펀드, 적격 배당 펀드의 포트폴리오 매니저를 맡았다. 30년 이상 근무한 후에 1995년에 은퇴했다.

투자 철학 네프의 투자 전략은 역발상 투자, 성장 투자, 가치 투자를 혼합한 것이다. 그는 스스로 저가수익 투자자라고 말했다. 가장 인기가 없는 주식에 주목하는데, 인기가 없더라도 7퍼센트 이상의 유기적 성장률을 보이며 수익성이 보호되는 견고한 기업만 투자했다. 그는 경영진과 장부를 모두 검토하는 등 매우 엄격하게 펀더멘털을 분석한 후에 투자를 진행했다. 미래 수익이 가장 중요하다고 생각하며, 경영진이 주주에게 보여줄 수 있는 핵심적인 척도는 자기자본이익률뿐이라고 생각했다. 평균적으로 네프의 주식은 시장의 나머지 주식에 비할 때 주가수익률이 절반밖에 되지 않았다. 게다가 보유한 종목 수가 100개 미만인 경우는 거의 없었다. 네프는 절도 있는 태도와 근무 시간이 매우 긴 것, 그리고 자기가 투자한 기업에 대해 해박한 지식을 가진 것으로 유명하다.

기타 윈저 펀드는 네프가 활동하던 기간에 가장 실적이 높은 뮤추얼펀드가 되었으며, 1980년대에는 신규 투자자를 받지 않았다.

네프는 31년간 펀드를 관리했으며 그중 22년은 시장을 이겼다. 그는 《월스트리트 저널》의 모든 주간호를 챙겨서 집에 가져가서 주말에 다시 정독하는 것으로 알려졌다.

출처: 존 네프, 『가치 투자, 주식황제 존 네프처럼 하라』(2001); CFA Institute; 위키피디아.

48

커 닐슨
(KERR NEILSON)

오스트레일리아

시장이 제시하는 기회를 포착하는 방법은 매우 다양하다. 그중 우리가 이용하려는 반복되는 행동상의 경향은 투자자가 최근에 발생한 이벤트를 지나치게 강조하는 집요함을 보인다는 점이다. 투자자는 시장이 합리적이며 주변 세상이 질서정연하다고 믿고 싶겠지만, 현실은 그와 정반대일 확률이 높다. 예상치 못한 부정적인 상황이 벌어지면, 투자자들은 매우 민감하게 반응하며 과잉 반응을 보이기 쉽다. 이 때문에 대중과 다른 방향을 선택하는 사람은 좋은 기회를 얻게 된다. 이러한 현상의 대표적 사례는 9·11 테러 직후에 항공기 여행을 급격히 꺼리는 현상이 나타난 것이다. 실은 그때가 비행기로 여행하기에 가장 안전한 시기였다. 투자자에게 불리한 또 다른 경향은 미래에 대한 예측에 너무 열성적이라는 것이다. 1990년대에 일본의 비즈니스 우월성에 관한 책이 셀 수 없이 쏟아져 나왔지만, 지금은 다 잊혀버렸다. 요즘은 일본 기업의 주식 다수가 그들이 보유한 현금 및 투자 가치보다 훨씬 낮은 가격에 거래되고 있으며, 주식의 기반이 되는 수익성 높은 비즈니스의 가치가 전혀 주가에 반영되지 않는다. 전반적인 일본 주식 시장은 장부가로만 매도되고 있다. 이러한 상황을 바라보면서 우리는 일본의 몰락 가능성을 논하고 있다. 하지만 이는 독립적인 사고를 하는 투자자에게 새로운 기회임이 분명하다.

애널리스트와 펀드 매니저에게 가장 큰 어려움은 그들이 어쩔 수 없이 투자 대상의 일거수일투족을 지켜봐야 하고, 그들의 홍보 전략에 크게 좌지우지된다는 것이다. 이러한 현상은 유명인사와 그들의 화려한 생활에 대한 언론의 궁금증 때문에 더욱 악화된다. 어떤 투자 대상이 자국 내에서 가장 존경받는 기업의 목록에서 높은 순위에 오르면, 그 순간부터 경계를 강화하고 아직 입증되지 않은 정보가 있는지 알아봐야 한다. 이렇게 기업의 입지가 높아져서 기업 평가 시 주가가 부풀려지는 사례는 셀 수 없이 많은데, 코카콜라, GE, 소니 등이 그랬고 도요타에서도 이러한 현상이 발생했다. 본사를 아주 화려하게 짓고 CEO가 언론의 관심에 도취되기 시작하면 기업 내부가 부패하기 시작했다는 징후로 여겨야 한다. 그러한 추세가 생각보다 길게 이어지는 것을 보면 놀라움을 금할 수 없다. 그런데 종종 우리는 초창기 슬로건을 그냥 대수롭지 않은 것으로 여기는 실수를 저지른다. 이런 이야기를 하다 보니 1980년대와 1990년대에 남발한 표현들이 떠오른다. 이를테면 '주주 가치'라든가 "대차대조표를 쥐어짜낸다"라는 표현이 있었다. 그와 같은 움직임은 우리가 예상한 것보다 훨씬 오래 지속되었으며, 특히 '주주 가치'의 경우에는 스톡옵션을 통해 일부 소유권을 주주의 손에서 경영진으로 옮기는 속임수를 뜻하는 것이었다. 몇몇 기업의 경우에는 이러한 눈속임이 대대적으로 발생했다.

출생 1949년 남아프리카공화국 요하네스버그

학력 1971년에 남아프리카공화국 케이프타운 대학교서 상경학부를 졸업했다.

경력 1971년에 런던에서 코톨드 연금 투자(Courtaulds Pension Invest ments)에 입사했으며, 1974년에 남아프리카공화국으로 돌아와서 앤더슨 윌슨(Anderson Wilson)에 증권 리서치 부서를 개설했다. 1984년에 오스트레일리아로 건너가서 뱅커스 트러스트(Bankers Trust)에 입사했으며 리테일 펀드 관리 부서를 맡았다. 이후 1994년에 44세의 나이로 플래티넘 자산운용사(Platinum Asset Management)라는 국제 증권 전문 거래 업체를 설립해 현재까지 최고투자책임자를 맡고 있다.

투자 철학 닐슨은 역발상 주식 시장 가치 투자자다. 그는 여러 지역의 주요 시장을 모두 조사해 저평가된 주식 종목을 찾아서 장기간 보유하는 방식으로 투자한다. 투자에 앞서 해당 업계에서 기업이 어떤 입지에 있는지 파악하는 것을 중시한다. 이렇게 하려면 해당 업계 전반에 대한 지식이 필요한데, 주요 경쟁 업체는 물론이고 각 업체의 특징도 세세히 알아야 한다. 그러나 가장 중요한 가치 평가 요소는 바로 기업의 내재적 가치다. 그는 가끔 공매도(shorting)를 보호 수단으로 사용한다. 현재 포트폴리오는 150가지 다양한 포지션으로 구성되어 있다.

기타 닐슨은 조지 소로스의 후원을 받아서 플래티넘을 설립했으며, 현재 약 230억 달러의 자산을 운용하고 있다. 테러 조직인 샤이닝 패스(Shining Path)가 페루를 장악하려고 했을 때 페루 주식을 상당량 축적한 것이 가장 성공적인 투자였다. 《포브스》는 그의 개인 자산을 약 27억 달러로 추산하는데, 이 정도면 오스트레일리아의 10대 부호에 속하는 것이다. 그는 13세에 주식 투자를 시작했다. 논평가들은 그를 '오스트레일리아의 워런 버핏'이라고 부른다. 현대 중국 미술에 관심이 많다.

출처: 커 닐슨; 플래티넘 인터내셔널 펀드(Platinum International Fund); 페어팍스 미디어; 위키피디아.

49

윌리엄 오닐

(WILLIAM J. O'NEIL)

미국

투자에 입문했을 때, 나도 독자들과 비슷한 실수를 수없이 저질렀다. 그렇게 좌충우돌하며 배운 점을 정리해보면 다음과 같다.

주식은 하락세가 아니라 상승세일 때 매수해야 한다. 그리고 추가 매수는 처음 매수 가격에서 주가가 오른 경우에만 적용되는 것이지, 처음 매수가격보다 주가가 내려간 경우에는 추가 매수를 생각할 필요가 없다. 또 다른 매수 기준은 주가가 바닥을 치거나 아주 저렴해 보일 때가 아니라 연중 최고치에 가까울 때라는 것이다. 최저치를 기록한 주식을 매입하지 말고, 가격이 높은 양질의 주식을 매수해야 한다. 그리고 7~8퍼센트의 적은 손실이 발생하면, 상황이 나아지기를 바라며 기다리는 것보다 매도할 줄도 알아야 한다. 하지만 많은 투자자가 이런 필요를 깨닫지 못하는 것 같다.

기업의 장부가, 배당금, PER에 크게 연연할 필요가 없다. 100년간 미국에서 가장 성공한 기업들을 모두 확인해 봐도 이러한 수치가 예측에 도움이 되었다는 증거는 거의 없다. 그보다는 역사적으로 효과가 입증된 핵심적인 요소인 강력한 수익, 매출 성장, 주가와 거래량의 움직임, 투자하려는 기업이 해당 부문에서 우수한 신제품을 앞세워서 수익성 1위를 유지하느냐 등에 주의를 기울여야 한다. 주식 시장 뉴스레터나 투자 자문 서비스를 구독할 필요는 없다. 애널리스트나 친구가 추천하는 종목에 영향을 받을 필요도 없다. 그들이 추천하는 종목은 결국 개인적인 의견이므로 잘못된 예측일 수 있으며 결과적으로 큰 손실을 초래할 우려가 있다.

주가의 일일, 주간 및 월간 변동 상황을 잘 확인하고 주식 종합 차트를 눈여겨봐야 한다. 성공적인 전문 투자자는 이런 자료가 없으면 아예 투자를 안 할 것이라고 말할 정도로 중요한 도구다. 그러나 아마추어 투자자는 이러한 자료를 무시하는 경향이 있다.

마지막으로 적절한 시기에 주식을 매도해 가치 있는 이익을 얻으려면 세월의 검증을 받은 매도 규칙을 적용해야 한다. 일반 시장에 진입하기에 가장 좋은 시점이나 주식을 매도해 투자 비율을 낮추어야 할 시점을 파악할 때에도 매수·매도 규칙이 필요하다. 하지만 투자자의 90퍼센트가 이렇게 필수적인 요소를 하나도 챙기지 않는다.

출생 1933년 오클라호마시티

학력 1955년에 서던메소디스트 대학교(Southern Methodist University)에서 경영학 학사 학위를 받았다.

경력 25세에 하이든, 스톤 앤드 컴퍼니(Hayden, Stone & Company)에서 주식 중개인으로 투자자의 길에 들어섰다. 30세에는 NYSE에 거래소를 개설했다(이는 당시 최연소 기록이다). 1963년에 자신의 이름을 딴 윌리엄 오닐(William O'Neil+Co. Inc.)을 설립했는데, 이는 최초로 컴퓨터 기법을 사용해 매일 증권 거래 데이터베이스를 관리한 기업이다. 현재는 1만 개가 넘는 회사를 위해 200가지 이상의 데이터 아이템을 추적해 준다. 1984년에 전국구 신문인《인베스터스 비즈니스 데일리(Investors Business Daily)》를 발간하면서 자신의 데이터베이스를 인쇄물 형태로 제작해 조사를 시행했다. 지금도 윌리엄 오닐 사의 CEO 겸 대표를 맡고 있으며《인베스터스 비즈니스 데일리》의 발행인이다.

투자 철학 오닐은 정량적 원칙과 정성적 원칙을 모두 사용해 주식 종목을 선택한다. 정성적 측면에서 보자면 오닐은 성장주 투자자로서, 수익 성장률이 25퍼센트 이상이며 해당 부문에서 선두 역할을 하는 기업에만 투자한다. 중요한 것은 매수하자마자 가격이 빠르게 상승할 가능성이 가장 큰 성장주를 찾아내는 것이다. 쉽게 말해서 강한 것을 매수하고 약한 것은 매도한다는 뜻이다. 오닐은 '분산 투자는 무지의 증거일 뿐'이라고 생각한다. 손실이 7~8퍼센트를 넘어가면 매도한다는 원칙 때문에 오닐의 스타일은 회전율이 높고 시간이 오래 걸리는 편이다.

후자의 전략은 시장이 투자자보다 항상 더 똑똑하다는 오닐의 신념에 근거한 것이다. 오닐은 정량적 리서치를 근거로 시장에 대한 적극적인 견해를 보인다. 사람들은 피터 린치가 항상 주식을 보유한다고 생각하는데, 피터 린치와 대조적으로 오닐은 시장이 좋지 않을 때는 종종 시장을 떠나버린다. 공매도 투자 기법은 사용하지 않는다.

기타 1963년에 단 1년 만에 5000달러를 20만 달러로 늘려서 크게 유명해졌다. 그는 데이터 기반의 주식 종목 선택을 선도한 장본인이다. 40년간 성공적인 주식 투자 사례를 연구한 결과, 이러한 주식 종목은 주가가 크게 상승하기 전에 일곱 가지 공통적인 실적을 달성했다는 점을 발견했다. 이러한 일곱 가지 원칙은 캔슬림(CAN SLIM)으로 알려져 있다. 《인베스터 비즈니스 데일리》는 100만 명이 넘는 독자를 확보하고 있으며, 세 권의 저서를 출간했다.

출처: 윌리엄 오닐의 『최고의 주식 최적의 타이밍』(2009년); 윌리엄 오닐 컴퍼니; 위키피디아.

50

제임스 오쇼너시
(JAMES P. O'SHAUGHNESSY)

미국

투자의 계시록에서 네 명의 말 탄 자는 두려움, 탐욕, 희망, 무지라고 할 수 있다. 이 중에서 감정과 무관한 것은 단 하나, 무지뿐이다. 경기 침체나 약세장보다 단기적 시장 상황에 대한 투자자의 감정적 반응이 더 큰 손실을 유발할 때가 있다. 따라서 시장 상황에 대한 자신의 감정적 반응을 잘 이겨내는 것이 성공에 투자하는 유일한 비결이라고 할 수 있다. 남들이 욕심을 부릴 때 두려워할 줄 알고 시장이 두려워 보일 때 공격적으로 투자할 수 있도록 자기 자신을 훈련해야 한다.

또 여건이 허락하는 범위 내에서 가장 오랜 기간의 데이터를 확보하고 이를 토대로 자신의 투자 전략을 테스트하길 권한다. 오랜 시간에 걸쳐 다양한 투자 주기를 겪으면서 무너지지 않고 효과가 증명된 투자 전략을 선별해 사용해야 한다. 어떤 의사가 최근에 환자 다섯 명에게 효과가 있었다는 이유로 당신에게 같은 처방을 해준다면, 아마 그 의사를 믿지 못할 것이다. 아마도 그보다는 수년간 더 많은 환자에게 효과가 입증된 치료법을 사용하는 의사를 찾아갈 것이다.

투자 철학도 마찬가지다. 자신의 투자 전략이 탁월하다는 경험적 증거를 찾아보고, 증거가 있다면 기존 전략을 고수해야 한다. 단, 포트폴리오는 매년 점검하는 것이 좋다. 자산 분배를 주식 60퍼센트, 채권 40퍼센트로 했는데 시장 변동 때문에 현재 분배 상태가 주식 40퍼센트, 채권 60퍼센트라면 분배 현황을 목표치에 맞춰 수정해야 한다. 이런 수치는 공개하기 가장 단순한 것이지만, 그렇게 하려면 단기적으로 잘되는 자산군에서 자금을 빼서 현재 실적이 좋지 않은 자산군으로 옮겨야 하므로 쉽지 않은 일이다. 하지만 장기적으로 보면 투자자로서 가장 현명한 행동을 한 것이다. 단기 투자에 대한 충동적 감정은 매일 느끼는 것이다. 하지만 이것을 잘 극복할 수 있다면 장기 투자의 결과가 완전히 달라진다는 것을 꼭 기억하기 바란다.

출생 1960년 미국 미네소타주 세인트폴

학력 미네소타 대학교에서 경제학 학사 학위를 받았다.

경력 학교를 졸업한 후에 가족이 운영하는 벤처캐피털 운용사에서 근무했다.

28세에 오쇼너시 캐피털 매니지먼트(O'Shaughnessy Capital Management, Inc.)를 설립했다. 2001년에 베어스턴(Bear Stearns)에 합류했다가, 은행 측과 적절한 시기에 그의 팀을 분리하기로 합의하고 2007년에 오쇼너시 자산운용사(O'Shaughnessy Asset Management, 이하 OSAM)를 설립했다. 포트폴리오 운용팀과 기록 등은 기존의 것을 그대로 이어받았다. 현재 회장, CEO 겸 최고투자책임자(CIO)를 맡고 있다.

투자 철학 오쇼너시는 리서치 전문가이자 정량적 자산운용의 선구자다. 경험적이고 근본적인 연구에 적용되는 90년간의 주식 시장 데이터를 테스트해 가장 좋은 정량적 주식 선정 전략을 찾아냈다. 그는 '높은 수준의 가치, 모멘텀, 수익률을 가진 양질의 기업'을 결합한 포트폴리오에서 최고의 수익이 나온다는 것을 깨달았다. 포트폴리오 구성과 순위는 감정을 배제하고 기계적인 방법으로 계산해낸다. 오쇼너시의 연구에서 끌어낼 수 있는 교훈점을 몇 가지 정리하면 다음과 같다.

1) 최근에 잘되는 주식 종목을 매수하는 것이 가장 효과적인 주식 종목 선정 전략 중 하나라는 것은 80년 이상 증명되었다.
2) 주가수익률이 주식의 가치를 가장 잘 알려주는 것은 아니다. 현금 흐름이 주식의 향후 변동을 더 정확하게 예측하는 도구가 될 수 있다.
3) 지나치게 부채가 많은 기업을 제외하면 위험이 크고 실적이 저조한 주식을 피할 수 있다.
4) 수익률이 높은 주식(배당금과 자사주 취득)은 시장보다 높은 수익을 일관되게 달성할 수 있으며 위험이 거의 없다.

5) 적절한 가격의 가치주는 시장보다 높은 수익을 일관되게 달성할 수 있으며 위험이 거의 없다.
6) 성장주의 수익이 증가하는 속도보다 더 중요한 것은 시간이 흘러도 성장이 지속되는 것이다.

오쇼너시는 25가지 주식에 집중 투자하는 포트폴리오를 운영하며 항상 최대치로 투자를 감행한다. 2003년에 OSAM을 설립한 이래로 모든 포트폴리오와 투자 전략이 벤치마크보다 실질적으로 우세한 실적을 거두었다. 그는 투자 전략을 고수할 때 인내심을 가지고 일관된 태도를 보이며 절대 다른 데 눈을 돌리지 않는 것이 가장 중요하며, 다른 방법과 비교할 때 실적이 좋지 않은 때에도 그렇게 해야 한다고 말한다.

기타 OSAM은 2013년 기준 약 65억 달러의 자산을 운용한다. 오쇼너시는 투자에 관한 네 권의 저서를 출간했다. 2004년에 '올해의 매니저'로 선정되었고, 1999년에 최초로 투자 전략에 대한 특허를 받았다.

출처: 제임스 오쇼너시; OSAM, All Cap Value 2003-2011; 제임스 오쇼너시, 『월가의 퀀트 투자 바이블』(1998년); 위키피디아.

51

—

체탄 파리크
(CHETAN PARIKH)

인도

근면, 절도, 인내심, 인성은 좋은 투자자가 되는 데 꼭 필요한 자질이다. 하지만 이러한 자질을 갖추는 것이 말처럼 쉬운 일은 아니다. 근면은 탁월한 과제 수행과 호기심에서 비롯되는 것이다. 절도 있는 태도는 투자 과정에 집중하고 결과에 대해 초연한 마음을 가질 때 얻을 수 있는 성품이다. 인내심을 기르려면 투자를 회사에 대한 부분적 소유권의 행사로 생각하고 시장의 소음에 개의치 않는 태도를 보여야 한다. 마지막으로 인성은 다른 사람을 부러워하지 않고 욕심을 부리지 않는 것과 깊은 관련이 있다.

아무도 내일을 알 수 없기에 미래는 예측 불가능하다. 이러한 상황에서 닻처럼 우리를 단단히 붙들어 줄 수 있는 유일한 방법은 안전마진을 확보한 매수를 하는 것이다. 특히 정부 방침, 기업이나 경영진의 반응, 기술 변화가 펀더멘털 가치에 급작스러운 영향을 주는 상황에서는 안전마진을 확보하는 것이 매우 중요하다.

투자자에게는 무엇이 잘될 가능성이 있는가보다 무엇이 잘못될 가능성이 있는가라는 질문이 더 중요하다. 그 질문의 핵심은 불리한 측면이 있더라도 감당할 수 있는 수준이어야 하고 위험 대 보상의 비율이 만족스러워야 하며 영구적인 자본 손실을 회피해야 한다는 것이다.

출생 1957년 인도 아마다바드

학력 와튼 경영전문대학원에서 금융 전공으로 MBA를 받았으며, 뭄바이 대학교에서 통계 및 경제학 학사 학위를 받았다.

경력 가족이 운영하는 제약회사인 인도파르마(Indo-Pharma)에서 근무했다. 35세에 지타이 인베스트먼트(Jeetay Investments)를 설립했고, 현재 회장 겸 포트폴리오 관리자를 맡고 있다.

투자 철학 그는 주식 시장 장기 투자자 겸 가치 투자자다. 거시경제나 주식 시장 심리에는 어떠한 노력도 기울이지 않는다. 그의 투자 방식은 순수 상향식 분석을 기반으로 해 내재적 가치보다 훨씬 낮은 가격에 거래되는 주식을 물색하는 것이다. 그는 미래 현금 흐름(future cash flow)의 현재 가치야말로 진정한 의미가 있다고 생각한다. 내재적 가치에서 적어도 60퍼센트 할인된 가격이어야 그의 관심을 끌 수 있다. 때로는 좋은 투자처가 없어서 펀드에 남아 있는 현금 비율이 높아진다. 펀드 설립 이래로 평균 현금 보유량은 약 25퍼센트다. 투자 지평은 3~5년이며 포트폴리오는 통상 20개 이하의 포트폴리오로 구성된다. 파리크가 선호하는 투자 대상은 프랜차이즈 가치와 진입장벽이 높은 것이며, 그가 이끄는 팀이 이해할 수 있는 분야의 비즈니스여야 한다. 지타이는 전반적인 흐름을 파악하기 위해 기업 관계자를 일일이 면담하는데 거래 업체, 고객, 중간 관리자, 은행 담당자, 경쟁 업체 등이 여기에 포함된다. 순위를 매길 때 대차대조표의 중요성이 가장 먼저 언급되며, 현금 흐름표와 손익계정이 그다음에 언급된다. 그는 합병이나 인수, 부실 기업의 구조조정, 기업 분할(spin-off)과 같은 '특수 상황'에 대한 가능성도 열어두고 있다. 또한 자본금의 안전을 보장하는 것이 주된 목표라고 말한다.

기타 《비즈니스 인디아》는 파리크를 가리켜 인도에서 가장 성공한 투자자라고 평가한다. 그는 금융 관련 언론사에 장기 칼럼니스트로도 활동하고 있으며, 명상이 투자자가 자기 계발을 하기에 좋은 방법이라고 말한다.

출처: 체탄 파리크; 지타이 인베스트먼트; 《포브스》.

52

리처드 페리

(RICHARD PERRY)

미국

리처드 페리의 투자 원칙은 다음과 같다.

- 모든 투자는 얼마나 벌 수 있는지, 손실을 볼 가능성이 어느 정도인지, 그리고 각 투자의 결과에 어떤 가능성이 관련되어 있는지와 같은 기대가치를 기반으로 측정해야 한다.
- 사람들이 하는 말이나 기사에 나오는 내용을 믿지 말고, 거기에 숨겨진 의미를 직관적으로 파악하라.
- 투자를 잘하는 사람은 두뇌와 직감을 모두 사용한다. 레오나르도 다빈치의 말을 풀어서 설명하자면, 예술의 과학과 과학의 예술을 모두 이해해야 한다는 뜻이다.

- 완벽한 분석을 끝낼 즈음에는 투자 기회가 이미 지나가 버렸을 것이다.
- 투자 전략은 매우 다양하다. 자기가 잘할 수 있는 전략에 집중하고, 그렇지 않은 전략은 멀리해야 한다.
- 가치는 50센트를 내고 1달러를 사는 것이며 50센트를 1달러로 키워주는 사업 계획을 갖는 것이다. 가치 함정(value trap)은 50센트를 손에 넣으려고 1달러를 지급하는 것과 1달러의 가치를 50센트 미만으로 줄여 버리는 사업 계획을 가리킨다.
- 사람들은 동기 부여가 주어지는 방향으로 행동한다.
- 복잡한 이론은 단순한 명제로 바꾸는 것이 좋다.
- 자신이 진부해지는 것을 경계하라.
- 성공적인 기업에서 핵심적인 요소는 매출과 마케팅이다.
- 현지인처럼 투자하라.

출생 1955년 미국 로스앤젤레스

학력 리처드 페리는 1977년에 펜실베이니아 와튼스쿨에서 학사 학위를 받았고, 1980년에는 뉴욕 대학교 스턴 경영대학원에서 MBA를 받았다.

경력 1970년대 중반에 골드만삭스의 옵션 트레이딩 창구에서 근무했다. 주식 차익 거래(equity arbitrage)를 담당하면서 뉴욕 대학교 스턴 경영대학원에서 금융학 강의를 했다. 1988년에 퇴직한 뒤 페리 캐피털(Perry Capital)이라는 헤지펀드를 설립해, CEO를 맡았다(이 펀드는 2016년 문을 닫았다).

투자 철학 페리는 이벤트 중심(event-driven, 기업에 큰 영향을 주는 큼직한 사건을 예측해 투자하는 기법-옮긴이), 가치 기반, 다중 전략 헤지펀드 매니저라고 할 수 있다. 그는 여러 가지 전략적 포지션을 동시에 구사하며, 다양한 수익원을 확보하는 것에 기반한 비즈니스 모형을 구축한다. 그중 한 가지 전략은 인수나 매각을 통해 구조조정을 시도할 가능성이 있는 기업을 물색하는 것이다. 주로 파산 후 재건 중인 기업이 여기에 해당한다. 또 다른 투자 분야는 부실 대출(Distressed loan)이다. 하지만 그는 비상장 기업과 부동산에도 투자하고, 현금 공급량을 사용해서 은행에서 대출받지 못하는 투자자에게 고금리 조건으로 돈을 빌려준다. 대부분은 중립적 포트폴리오와 대출을 중심으로 투자를 운영한다. 페리는 자신의 투자 방식을 '기댓값 분석(expected value analysis)'이라고 부르는데, 다양한 결과의 가능성을 백분율로 환산한 다음, 거기에 현재 채권 가격을 곱해서 기댓값을 현재 시장 가격과 비교해 매수 또는 매도 여부를 결정하는 것이다. 때때로 그는 특정한 투자에 상당히 깊이 관여하기도 한다. 2012년에는 바니스 뉴욕(Barneys New Yor)이라는 미국의 명품 체인점의 대표 소유주가 되었으나 2019년 매각했다.

기타 현재 그는 100억 달러 규모의 자산을 운용한다. 초반 19년간 그가 운용한 헤지펀드는 단 한 해도 손실을 보지 않았다. 2006년 초반부터 서브프라임 모기지에 베팅한 월가의 투자자는 소수에 불과한데, 페리가 그중 한 명이었다. 그는 바니스 뉴욕의 이사회장을 역임했으며 페이싱 히스토리 앤드 아워셀브즈(Facing History and Ourselves)의 이사회 임원이다. 골드만삭스에 근무하던 시기에는 클린턴 행정부에서 재무장관을 지낸 로버트 루빈(Robert Rubin)이 그의 멘토였다. 팝아트 작품을 많이 수집하며 트라이애슬론으로 체력을 단련한다.

출처: 리처드 페리; 페리 캐피털.

53

티 분 피켄스

(T. BOONE PICKENS)

미국

기업의 최고경영자라도 자기 회사의 주식을 거의 가지고 있지 않으면, 자사의 주주를 생각할 때 아프리카의 개코원숭이를 떠올리는 것만큼 아무 감정도 느끼지 못할 것이다. 주주가 기업의 소유주이고, 경영진은 고용된 직원이라는 점을 항상 기억해야 한다.

안타깝게도 많은 경영진이 급여, 혜택, 권력, 특권이라는 네 가지 요소에 지나치게 몰두한다. 그보다는 주주를 위해 수익을 더 많이 창출하는 데 관심을 가져야 한다.

일찍 출근하고 열심히 일하고 늦게까지 남아서 노력해야 한다. 8시간 근무와 8시간 수면을 지키는 것은 좋지만 8시간의 가치는 서로 완전히 달라야 한다.

출생 1928년 미국 오클라호마주(2019년 사망)

학력 오클라호마 A&M(오클라호마 주립대학교의 전신)에서 지질학을 전공했으며 1951년에 졸업했다.

경력 1951년에 필립스 석유(Phillips Petroleum)에 처음으로 취직했다. 1956년에 회사를 차렸는데, 나중에 메사 페트롤리엄(Mesa Petroleum)으로 회사명을 바꾸었고, 결국 세계 최대 규모의 독립형 정유사로 성장했다. 그는 1980년대에 와서 악명 높은 기업 사냥꾼이 되었다. 몇 차례 대규모 거래를 해냈는데, 그중 걸프 오일의 거래액이 가장 컸다. 우노카(Unoca)와 치열하고도 큰 손실이 발생한 싸움을 벌인 후에 1990년대 중반에 와서 기업 사냥을 그만두었다. 1997년에 BP 캐피털 매니지먼트를 설립했다. 이 회사는 캐피털 커머디티(Capital Commodity)와 캐피털 이퀴티(Capital Equity)라는 두 가지 헤지펀드를 운영하며, 피켄스가 사망하기 전까지 회사의 지분 46퍼센트를 보유했다.

투자 철학 피켄스는 원유 투자자이자 주주행동주의자이며, 나중에야 헤지펀드 운용을 맡았다. 에너지 부문에만 집중적으로 투자했는데, 에너지 중에서도 원유에 가장 집중했다. 분석은 맨 위에서 시작하는데, 여러 가지 형태의 에너지에 관한 시나리오에서 출발해 개별 기업에 대한 심층적인 조사, 분석으로 내려간다. 피켄스는 운영 상태가 매우 부진하며, 자신이 지배구조와 기업 경영에 영향력을 행사할 수 있는 기업을 선호했다. 초창기와 비교하면 후반에는 헤지펀드 매니저로서 조금 다른 전략을 구사했다. 초창기에는 행동주의 투자자였기 때문에 기업을 통째로 사들인 적도 있었다. 하지만 기업 매수 당시에는 많은 거래가 결실을 보지 못했다. 한동안 소란스러운 상황이 이어진 후에 결국 주가는 다시 반등했고 피켄스는 높은 수익을 얻고 빠져나올 수 있었다.

투자자로서 피켄스의 특징을 정리하자면, 에너지 부문에 지식이 해박하고 인내심이 강한 것과 용기 있는 태도를 들 수 있다. 그는 아마 이 책에 소개한 투자자 중에서 가장 위험 지향적인 사람일 것이다. 대표적인 사례는 피켄스가 본인의 회사 메사 페트롤리엄을 통해 그보다 35배나 큰 휴고튼 프로덕션(Hugoton Production)을 사들인 것이다. 심장이 약한 사람은 그의 헤지펀드를 절대 감당하지 못할 것이다. 그의 헤지펀드 중 하나는 1997년에 설립했는데 불과 2년 만에 90퍼센트의 손실을 보았다. 나머지 헤지펀드는 6년간 연수익률 38퍼센트를 기록했으나 2008년에 해당 부문에서 최대 손실을 기록한 헤지펀드로 전락했다.

캐서린 버튼(Katherine Burton)의 『헤지펀드의 승부사들』이라는 책에서 피켄스가 자신의 무모한 스타일을 가장 적절하게 설명한 표현을 찾을 수 있다. "내 아이디어는 대부분 성공합니다. 하지만 가끔 한 번씩 타이밍이 맞지 않아서 엉망진창이 되어버립니다."

기타 그는 주주연합협회(United Shareholders Association)의 설립에 참여했다. 피켄스는 피크오일(peak oil) 문제에 대해 의견을 강하게 피력해 왔다. 하지만 기술 진보 덕분에 에너지 지형이 크게 달라졌으므로 더는 피크오일 문제를 거론하지 않았다. 또한 태양광 에너지나 풍력과 같은 대체 에너지 및 재생 가능한 에너지를 옹호했다. 2007년에 캐피털 이쿼티 펀드가 24퍼센트 증가해 피켄스는 수수료를 제외하고도 27억 달러를 벌었다. 또한 캐피털 커머디티 펀드의 40퍼센트 상승 덕분에 5억 9000만 달러의 수익을 기록했다. 피켄스는 자선 단체에 10억 달러 이상 기부했다.

출처: 티 분 피켄스의 『The First Billion is the Hardest(처음 10억이 가장 어렵다)』(2008년); 캐서린 버튼의 『헤지펀드의 승부사들』(2007년); boonepickens.com; 《비즈니스위크》; Insider Monkey; CNBC.

54

마이클 프라이스
(MICHAEL F. PRICE)

미국

정보의 출처는 내부 정보가 아니어야 한다. 특히 인터넷에서는 독특한 출처가 만들어질 여지가 매우 크다. 길거리 조사는 시간 낭비일 뿐 가치 있는 정보를 얻을 수 없다. 차라리 10-Q(감사를 거치지 않은 기업의 분기별 보고서-옮긴이)를 살펴보는 편이 나을 것이다. 좋은 정보가 들어가야 좋은 투자를 할 확률이 높아진다. 다르게 표현하자면 정보를 얻으려는 노력을 잠시도 게을리해서는 안 된다. 경쟁자들도 지금 그렇게 애쓰고 있기 때문이다.

투자금은 절대로 대출에 의존하지 않는다. 항상 현금을 총알처럼 보유해야 한다. 나는 포트폴리오에서 3분의 2는 딥밸류(deep value, 초

저평가주-옮긴이)로 구성하는데, 이 또한 중소기업 주식이 대부분을 차지한다. 나머지 3분의 1은 현금인데 청산, 합병 차익 거래, 파산 투자와 같은 특수 상황도 포함될 수 있다.

이런 분야에 노력하면 투자자로서 감각을 예리하게 유지할 수 있다. 자산 가치를 측정하는 자신의 업무에 대한 확신을 키우고, 자산 가치에 무관하게 다른 사람이 매도할 때에도 매수할 수 있는 용기를 가져야 한다.

출생 1953년 미국 뉴욕(2022년 사망)

학력 오클라호마 대학교에서 경영학 학사 학위를 받았다.

경력 1973년에 뮤추얼 시리즈(Mutual Series)의 리서치 보조원으로 입사해 유명한 가치 투자자 막스 하이네(Max Heine)를 만나게 되었다. 35세에 기업 전체의 회장, 대표 겸 소유주가 되었다. 그의 손을 거치자 뮤추얼 시리즈의 자산이 170억 달러 이상 증가했다.
1996년에 뮤추얼 시리즈를 프랭클린 템플턴 인베스트먼트에 매각했다. 2001년에 프랭클린 템플턴을 나와서 MFP 인베스터(MFP Investors LLC)라는 자신의 펀드 운용사를 만들었다.

투자 철학 프라이스는 주식 가치 투자자지만 일반적인 가치 투자자보다 레퍼토리가 광범위하다. 그는 파산이나 합병에 대한 지분도 가지고 있다. 주요 전략 중

하나는 합병이나 턴어라운드를 종용할 만한 힘을 갖고자 주식을 넉넉히 사들인 다음, 언론을 통해 더 크게 압박하는 것이다.

프라이스는 할인된 미래의 수익을 기반으로 내재 가치를 계산하는 과정이 너무 어렵다고 생각해 이러한 계산에 머리를 싸매지 않는다. 그보다는 믿을 만한 투자 은행이 꼼꼼한 실사를 거친 후에 기업에 지급하는 금액을 보고 내재 가치를 계산한다.

프라이스는 고객과 경쟁사와 직접 이야기를 나눠보고 연례보고서, 거래 정보, 합병 대리인이나 파산 정보 공개에 이르기까지 관련 자료를 모조리 확인하는 데 주력한다. 그렇게 하는 이유는 새로운 경영, 구조 조정, 회계 정보의 수정, 인수, 거래 실패, 소송과 같이 변화의 증거를 찾으려는 것이다. 물론 이는 시간이 꽤 많이 드는 방법이다.

파산 절차를 밟는 기업이나 대대적인 구조조정을 꾀하는 기업은 종종 현금을 필요로 한다. 프라이스는 이런 기업에 현금을 투입해 숨 쉴 여지를 만들어준 다음, 기업 상황이 호전되면 그때부터 수익을 얻어냈다. 이러한 전략은 종종 규모가 작고 과소평가되고 일시적으로 인기를 얻지 못하는 주식으로 끝나버릴 때도 있다.

기타 프라이스는 월가의 대표적 투자자이며 20세기 최고의 투자자 10인에 선정되었다. 전설적인 투자자 세스 클라만은 마이클 프라이스가 자신이 가장 존경하는 멘토 중 한 사람이라고 했다.

MFP 인베스터스(MFP Investors)를 통해 투자했는데, 운용 자산은 약 16억 달러였으며, 이 중 대부분이 자신의 자금이었다. 그는 자선 활동에도 매우 적극적었다. 주로 자신이 설립한 프라이스패밀리재단(Price Family Foundation)을 통해 기부했다. 그는 모교에도 수천만 달러를 기부했으며 축구를 매우 좋아했고 살아 생전 직접 양봉을 했다.

출처: 마이클 프라이스; MFP 인베스터스; 컬럼비아 경영전문대학원에서 마이클 프라이스가 진행한 강의(2006년); 뮤추얼 셰어 펀드(Mutual Shares Fund); 위키피디아.

55

—

토머스 로우 프라이스

(THOMAS ROWE PRICE)

미국

시간이 흐르고 시대가 바뀌면 한동안 인기 있던 투자 종목은 쇠퇴하기 마련이다. 새로운 시대가 도래하면 투자자에게 새로운 기회가 열린다. 이러한 변화를 너무 늦게 깨닫는 것보다는 차라리 너무 빨리 알아차리는 편이 낫다.

투자자에게 변화가 일어날 것이라는 사실 외에는 아무것도 확실하지 않다. 사회, 정치, 경제적 추세뿐만 아니라 산업과 기업의 추세도 계속 변화하므로, 어느 기업의 주식에 투자할 것인지 결정하는 것도 계속 달라져야 한다.

모든 비즈니스는 사람이 만들어낸 것이다. 여러 사람의 노력이 빚

어낸 산물로서 그들의 개성이 반영되어 있다. 기업을 창립한 사람과 기업을 이끌어온 경영진의 경영 철학도 비즈니스에 투영되어 있다. 어떤 비즈니스를 제대로 이해하려면 기업을 창립하고 지금까지 그 기업을 이끌어온 사람들의 배경을 잘 알아야 한다. 더 나아가 기업의 미래를 설계하는 사람들이 어떤 희망과 야심을 품고 있는지 알 필요가 있다.

성장하는 기업의 주식을 매수해야 한다. 성장하는 기업이란 비전을 가지고 중요한 사회적·경제적 추세를 이해하며 지능적인 연구개발을 통해 미래를 준비하는 경영진이 이끄는 회사라고 할 수 있다.

출생 1898년 미국 메릴랜드 린우드(1983년 사망)

학력 스워스모어 칼리지에서 화학을 전공했으며 1919년에 졸업했다.

경력 아주 짧은 기간 화학자로 생활하다가 맥쿠빈 굿리치(Mackubin Goodrich)라는 증권회사에 입사해 후에는 최고투자책임자로 승진했다. 1937년에 티 로우 프라이스(T. Rowe Price)를 창립했으며 1965년에 이 회사를 매각했다. 이후에도 회사의 CEO로 계속 근무하다가 1971년에 은퇴했다.

투자 철학 프라이스는 성장주 장기 투자자다. 그는 수익과 배당금이 인플레이션이나 전반적인 경제보다 더 빨리 성장할 것으로 보이는 기업을 물색했다. 관심 있는 분야에서 경영 상태가 장기적 전망이 밝고 경영진이 우수한 기업을 찾아내는 데 주력하는 것은 당시에 전례를 찾아볼 수 없는 시도였다. 그의 투자는 규율, 과정의 일관성 및 펀더멘털 리서치에 기반을 두고 있었다. 『대가들의 주식투자법』의 저자 존 트레인(John Train)에 따르면, 프라이스는 성장 기업에서 제품과 시장을 개발하려는 수준 높은 연구, 비교적 덜 치열한 경쟁, 정부 규제로부터 자유로운 상태, 노동 비용이 낮지만 직원이 높은 급여를 받는 기업, 투자 자본 대비 최소 10퍼센트의 수익, 지속적인 고수익 마진, 주당순이익의 빠른 성장과 같은 특징을 찾으려 했다. 또 다른 기준은 '기업의 수익이 최근 10년간 두 배로 성장했는가'다. 프라이스가 이끄는 팀은 수익이 계속 증가하는 한 주식을 매도하지 않는다. 바로 이 때문에 프라이스는 블랙앤데커(Black & Decker)의 주식을 35년이나 보유했다. 만약 이런 기업이 성숙기에 접어든 징후를 보이며 수익이 정체되었다면 프라이스는 즉각 주식을 매도해 버렸을 것이다.

프라이스의 성장주 투자 전략의 핵심은 주식은 반드시 성장, 성숙, 하락이라는 단계를 거친다는 믿음일 것이다. 투자 규칙을 엄격히 따르긴 하지만 필요할 때에는 투자 전략을 과감하게 변경했다. 기존의 성장주가 과대평가되자, 그는 소형 성장주로 눈을 돌렸다. 하지만 기업 성장에 관한 요구조건은 바뀌지 않았다. 그의 접근 방식에는 역발상 투자 요소가 들어 있었다. 사람들은 프라이스가 다음 모퉁이를 돌면 무엇이 숨겨져 있는지 꿰뚫어 보는 능력이 있으며, 미래에 어떤 상황이 펼쳐지더라도 자신의 투자 전략을 상황에 맞출 수 있는 사람이라고 평가했다.

기타 프라이스는 '성장 투자의 아버지'로 알려져 있다. 그의 회사는 최초로 커미션을 부과하지 않고 운용 자산을 기반으로 수수료를 부과했다. 프라이스는 1950년에 뮤추얼 펀드를 처음으로 시작했으며, 10년간의 실적으로는 당대 최고의 결과를 투자자에게 돌려주었다. 친구와 가족을 위해 '성장주 투자 이론에 기반한 성공적인 투자 철학'이라는 소책자를 집필했는데, 나중에는 정식 책으로도 출간했다. 책의 내용은 투자에 성공하려는 사람이 주식에 대해 많이 알 필요가 없다는 점을 강조하고 있다. 프라이스는 매우 절제된 생활을 하며 체계적으로 정리하는 것을 좋아하는 사람이다. 그는 죽기 전까지 80대의 노령의 나이에도 여전히 새벽 5시에 기상했으며, 매일 분 단위로 세세하게 정해놓은 계획표에 따라 생활했다.

출처: 존 트레인의 『대가들의 주식투자법』(2000년); 《뉴욕타임스》; 인베스토피디아; 위키피디아.

56

미카엘 란델
(MIKAEL RANDEL)

덴마크

- 지속 가능한 비즈니스 모형을 통해 기업 소유주에게 잉여 현금 흐름을 만들어 주는 기업, 우수한 경영진을 갖춘 기업을 찾아서 장기적 안목을 가지고 투자하라. 투자하는 기업에 대해 잘 알아보되, 기업의 성장을 주도하는 근본적인 요소가 무엇인지 이해해야 한다. 그래야만 투자자가 기업에 대해 예상하거나 가정한 점이 달라질 때 그 이유를 파악할 수 있을 것이다. 이런 기업을 찾아서 투자했다면 경기가 좋지 않을 때에도 묵묵히 기다려줘야 한다. 어려운 시기가 지나가면 다시 빛을 발할 것이 확실하기 때문이다. 이런 방식을 사용한다면 투자자는 복리이자율이 얼마나 위

대한지 느끼게 될 것이다.

- 자신에게 맞는 위험 수준을 정해놓고 그에 맞춰서 투자하라.
- 자신의 위험 수준이 실제로 어떠한지 파악해야 한다. 독립적으로 생각하고, 장기적인 구조 성장의 기회가 열려 있으며 경영 상태가 우수한 기업에 일찍 투자하려고 노력해야 한다. 구조적 추세는 오래가며 큰 영향력을 발휘한다. 이 점을 과소평가하지 마라.

출생 1942년 스웨덴 보덴

학력 로스앤젤레스에 있는 캘리포니아 대학교에서 이학 석사 학위를 받았으며, 스웨덴 룬드 대학교(Lund University)에서 석사 학위를 받았다.

경력 란델은 1969년에 SEB의 자회사 악티브 플라세링(Aktiv Placering)에서 애널리스트로 근무하기 시작했으며 그 회사에서 포트폴리오 매니저로 승진했다. 1979년에 스웨덴 농민연맹(Federation of Sweden Farmers)의 CFO가 되었다. 1982년에 SEB로 복귀해 스칸디폰드(Skandifond)의 운용 책임자를 맡았으며 국제 주식을 운용했다. 1986년에 카네기 자산운용사(Carnegie Asset Management)를 공동 창립하고 CEO를 맡았다. 카네기 월드와이드 글로벌 이퀴티(Carnegie Worldwide Global Equities)에서 포트폴리오 매니저를 맡았고, 2011년 연말에 은퇴했다.

투자 철학 란델은 전 세계 주식 시장을 지켜보며 분석에 의존해 장기적으로 투자하는 가치 기반의 투자자다. 그는 최종적으로 고수익을 얻으려면 장기 투자가 매우 중요한 요소라고 굳게 믿었다. 다른 투자자와 차이점이 있다면 란델은 국제 추세와 구조적 추세를 주식 종목 선정의 도구로 사용했다는 것이다. 이렇게 추세에 따라 주식 종목을 선정하는 목표는 현금 흐름을 보고 장기적으로 가장 높은 성장을 보일 기업을 찾는 것이다. 이러한 모형에 따라 선별된 기업은 종종 시장에 신제품을 선보이는데, 수년간 매출과 이익이 동시에 증가한다.

란델은 잉여 현금 흐름의 가치를 평가하는 것을 매우 중요하게 생각한다. 그렇지만 비즈니스 모델의 전망에 따라 이러한 선호도가 달라지기도 한다.

기업이 시장 점유율을 늘릴 목적으로 초기 이익을 포기하고 제품의 가격을 낮춰 버리면, 현금 흐름이 투자자에게 엉뚱한 신호를 주게 된다. 그래서 란델은 이런 경우에 매출의 증가와 총 마진(gross margin)이 더 믿을 만한 매개변수라고 생각한다. 그는 기업의 비즈니스 모델을 파악하는 것을 가장 중요하게 여긴다. 또한 집중형 포트폴리오를 만들어야 성공한다고 믿기 때문에 보유 종목은 최대 서른 개를 넘지 않는다.

기타 그는 덴마크에서 가장 유명하며 대성공한 주식 시장 투자자다. 한가한 시간에 역사 관련 서적을 읽는데, 특히 경제사를 주로 공부한다.

출처: 미카엘 란델; 카네기 자산운용사.

57

—

줄리언 로버트슨
(JULIAN ROBERTSON)

미국

자신의 투자 대상에 믿음과 확신을 가지되, 당장의 결과에 큰 기대를 하지 않는 것이 좋다. 투자에 뛰어들어서 여러 가지를 시도해보는 것이 중요하다.

자신이 정해둔 목표에 도달한 주식은 매도한다. 목표 달성은 고사하고 잘못된 투자 결정이라는 점이 확실한 경우에는 무조건 매도해야 한다. 나는 손절매 전략은 사용하지 않는다. 내가 개인적으로 정한 목표가 있다면 굳이 외부 변화와 일일이 비교해서 투자 지속 여부에 영향을 받을 필요가 없다.

훌륭한 애널리스트의 도움 덕분에 나는 저비용 투자자, 즉 자산을 기반으로 매수하는 투자자를 벗어나 일종의 성장 투자자로 변모했다. 그 이유는 내가 오랫동안 믿을 수 있기 때문이었다. 그리고 성장을 확신할 수 있다면 성장 투자가 더 나은 방법이다.

출생 1932년 미국 노스캐롤라이나주 솔즈베리

학력 노스캐롤라이나 대학교에서 경영학을 전공했으며 1955년에 졸업했다.

경력 로버트슨은 군 복무를 마친 후에 키더, 피바디 앤드 컴퍼니(Kidder, Peabody & Co.)에서 주식중개인으로 일했다. 22년간 근무한 후에 마침내 자산운용 부문(웹스터 증권)의 총책임자가 되었다. 뉴질랜드에서 안식년을 보낸 후에 47세의 나이로 타이거 매니지먼트 그룹(Tiger Management Group)이라는 헤지펀드를 설립했다. 초기 투자 자산 규모는 8000만 달러였다. 2000년에 자금을 외부 투자자에게 되돌려준 다음 자신의 자본으로 펀드를 계속 운용했는데, 그밖에도 새내기 헤지펀드 매니저가 관리하는 펀드에 투자해 얻은 수익으로 그들에게 자금을 지원해 주었다.

투자 철학 로버트슨은 분석 주도형 헤지펀드의 왕이며 주식 시장을 매우 중시한다. 그의 투자 스타일을 한마디로 정의하기는 어렵지만, 세월이 흐름에 따라 가치 중심에서 성장 중심으로 변화하는 모습을 보인다. 타이거 매니지먼트의 철학은 집중적인 리서치를 실시해 안정적인 기업의 주식을 매수하고 불량 기업의 주식을 공매도하는 것이었다. 로버트슨은 자신의 스타일을 이렇게 설명한 적이 있다. "우리의 목표는 세계 최고의 기업 200개를 찾아내 투자하고, 최악의 기업 200개를 찾아내 공매도하는 것이다. 최고의 기업 200개가 최악의 기업 200개보다 더 나은 실적을 내지 못하면, 그때는 아마 다른 일을 찾아봐야 할 것이다." 그는 확신이 들 때 크게 베팅하는 것으로 알려져 있다. 그의 매니지먼트에서는 아이디어 발표 과정에서 애널리스트끼리 경쟁을 붙이는 훈련도 하는데, 애널리스트는 각자의 케이스를 방어하는 입장에 서게 된다. 애널리스트에게 좋은 아이디어가 있더라도 더 좋은 아이디어를 내도록 계속 압력을 가한다. 그뿐만 아니라 로버트슨은 독특한 직관적인 감각이 있는데 일종의 투자 DNA 같은 것이라서 다른 사람이 흉내 내기 힘든 특성이다. 세월이 지남에 따라 매크로와 성장주에 더 집중하는 경향을 보인다. 주식 외의 다른 자산에도 투자하는데, 1996년에는 구리를 공매도해 거액을 벌었다.

기타 1990년대 중반에 타이거 매니지먼트의 운용 자산 규모는 210억 달러였다. 당시로서는 세계 최대 규모의 헤지펀드였다. 타이거 매니지먼트는 닷컴 열풍에 확신이 없었는데, 1998년에 실적이 마이너스를 기록했고 1999년에 19퍼센트 더 하락했다. 로버트슨은 닷컴 버블이 터진 2000년 4월에 펀드를 비공개로 전환한 다음, 투자자들에게 돈을 돌려주었다. 그의 별명은 '월가의 마법사'다. 다양한 인터뷰 자료와 관련 기사에 따르면, 로버트슨은 2000년부터 2013년까지 개인 계정으로 30퍼센트 이상의 연수익률을 달성했다. 2013년 기준으로 약 100여 명의 헤지펀드 매니저들이 타이거 매니지먼트를 통해 투자 세계에 입문했다. 이러한 헤지펀드는 대부분 로버트슨에게 자금 지원을 받았다. 이들을 가리켜 타이거컵스(Tiger Cubs, 새끼 호랑이라는 뜻-옮긴이)라고 부르는데, 대부분 상승가도를 달리고 있다. 덕분에 로버트슨은 헤지펀드 커뮤니티에서 가장 인맥이 풍부하고 영향력 있는 인물로 평가받는다. 《포브스》는 그의 자산이 31억 달러라고 추정했다. 로버트슨은 복잡한 수치 자료를 암산으로 처리할 수 있지만, 사람의 이름은 잘 기억하지 못한다. 자선 활동에 적극적이며 다수의 조직과 대학 이사회에 소속되어 있다. 골프를 매우 좋아해서 뉴질랜드에 직접 골프장을 건설하고 그곳에서 긴 시간을 보낸다.

출처: 줄리언 로버트슨; 줄리언 로버트슨과 대니얼 A. 스트래치먼(Daniel A. Strachman), 『줄리언 로버트슨(Julian Robertson: A Tiger in the Land of Bulls and Bears)』(2004년); 타이거 매니지먼트; 로이스 피츠(Lois Peitz), 『The New Investment Superstars(새로운 투자계의 슈퍼스타)』(2001년); 블룸버그; Absolutreturn-alpha.com; 위키피디아.

58

브루노 로샤
(BRUNO ROCHA)

브라질

많은 투자자가 장기적 안목을 가지고 투자한다고 주장하지만, 실제로 그렇게 하는 투자자는 손에 꼽을 정도로 적다. 장기적으로 생각하고 투자하는 것이 실제로 매우 어려운 일이기 때문이다.

첫째, 업계에서 오는 압력이 매우 높다. 거의 모든 투자자가 해마다 수익을 확인한다. 대부분의 성과 수수료는 연 단위로 지급되며 투자 회사에서 나오는 보너스도 연 단위로 나온다. 따라서 여러 해를 내다보며 생각하는 것이 투자자에게 결코 쉬운 일이 아니다.

둘째, 투자 관리자는 고객이 장기적으로 생각하고 투자할 때에만 비로소 장기 투자를 실행할 수 있다. 하지만 그런 고객을 찾기란 쉬운 일이 아니다.

셋째, 투자 관리자가 가끔 거래를 안 하고 있으면, 그가 아무 일도 안 하는 것처럼 보일 수 있다. 특히 단기 투자 결과가 좋지 않을 때에 그런 오해를 받을 수 있다. 투자 관리자는 행동하는 모습을 보이고 새로운 아이디어를 제시하며 실적이 좋지 않은 주식을 매도하는 등의 역할을 이행해야 한다.

넷째, 사람의 두뇌는 장기 투자에 맞춰진 것이 아니다. 적어도 수년 후에 일어날 이벤트에 큰 가치를 부여하기란 쉬운 일이 아니다.

그리고 아마 이것이 제일 중요한 이유일 텐데, 장기간 버티는 것은 꽤 지루한 일이다. 대부분의 시간에 아무 일도 발생하지 않기 때문이다. 하지만 단기 투자는 아드레날린이 다량 반출되어 매우 흥미진진하다.

진심으로 장기적 안목으로 투자할 생각이라면 직접 리서치를 많이 해야 한다. 그렇게 할 때만 포트폴리오에 포함한 기업에 대해 확신을 얻을 수 있기 때문이다. 시장 변동성에 휘둘리지 않으려면 확신이 필요하다. 시장 변동성은 기업 펀더멘털의 변동성과는 비교가 안 될 정도로 변화의 폭이 크다. 리서치의 목적은 기업 외부인 중 누구와 비교하더라도 해당 기업에 대해 더 잘 안다고 자부할 수 있을 정도의 지식을 얻는 것이다. 이는 투자자가 반드시 거쳐야 하는 과정이다.

기업을 진정으로 이해하는 데에는 지름길이 없다. 좋은 시절과 힘든 시절을 모두 지켜봐야 한다. 하지만 이렇게 얻은 지식은 세월이 흘러도 가치가 줄어들지 않는다. 지식의 가치는 언제까지나 계속 쌓이는 것이다.

이렇게 깊은 지식을 얻으면 집중형 포트폴리오를 구축하는 데 필요한 확신이 형성된다. 이 정도까지 오면 분명히 좋은 성과를 기대할 수 있다.

그리고 당신이 좋아하고 존경하는 사람들과 함께 일할 수 있다면 일하는 과정도 즐겁고 장기적 결과도 더욱 좋아질 것이다. 서로를 보완할 수 있는 기술을 갖추고 있으며 같은 가치를 공유하고 자기 일을 사랑하고 즐기는 사람들로 한 팀을 구성해 보기 바란다.

아스퍼거증후군이 있어야만 장기 투자자로 성공하는 것은 아니다. 하루가 다르게 변화하는 시장의 움직임을 따라가는 것보다 연례보고서와 재무제표의 주석을 꼼꼼하게 읽는 데 더 관심이 있다면 투자에 성공하는 데 큰 도움이 된다. 다이나모(Dynamo)의 파트너들이 이런 일을 해내기에 적합한 성품을 갖추었기에 다이나모가 지금처럼 성장할 수 있었다고 생각한다.

※ 이 책에 나와 있듯이, 투자로 성공하는 방법은 매우 다양하다. 하지만 다이나모는 항상 상향식 펀더멘털 투자자의 입장을 고수하고 있다. 위의 내용은 1993년에 브라질에서 다이나모를 처음 시작한 이래로 지금까지 경험을 통해 배운 점을 정리한 것이다.

출생 1961년 브라질 리우데자네이루

학력 리우데자네이루에 있는 가톨릭 대학교에서 1982년에 경제학 학위를 받았다.

경력 첫 직장은 브라질에서 가장 유명한 투자은행인 방쿠 가란티아(Banco Garantia)였으며, 트레이더로 일을 시작했다. 기업 재무 분야에서 근무했으며 런던과 뉴욕 등 해외에서 3년 정도 시간을 보냈다. 1992년에 은행을 퇴사하고 1993년에 페드로 에버리(Pedro Eberle)와 손잡고 다이나모를 설립했다.

투자 철학 그는 리서치를 중시하는 장기적 주식 시장 가치 투자자다. 그가 중시하는 것은 시장 포지션, 가격 결정력, 자본 배분의 규율, 잉여 현금 흐름이다. 다이나모에서 투자하는 모든 투자는 합의를 통해 결정된다. 포트폴리오는 20~25개 이하의 포지션으로 구성되며 회전율도 50퍼센트를 넘지 않는다.

기타 로샤는 현재 런던에서 활동하는데, 다이나모에서 국제 펀드를 책임지고 있다. 19997년부터 루이스 오렌스타인(Luiz Orenstein)과 회사 운영의 책임을 나누어 맡고 있는데, 오렌스타인은 브라질 자산운용 상황을 매일 감독하는 선임 파트너다. 다이나모는 2013년 기준 약 40억 달러의 자산을 운용한다. 그의 취미는 테니스와 축구다.

출처: 브루노 로샤; 다이나모.

59

로버트 로드리게스
(ROBERT L. RODRIGUEZ)

미국

역사를 철저히 공부하라. 나는 37년 전에 귈 밥콕(Guill Babcock) 교수의 투자 강의에서 찰리 멍거에게 이 말을 들었다. 그 조언에 귀를 기울인 덕분에 셀 수 없이 많은 경제 공황과 침체기를 겪으면서 잘 버틸 수 있었다.

미움을 받을 때 매수하고 사랑받을 때 매도한다. 역발상 투자자답게 행동하는 것은 이론적으로 쉬울지 몰라도 현실에서는 매우 어렵다. 사람들은 언제나 온갖 이유를 들면서 역발상 투자자의 행동이 틀렸다고 주장할 것이다. 중요한 것은 노력과 규율이다. 투자 대상에 대한 지식을 갖추면 결정적인 이점을 손에 넣을 수 있다. 또한 감정에 쉽게 휘둘리지 않는 것도 남다른 투자 결과를 손에 넣는 데 중요한 요소라고 할 수 있다.

출생 1948년 미국 로스앤젤레스

학력 로드리게스는 공인재무분석가이며, 서던캘리포니아 대학교에서 학사 학위와 MBA를 받았다.

경력 투자자로서 첫 번째 경력은 1971년에 트랜스아메리카 인베스트먼트 서비스(Transamerica Investment Services)에서 투자 애널리스트로 근무한 것이다. 10년 후에 자리를 옮겨 코프먼 앤드 브로드(Kaufman & Broad, Inc)의 부회장 겸 선임 포트폴리오 관리자를 맡았다. 1983년에 퍼스트 퍼시픽 어드바이저에 합류했으며 지금은 경영 파트너 겸 CEO를 맡고 있다.

투자 철학 로드리게스는 장기 주식 및 채권 시장 가치 투자자다. 역발상 투자 방식을 사용하며, 두려움과 공황이 있을 때 투자 기회가 만들어진다고 생각한다. 그는 중소기업에 투자하는 것을 선호하는데, 자신이 이해할 수 있는 기업이면서 성공 가도를 달리는 기업에 한정하고 있다. 로드리게스가 주식 종목을 검색하는 기준은 다음의 다섯 가지로 정리할 수 있다.

1) 경영진의 포지션과 수익성의 이력.
2) 레버리지가 거의 없는 대차대조표.

3) 우수한 실력을 갖춘 경영진.
4) 수익성이 개선될 가능성.
5) 로드리게스가 생각하는 기업의 현재 가치보다 최소 50퍼센트 이상 낮은 가격.

상대적 가치보다 절대적 가치가 중요하다. 평균적으로 그의 투자는 주가수익률이 낮은 편이며, 주가순자산비율(price-book value ratio)이 평균에 미치지 못하지만, 대차대조표가 매우 안정적이며, 잉여 현금 흐름이 있고, 자기자본이익률이 개선되는 경향을 보인다. 그는 통상 3~5년 정도를 내다보고 투자한다. 그리고 잠시 옆으로 물러나서 좋은 기회가 올 때까지 기다릴 줄 안다. 그는 통상적으로 25~35가지 주식 종목을 보유하는데, 자산의 40~50퍼센트는 최상위 열 개 포지션에 배치되어 있다.

기타 FPA 캐피털 펀드는 2009년까지 25년간 미국에서 분산형 주식 펀드로서 1위를 유지했다. FPA 뉴인컴(FPA New Income)도 로드리게스가 운용하는 펀드인데, 지금까지 단 한 해도 마이너스를 기록한 적이 없는 국내 채권 펀드다. 그는 2007년 5월에 2008년 금융 위기를 정확히 예측했다. 로드리게스는 2009년에 약 60억 달러의 자산을 감독했으며, 모닝스타가 선정하는 '올해의 뮤추얼 펀드 매니저'에 여러 번 선정됐다. 그의 취미는 자동차 경주다.

출처: 로버트 L. 로드리게스; 퍼스트 퍼시픽 어드바이저; FPA 캐피털 펀드; 위키피디아.

60

짐 로저스

(JIM ROGERS)

싱가포르

자신이 많이 아는 분야나 기업이 아닌 다른 데로 눈을 돌리지 마라. 그리고 투자자 본인이 투자 대상에 대해 풍부한 지식을 갖추지 않았다면 남에게 의존해서는 안 된다.

종종 투자자에게 외면당하는 부분에 가장 좋은 기회가 숨어 있다. 분명히 좋은 기회인데, 한동안 상황이 안 좋게 흘러서 주가가 하락한 것뿐이다. 결국에는 긍정적인 변화가 일어나기 마련이다. 그러므로 남들이 알아보기 전에 먼저 이러한 기회를 발견하면 성공적인 투자를 할 수 있다. 저렴한 가격과 긍정적인 변화가 만나면 많은 경우에 긍정적이고 장기적인 변화를 가져오는데, 이러한 변화는 수년간 지속할 수 있다. 주변에서 당신을 무시하고 조소할수록, 당신의 선택이 옳을 가능성이 크다. 행여 잘못된 선택이라서 손실을 본다 해도 기회비용 이상의 손실은 없을 것이다. 마찬가지로 공매도 기회는 높은 가격과 부정적 변화가 만나는 상황에서 발생한다. 인기가 많은 종목을 보면 흔히 매우 비싸다는 것을 알 수 있다. 그런데 비싸다는 이유만으로 공매도해서는 안 된다. 그런 종목은 시간이 지나면 가격이 더 오를 것이다. 투자지평에 부정적이고 장기적인 변화가 생길 때까지 기다렸다가 행동해야 한다. 장담컨대, 기다리면 반드시 그러한 변화가 발생할 것이다. 인기가 많은 투자 종목에 대해 어렴풋이 보이는 문제점을 지적하면 더 신랄한 비난을 받을지 모른다. 그러한 상황을 정신적으로 견딜 수 있도록 만반의 준비를 해야 한다.

사실 대부분의 시간은 아무것도 하지 말고 변화의 코너에 돈이 놓인 것이 보일 때까지 기다려야 한다. 돈이 보이면 가서 주우면 될 일이다. 만약 이 방법이 성공하면 그때부터 마음가짐을 주의해야 한다. 큰돈이 쏟아져 들어오면 거만한 생각이 들고 '나는 굉장히 똑똑한 사람'이라는 착각에 빠지게 된다. 오만한 태도를 경계하고, 하루빨리 투자에 다시 뛰어들어야겠다는 생각에 휘둘리지 않도록 한다. 한동안 해변에 가서 바람을 쐬거나 창밖을 내다보며 흥분된 마음을 가라앉히기 바란다.

출생 1942년 미국 메릴랜드 볼티모어

학력 예일 대학교에서 역사를 전공했다. 1966년에 옥스퍼드에 있는 베일리얼 칼리지에서 철학, 정치학, 경제학 전공으로 두 번째 학사 학위를 받았다.

경력 몇몇 투자 회사에서 애널리스트로 근무했다. 1971년에 안홀드 앤드 블라이흐뢰더(Arnhold and S. Bleichroeder)에 입사해 조지 소로스를 만났고, 나중에 그와 손잡고 퀀텀 펀드를 공동으로 창립했다. 1980년에 37세의 나이로 은퇴해 개인 투자자로 변신했다. 그 후로 지금까지 컬럼비아 대학교 교수, 금융 전문 해설가, 작가, 탐험가로 활동하고 있다.

투자 철학 그는 역발상 투자자로서, 시장은 거의 항상 틀리기 마련이라고 강하게 주장한다. 투자 지평은 장기적이며, 좀처럼 움직이지 않는 편이다. 상품 투자에 집중하며 이 방면에서 탁월한 재능을 보이는 것으로 유명하지만, 전 세계 여러 국가의 모든 시장, 모든 부문을 가리지 않고 투자한다. 매크로는 물론이고 거의 모든 자산군에 투자한다. 로저스가 선호하는 투자 환경의 예를 들자면, 시장이 근본적으로는 문제가 없지만 어떤 이유 때문인지 히스테리적으로 될 때다. 민간 투자자로서 투자 아이디어를 얻으려고 직접 여행한 국가들을 계속 분석한다. 인도가 외국인에게 시장을 개방하기도 전에 인도에 투자했으며 시장이 개방된 후에 어마어마한 수익을 얻었다. 로저스는 '어디에 가든 현지에 맞게 투자하는 것'이 자신의 투자 스타일이라고 말한다.

기타 로저스는 2002년에 이미 부동산 버블과 소비자 부채 버블을 예견했다. 2006년에 그는 미국 금융, 주택건설업체 및 패니 메이(Fannie Mae, 연방저당권협회를 가리키는 말-옮긴이)를 공매도하는 중이라고 말했다. 조지 소로스는 자신의 저서에서 "로저스는 여섯 사람 몫을 혼자 해낼 정도로 실력이 뛰어나고 매우 근면성실한 애널리스트"라고 말했다. 로저스 국제상품지수(Rogers International Commodities Index, 이하 RICI)를 창시했다. 1990년부터 1992년까지 일생일대의 꿈을 이룩했는데, 그것은 바로 오토바이를 타고 6개 대륙을 여행한 것이다. 16만 킬로미터가 넘는 거리를 여행했다.

그로부터 10년 후에 다시 여행을 시작해 3년간 116개국을 다녔다. 로저스는 세 개의 기네스 기록을 보유하고 있는데, 그중 두 개는 여행에 관한 것이다. 2007년에 싱가포르로 이주했는데, 이와 관련해 다음과 같은 유명한 말을 남겼다. "1807년에 똑똑한 사람은 런던으로 이주했을 것이고 1907년에 머리가 좋은 사람은 뉴욕으로 갔을 것이다. 2007년에 똑똑한 사람이라면 아시아로 자리를 옮겨야 한다."

출처: 짐 로저스; 조지 소로스의 『소로스가 말하는 소로스』(1995년); 퀀텀 펀드; 위키피디아.

61

존 로저스
(JOHN ROGERS)

미국

30년 가까이 시장에서 일해본 결과 시장이 효율적으로 움직이는 것에 감탄하게 된다. 시장이 제공하는 기회는 매우 적은데, 그 기회를 찾아내기 위해 독립적인 사고를 하는 것이 시장을 이기는 유일한 방법이라는 점을 시간이 갈수록 더 확신하게 된다. 다수가 움직이는 대로 따라가는 것은 성공과 멀어지는 지름길이다. 집단사고라고 하는 전통적인 지혜에 지나치게 얽매이는 것도 큰 성공을 거두는 데 오히려 방해가 될 수 있다.

투자를 잘하려면 장기적 안목을 가져야 한다. 주변을 둘러보면 많은 투자자가 단기 투자에 점점 더 빠져들겠지만, 그런 분위기에 휩쓸리지 않아야 한다. 단기 투자가 소음으로 끝난다면, 장기 투자는 청신호를 보여줄 것이다.

투자자는 자기가 이해하는 종목만 매수해야 한다. 단일 기업에 투자하든 뮤추얼 펀드에 투자하든 간에 투자 종목이 잘 파악되지 않으면, 혼란이나 두려움을 느끼게 되어 엉뚱한 시기에 매도해 버릴 위험이 있다.

출생 1958년 미국 시카고

학력 프린스턴 대학교에서 경제학을 전공했으며 1980년에 졸업했다.

경력 졸업 후에 시카고에 있는 윌리엄 블레어 앤드 컴퍼니(William Blair & Company)라는 투자은행에 주식 중개인으로 취직했다. 24세였던 1983년에 가족과 친지의 금전적 도움을 받아서 에어리얼 캐피털 매니지먼트(Ariel Capital Management, 지금은 에어리얼 인베스트먼트가 되었다)를 설립했다. 회장 겸 CEO이자 최고투자책임자를 맡고 있다.

투자 철학 로저스는 가치 지향적 투자자로서, 처음에는 장기적으로 성장 가능성이 입증되었으나 평가절하된 중소기업 주식을 찾아낸 다음, 이들이 제 가치를 완전히 드러낼 때까지 보유한다는 간단한 아이디어로 투자를 시작했다. 그러한 기업이 제 가치를 드러내려면 통상 4~5년이 걸린다. 당시에도 이 전략은 성공했고, 지금도 여전히 유효한 방법이다. 인내심, 독립적인 사고, 장기적인 전망이 큰 수익을 얻는 데 필수적 요소라고 생각한다. 로저스가 운용하는 펀드는 잠재 수익보다 저평가되어 있으며 두 자릿수의 현금 수익 성장이 예상되는 기업을 주로 공략한다. 주가수익률은 선물현금수익(forward cash earnings)의 열세 배 이상이자 내재적 가치(사적 시장 가치로 계산한 것)의 40퍼센트 이상 할인이거나, 전문 투자자가 기업 전체를 얻기 위해 기꺼이 내려는 가격이 되어야 한다. 또한 그는 여러 가지 질적 매개변수도 충족되어야 한다고 생각하는데, 기업은 진입장벽이 높아야 하고 지속 가능한 경쟁적 우위를 가지고 있으며 수익 레벨이 예측 가능해야 한다.

기타 12세부터 투자에 남다른 관심을 보였다. 그의 아버지는 생일과 크리스마스가 되면 장난감이 아니라 주식을 선물했다. 2001년부터 《포브스》에 '인내심 많은 투자자'라는 칼럼을 정기적으로 기고했다.

에어리얼 인베스트먼트(Ariel Investment)는 50억 달러에 가까운 자산을 운용하고 있으며 미국에서 가장 큰 규모의 소수 민족이 운용하는 뮤추얼 펀드 기업이다. 기업의 로고는 거북이 모양이며 "느려도 꾸준히 노력하면 경주에서 승리한다"라는 슬로건을 내걸었다. 에어리얼은 시카고에서 극빈곤층이 거주하는 지역에 어린이를 위한 특수학교를 운영하고 있다.

로저스는 에어리얼 외에도 맥도날드의 이사진이며 미국 정의와 인권을 위한 로버트 케네디 센터(Robert F. Kennedy Center for Justice and Human Rights)의 이사이기도 하다. 2009년에 버락 오바마 대통령 취임 위원회의 공동의장을 맡았다. 과거에 농구선수로 활동한 적이 있다.

출처: 존 로저스; 에어리얼 인베스트먼트; 위키피디아.

62

찰스 로이스

(CHARLES M. ROYCE)

미국

- 투자자의 최우선 임무는 위험 관리다.
- 상대적 수익의 식탁에서는 먹을 것이 거의 없다.
- 비즈니스 모델이 좋지 못하면 가치 평가로도 해결할 수 없다.

출생 1939년 미국 워싱턴 D.C.

학력 브라운 대학교에서 경제학으로 학사 학위를 받았고 컬럼비아 대학교에서 MBA를 취득했다.

경력 샤인먼, 호스틴, 트로타(Scheinman, Hochstin, Trotta)라는 증권중개업체에서 리서치 책임자로 근무하다가 1972년에 32세의 나이로 로이스 앤드 어소시에이츠(Royce & Associates)를 설립했다. 블레어 앤드 컴퍼니(Blair & Co.)에서도 잠시 증권 애널리스트로 일한 적이 있다. 현재 로이스 앤드 어소시에이츠의 회장 겸 CEO이며, 여전히 그룹 내 다수 펀드의 포트폴리오를 관리한다.

투자 철학 로이스는 절제된 스몰캡 장기 가치주 투자자다. 그는 상향식 투자 전략을 구사하는데 안정적인 대차대조표, 높은 내부수익률, 잉여 현금 흐름과 배당금을 창출할 수 있는 능력을 갖추어 앞으로 성공 가능성이 큰 양질의 기업을 적극적으로 탐색한다.

그는 지식이 풍부한 구매자라면 기업을 얼마에 인수할 것인지, 또는 자신이 보기에 이 기업이 주식 시장에서 어느 정도의 가치가 있는지 평가한 뒤 기업의 가치를 결정한다. 2012년 중반을 기준으로 할 때 평균 포지션은 장부가치의 1.8배였으며, 후행 주가수익비율은 14.7이었다. 러셀 2000 지수로 따지면 15.3에 해당한다.

대다수의 스몰캡 투자자와 달리 로이스는 성장 기업에 주력하지 않았다. 그가 주로 투자하는 대상은 시장 주기나 기업의 일시적인 문제 때문에 주가가 하락했지만, 원래는 우량 기업인 중소기업이다. 달리 설명하자면 좋은 실적을 보유하고 있지만, 일반 시장에서 빛을 보지 못한 스몰캡이라고 할 수 있다. 또한 그는 경영진이 5년 이상 유지된 회사의 주식을 매수하는 것이 좋다고 여겼다. 포지션의 평균 보유 기간은 약 3~5년이다.

로이스의 투자 전략은 극도의 시간과 노력이 필요하다. 고객, 공급 업체, 경영 업체, 고위 경영진을 모두 인터뷰해야 하므로 상당한 시간이 소요된다. 로이스는 다양한 분야와 부문에 걸쳐 폭넓게 주식을 사들이는 방식으로 위험을 줄이려고 노력한다.

기타 40년이라는 오랜 세월에도 불구하고 하나의 기간으로 묶어서 보든 장기적으로 보든 간에 러셀 2000이라는 벤치마크를 상회하는 실적을 달성했다. 2013년 기준 운용 중인 자산 규모가 약 400억 달러라는 점을 고려할 때 상당히 놀라운 결과라고 할 수 있다. 그는 최근 여섯 명의 교수직 확보를 위해 모교인 브라운 대학교에 550만 달러를 기부했다. 여러 가지 자선 프로젝트에 참여할 뿐만 아니라 랜드마크 건물의 복원 및 보존에 참여하고 있다. 성공회 신자이며 항상 나비넥타이를 매고 다닌다.

출처: 찰스 M. 로이스; 로이스 펜실베이니아 뮤추얼 펀드(Royce Pennsylvania Mutual Fund); 로이스 펀드(The Royce Funds); 《포브스》.

63

윌리엄 루앤

(WILLIAM J. RUANE)

미국

우량 기업의 주식을 매수하라

우량 기업을 판단할 때 유일하게 가장 중요한 것은 자본이익률(return on capital)이다. 기업이 높은 자본이익률을 장기간 유지한다면, 대부분의 경우는 그 기업이 해당 산업에서 독점적인 지위를 차지하고 있거나 경영진이 매우 뛰어나기 때문일 것이다. 자본이익률이 높다는 것은 수익이 배당금으로 빠져나가는 것이 아니라 기업 내부에 남아 있으므로, 향후 수익을 더욱 높이고 자본을 성장시키기 위해 재투자할 가능성이 크다는 뜻이다.

가격 유연성이 있는 기업에 투자하라

독점적 비즈니스 포지션을 보여주는 또 다른 지표는 경쟁이 거의 없는 가격 유연성이다. 또한 가격 유연성은 인플레이션 기간에 자본 잠식에 대한 중요한 헤지(hedge)를 제공할 수 있다.

실제로 현금 수익이 생기는 것을 매수해야 한다. 이때 중요한 것은 보고된 수익과 실제 현금 수익을 잘 구분하는 것이다. 많은 기업이 수익의 상당 부분을 마지못해 사업에 재투자하는데, 그저 공장과 설비를 관리해 수익 창출 역량을 유지하려는 것이다. 이러한 경제적 감가상각으로 인해 많은 기업의 보고서에 기재된 수익은 실제 현금 수익에 비하면 크게 과장된 수치다. 특히 인플레이션이 발생한 기간에 이러한 현상이 두드러진다. 현금 수익이란 추가 수익 자산에 투자하거나 주주에게 지급하는 등의 목적에 실제로 사용 가능한 수익을 말한다. 수익 대부분을 현금으로 발생시킬 역량을 가진 기업에 주목하는 것은 충분히 가치가 있는 행동이다.

적당한 가격에 주식을 매수하라

가격 변동 위험을 완전히 없애는 것은 불가능하지만, 수익 성장이 기대한 만큼 실현되지 않아 주가수익률이 큰 압박을 받게 되는 고배당 주식을 피한다면, 가격 변동 위험을 상당히 줄일 수 있다. 특출난 기업을 알아보기는 쉽지만, 실질적인 내재 가치보다 크게 내려간 가격에 살 수 있는 기업을 찾기란 훨씬 어려운 일이다. 핵심은 가격이다. 가치와 성장률은 불가분의 관계다. 이자율이 6퍼센트이며 수익의 12퍼센트를 일관되게 재투자할 수 있는 기업이라면 프리미엄 가격을 주고도 매수할 가치가 있다.

출생 1925년 미국 시카고(2005년 사망)

학력 미네소타 대학교에서 전기공학을 전공했으며 1945년에 졸업했다. 1949년에 하버드 경영전문대학원에서 석사 학위를 받았다.

경력 제너럴일렉트릭에서 1년간 근무한 후에 키더 피바디(Kidder Peabody)로 이직해 20년간 근무했다. 45세에 릭 커니프(Rick Cunniff)와 공동으로 루앤 커니프(Ruane Cunniff)라는 투자 회사를 설립했다. 같은 해에 대표적인 펀드 상품인 세쿼이아 펀드(Sequoia Fund)를 선보였다.

투자 철학 주식 시장 투자자로서 그의 프로필을 보면 가치 투자의 대가 벤저민 그레이엄의 제자이자 추종자라는 점이 명백히 드러난다. 앞서 소개된 '통찰' 외에도 그가 세부사항에 세심한 주의를 기울인다는 것은 유의할 만하다. 투자 대상 기업을 반드시 이해해야 한다고 생각하므로 기술주는 별로 선호하지 않는다. 세쿼이아 펀드는 75개 포지션으로 구성되며 대기업과 중소기업이 모두 포함되어 있다. 이는 분산 투자를 적당히 시행한다는 뜻이다. 평균 보유 기간은 약 3년이다.

기타 벤저민 그레이엄의 투자 세미나에서 워런 버핏을 만났고, 그 후 두 사람은 둘도 없는 벗이 되었다. 루앤 커니프의 고객 대다수는 워런 버핏의 추천을 받은 사람들이었다. 루앤은 가이코(Geico), 데이터 도큐먼트(Data Documents Inc.), 《워싱턴포스트》 등의 이사회 임원으로도 활동했다. 그는 자선 활동에도 적극적이었다. 할렘 가의 구역 하나를 사들여서 건물을 수리한 후에 병원을 마련하고 지역사회 서비스 프로그램을 시행했다. 또한 인디언 보호구역을 대상으로 하는 교육 프로그램을 창립하고 정신 건강 자선 활동도 후원하고 있다. 그리고 십대 청소년을 대상으로 우울증이나 기타 자살 위험 징후를 검사하는 전국 규모의 기관인 틴스크린(TeenScreen)을 설립했다. 유머를 잃지 않고 타인에게 관심을 두자는 것이 그의 인생 신조였다.

출처: 루앤이 컬럼비아 대학교에서 강의한 '똑똑한 투자를 위한 네 가지 법칙(Four rules of smart investing)'을 브라이언 젠(Brian Zen)이 정리한 자료; 라이프인레거시(Life in legacy); 위키피디아.

64

토머스 루소

(THOMAS A. RUSSO)

미국

기업은 미래에 거액을 투자하는 방식으로 해당 업계를 장악할 수 있다. 일단 업계를 장악하게 되면 경쟁적 우위에 서게 된다. 기업이 미래에 투자하지 않으면 결국 경쟁력에 문제가 발생할 것이다. 물론 미래에 투자하려면 기업의 단기 수익을 어느 정도 포기해야 하지만 장기적으로 볼 때 올바른 투자 결정은 포기한 단기 수익과는 비교할 수 없을 정도로 큰 수익을 가져올 것이다.

수년 전에 워런 버핏에게 한 가지 배운 점이 있다. 그것은 바로 자신이 편안하게 다룰 수 있는 분야를 정한 다음, 그 분야에 집중하는 것이다. 나는 브랜드 소비자 비즈니스에 개인적으로 관심이 많으며 그 분야를 잘 안다고 생각한다. 주말에 내 옆을 지나가는 사람을 슬쩍 관찰한다고 생각해 보자. 나는 그런 관찰에서 배울 점이 많다고 생각한다. 그 사람의 휴대전화에 무슨 반도체 칩이 들어 있는지는 확인할 수는 없지만, 무슨 옷을 입고 있는지, 무엇을 먹고 마시는지, 그리고 무슨 담배를 피우는지 눈여겨보는 것이다. 이것들은 국제적인 성장 기회가 많아서 가장 가치 있다고 여겨지는 사업 부문이다.

장마리 에베이야르는 투자자라면 '역경을 이겨낼 능력'을 갖춰야 한다고 말하곤 했다. 그가 말한 능력은 장기적 수익을 위해 단기적 손실이나 고통을 받아들이는 것인데, 이는 기업 경영에서 매우 중요한 사안이다. 시장은 보고된 수익에 부담을 가하는 것을 좋아하지 않는다. 따라서 적정 수준의 투자가 때로는 비난과 조롱의 대상이 되기도 한다. 그렇지만 기업을 이끌어가는 경영진은 그러한 비난과 조롱을 기꺼이 견디는 태도와 힘을 가져야 한다. 종종 가족이 경영하는 회사를 보면, 경영진이 정해진 기한 내에 스톡옵션의 가치를 최대화하기 위해서 어떻게 할지 고심하는 것이 아니라, 이전 경영진과 경영을 물려받을 차세대를 중심으로 기업의 미래를 생각하는 경향이 있다. 물론 가족 단위의 기업이 아니더라도 기업의 미래를 걱정하는 경영진이 이끄는 기업도 분명히 있을 것이다. 하지만 가족 단위 기업을 배제하면 그러한 시각을 가진 경영진은 좀처럼 찾아보기 힘들다.

신흥 시장을 개발하거나 해외의 기존 시장을 활용하는 측면에서 가능성이 가장 큰 기업을 찾고 있다면, 내 생각에는 해외로 눈을 돌려 글로벌 기업을 알아보는 편이 나을 것이다.

어마어마한 현금 흐름을 발생시키는 기업의 투자자로서, 내가 바로 잡아야 할 가장 중요한 단 하나의 문제는 경영진이 재투자를 통해 현금 흐름을 어떻게 관리하느냐다. 경영진이 기업 소유주와 자신 중 누구를 더 중요하게 여기는지, 이것이 가장 중요하다.

출생 1955년 미국 위스콘신주 제인스빌

학력 1977년에 다트머스 대학교에서 역사학 학위를 받았으며, 1984년에 스탠퍼드 대학교에서 MBA와 법학 복수 학위를 취득했다.

경력 다트머스 대학교를 졸업하자마자 고정 수입 증권을 거래하는 트레이더로 근무했다. MBA와 법학 복수 학위를 취득한 후에 세쿼이아 펀드(Sequoia Fund)에서 4년간 근무했고, 1989년에 가드너 루소 앤드 가드너(Gardner Russo & Gardner)에 파트너로 합류했다.

투자 철학 루소는 장기 가치 지향적인 글로벌 주식 투자자이며, 다소 독특한 투자 스타일을 보인다. 그는 글로벌 브랜드 기업 및 신흥 시장에서 성장 잠재력이 매우 큰 기업에 투자하기 원한다. 매력적인 소비자 브랜드란 소비자에게 적절한 대안이 전혀 없다는 인상을 줘서, 소비자들이 그 브랜드를 간절히 원하게 만드는 것이다. 그러면 기업의 가격 결정력이 강화되어 기업은 큰 가치를 갖게 된다. 루소가 투자하는 대상은 재투자 역량이 아주 높으며, 단기적으로 손실을 보더라도 장기적으로 수익을 낼 역량을 갖춘 경영진이 이끄는 기업인 경우가 많다. 투자 자본에 대한 고수익, 강력한 현금 흐름 및 안정적인 대차대조표도 그의 포트폴리오에 포함된 기업의 주요 특징이라고 할 수 있다. 그는 식품, 음료, 담배, 언론 산업에 집중적으로 투자하고 있다. 가치 평가에 관해서는 주가수익 비율이 두 자릿수를 보이는 안정적인 기업의 주식을 보유해야 마음을 놓는 편이다. 그가 원하는 것은 기업의 내재적 가치에 비해 크게 평가절하되어 있지만 매력적인 기업에 투자하는 것이다. 내재적 가치에 대한 성장률이 결국 높은 안전마진을 보장해 주기 때문이다. 포트폴리오 회전율은 매우 낮은 편이다. 일례로 네슬레, 필립 모리스, 하이네켄은 1989년부터 포트폴리오에 들어가 있다. 투자 대상의 약 70퍼센트는 해외 기업이며 상위 열 개의 투자 종목이 포트폴리오의 3분의 2 이상을 차지하고 있다.

기타 루소는 90억 달러가 넘는 자산을 운용하고 있다. 워런 버핏은 1984년 스탠퍼드 경영전문대학원 투자 관련 수업에서 "자신이 아는 것에 집중하되 기업이 가치를 통합할 수 있도록 투자 지평을 넓혀라"라고 강조했는데, 루소도 자신의 투자에서 이러한 원칙을 고수했다. 취미는 테니스, 스키, 여행, 미술이다.

출처: 토머스 A. 루소, Value Investor Insight; 가드너 루소 앤드 가드너; 셈퍼 빅 파트너 펀드(Semper Vic Partner Fund).

65

월터 슐로스
(WALTER J. SCHLOSS)

미국

- 가격은 가치와 관련해 사용하는 가장 중요한 요소다.
- 회사의 가치를 파악하려고 노력하라. 주식은 그저 종잇조각에 불과한 것이 아니라 기업의 한 부분을 나타내는 것이다.
- 장부 가격을 출발점으로 삼되 기업의 가치를 파악하려고 노력하라. 부채가 자기 자본 100퍼센트, 즉 보통주 기준의 자본금과 잉여금을 합한 금액과 대등한 수준이 아닌지 확인해야 한다.
- 인내심을 길러라. 주가는 쉽게 상승하지 않는다.
- 귀가 솔깃해지는 이야기나 비밀 정보를 듣고 매수하거나 빠른 주가 변동을 노리고 매수하지 마라. 그런 시도는 전문 투자자에

게 어울리는데, 전문 투자자라고 해도 다 그렇게 하는 것은 아니다. 부정적인 뉴스가 들린다는 이유로 급하게 매도하는 것도 좋지 않다.

- 외톨이가 될까 봐 걱정하지 말고 자신의 판단이 옳았는지 확인하라. 물론 100퍼센트 확신하기란 어려운 일이다. 그렇지만 자기 판단에 약점이 있었는지 잘 생각해 보라. 가격이 저렴한 기업을 매수하고, 기업 가치를 키워서 매도하라.
- 일단 결정을 내리고 나면 자기 신념에 대해 용기를 잃지 마라.
- 투자 철학을 세우고 그에 따라 행동하라. 나도 그렇게 해서 투자에 성공했다.
- 지나치게 조급하게 생각하지 마라. 주가가 자신이 적당하다고 생각했던 가격에 다다르면 매도할 수 있다. 하지만 주식이 50퍼센트 상승하면 사람들은 빨리 매도해서 수익을 늘리라고 부추길 것이다. 매도하기 전에 투자한 기업을 다시 평가해 보고 주식을 어느 지점에서 매도해야 할지 가늠해 보라. 주식 시장의 수준을 잘 알아야 한다.
- 보통은 주식을 살 때 최근 몇 년간의 최저 주가에 가까운 가격으로 매수하는 것이 좋다고 생각한다. 주식이 125달러까지 올랐다가 60달러로 떨어지면 투자자에게 상당히 매력적으로 보일 수 있다. 그런데 3년 전에 그 주식이 20달러에 거래되었다면, 현재 주가는 어느 정도 취약성이 있다고 볼 수 있다.

수익이 좋은 기업에 투자하는 것보다는 저평가된 자산을 싸게 사는 것이 낫다. 수익은 짧은 시간에 돌변할 수 있지만, 자산은 보통 변화 속도가 느리다. 수익을 겨냥해서 매수할 때는 투자자가 해당 기업에 대해 정말 잘 알고 있어야 한다.

- 존중할 만한 사람의 제안에 귀를 기울여라. 귀를 기울인다는 말은 무조건 그들의 말대로 따라 하라는 뜻은 아니다. 어디까지나 투자에 사용되는 돈은 자신의 것이며, 돈을 버는 것보다 있는 돈을 지키는 것이 더 어려운 일이다. 즉, 일단 큰 손해를 보면 원래대로 회복하기란 상당히 어렵다.
- 감정 때문에 판단력이 흐려지지 않도록 조심하라. 주식의 매수나 매도에 있어서 최악의 감정은 아마 두려움과 탐욕일 것이다.
- 복리화(compoudning) 효과를 기억하라. 예를 들어 연수익률이 12퍼센트라면, 그 수익을 매년 재투자하면 6년 만에 돈을 두 배로 늘릴 수 있다. 세금을 제하고도 두 배가 된다는 뜻이다. 72의 법칙(복리를 전제로 자산이 두 배로 늘어가는 데 걸리는 시간을 계산하는 방식. 72를 해당 수익률로 나눌 경우 대략적으로 원금의 두 배가 되는 기간이 산출된다-옮긴이)을 기억하라. 이 법칙을 알면 원금을 두 배로 늘리는 데 몇 년이 걸리는지 계산할 수 있다.
- 채권보다 주식이 낫다. 채권은 수익에 한계가 있고 인플레이션이 발생하면 구매력이 위축될 수 있다.
- 레버리지를 조심하라. 언제라도 나에게 불리하게 작용할 수 있다는 것을 명심하라.

출생 1916년 영국 런던(2011년 사망)

학력 슐로스는 대학에 가지 않았지만, 뉴욕 증권거래소에서 유명한 투자자 벤저민 그레이엄에게 강의를 들었다. 1963년에 국제 공인재무분석가(CFA)가 되었다.

경력 슐로스는 18세였던 1934년에 월가에 입성했다. 그는 칼 M. 러브 앤드 컴퍼니에서 근무했다. 그의 스승인 벤저민 그레이엄이 1946년에 그를 고용했다. 1955년 중반에 합자회사를 설립했으며 아들인 에드윈이 1973년에 합자회사에 합류했다. 이를 기점으로 펀드명을 월터 앤드 에드윈 슐로스(Walter & Edwin Schloss)로 변경했다. 저렴한 주식을 더는 찾을 수 없다는 이유로 2000년에 펀드를 폐쇄했다. 2003년에는 다른 사람의 자본금을 관리하는 일에서 손을 떼기로 했다.

투자 철학 슐로스는 가치 투자자인 동시에, 벤저민 그레이엄 투자 학교에서 두각을 드러낸 제자였다. 역발상 투자에 관한 프로필을 보유하고 있어서, 전혀 활기를 보이지 않고 주가 최저치를 경신하는 주식에 투자하는 것을 선호했다. 단, 자본 구조가 단순하고 역사가 길고 장부가가 낮아야 했다. 슐로스는 수익보다 자산에 더 중점을 두었다. 경영진과 의사소통하지는 않지만, 경영진이 기업의 주식을 많이 보유하고 있는지 반드시 확인했다. 채권이나 해외 투자는 기피하며 역사가 오래된 분야에 투자하는 것을 선호했다. 그의 전략은 하락장에는 보호받을 수 있고 이어지는 상승장에서는 스스로를 돌보는 주식을 찾는 것이다. 연례보고서를 많이 참조하지만, 비즈니스의 고유한 특성에는 크게 관심을 보이지 않았다. 그는 투자 결정을 내릴 때 거시경제나 선물을 고려하지 않았다. 투자를 정당화하는 기준은 미래에 어떠한 모습이 될 것인가가 아니라 지금이 어떤 모습인가다.

기타 그는 컴퓨터, 비서, 사무원, 경리도 없는 작은 사무실에서 일했다. 워런 버핏은 2006년에 주주들에게 보내는 서한에서 자신의 친구 한 사람을 언급하면서 이렇게 기술했다. "《아웃스탠딩 인베스터스 다이제스트(Outstanding Investors Digest)》에서 1989년에 월터와 에드윈에게 '당신의 투자 기법을 한마디로 줄이면 어떻게 설명할 수 있습니까?'라고 질문했을 때 에드윈은 '주식을 싸게 사려고 노력하는 것이죠'라고 대답했다. 현대 포트폴리오 이론, 기술적 분석, 거시경제적 사고 및 복잡한 알고리즘도 마찬가지다." 슐로스는 워런 버핏과 비슷한 투자 성과를 이룩했는데, 수수료를 제하기 전 금액을 기준으로 하면 오마하의 현인이라 불리는 워런 버핏과 대동소이할 것이다.

출처: 월터 슐로스, 16 Golden Rules of Investing; 버크셔해서웨이 회장이 보내는 서한, 2006년; 《포브스》, 2008년 2월호; 벤저민 그레이엄의 투자 학교에서 월터 슐로스가 진행한 강의(2006년); 위키피디아.

66

밴 슈라이버
(VAN SCHREIBER)

미국

- 투자에서 가장 중요한 것은 긍정적인 것이든 부정적인 것이든 시장의 주요 추세를 초반에 빨리 파악하는 것이다. 추세가 어떠한지 파악한 후에도 계속 지켜봐야 한다. 추세에 맞게 대응하느냐 그렇지 못하느냐에 따라 다른 투자자가 어리석은 선택을 할 때 혼자 영웅이 될 수도 있고, 다른 투자자가 모두 성공할 때 혼자 어리석은 선택을 할 수도 있기 때문이다.
- 두 번째로 중요한 것은 경쟁적 우위이다. 자신이 투자하는 기업에 분명한 이점이 있는지 확인하기 바란다. 동종 기업보다 많이 뒤처지면 가치 평가가 저렴해도 유리할 것이 하나도 없다. 앞서

나가는 기업이 엄청난 압박을 가할 것이기 때문이다.

- 손실을 줄이고 잘되는 투자 종목을 유지한다. 어느 투자자도 매번 옳은 결정을 할 수는 없다. 어리석은 결정을 내렸을 때 이를 받아들이고 잘못 판단한 투자 종목은 매도해야 한다. 반면에 오랫동안 성과가 좋은 투자 종목은 단지 계속 오른다는 이유만으로 매도하지 않는다. 실패한 종목을 빨리 처분하고 잘되는 종목은 꼭 붙들고 있어야 한다.

출생 1939년 미국 뉴욕

학력 윌리엄 칼리지에서 학사 학위를 받았고 뉴욕 대학교에서 MBA를 취득했다.

경력 1965년에 C.J. 로런스에서 리서치 애널리스트로 근무했다. 후에 도이치 모건 그렌펠/C.J. 로런스(Deutsche Morgan Grenfell/C.J. Lawrence Inc.)에서 포트폴리오 매니저가 되었다. 56세에 베네트 로런스 매니지먼트(Bennett Lawrence Management LLC)를 공동 설립했으며, 최고 포트폴리오 매니저 겸 경영진으로 활동했다.

투자 철학 슈라이버는 미국 내 성장주 투자자다. 그는 경쟁적 우위와 수익성 높은 성장 가능성을 가진 기업을 물색한다. 벤치마크에 비교할 때, 그의 펀드는 주가수익률이 시장의 두 배에 가까우며 성장률과 비교해도 두 배라고 할 수 있다. 그의 포트폴리오는 주로 중소기업 종목으로 구성되는데 최대 35개를 넘지 않는다. 주요 수요의 측면에서는 남들보다 먼저 추세에 합류하려고 노력한다. 또한 정보에서도 남들보다 우위를 선점하기 위해 업계 리더와의 면담, 법률 회계(forensic accounting), 위험 컨설팅 서비스 등 색다른 출처에서 정보를 확보한다.

기타 슈라이버가 이끄는 소규모 부티크 투자 회사는 2013년 기준 10억 달러가량의 자산을 운용했다. 전 세계 시장 동향이나 특정 기업에 대한 리서치를 하지 않을 때에는 독서, 골프, 낚시 등의 취미 활동을 즐긴다.

출처: 밴 슈라이버; 베네트 로런스 매니지먼트.

67

에드 세이코타
(ED SEYKOTA)

미국

- 시장은 5년 전이나 10년 전과 다를 것이 없다. 그때도 지금도 시장은 계속 변하기 때문이다.
- 시장에 대해 모든 것을 알고 싶다면 해변으로 가라. 바닷가에 앉아서 파도가 움직이는 대로 손을 움직여 보라. 큰 파도가 밀려올 때도 있고 작은 파도가 조용히 부서질 때도 있을 것이다. 이런 파도가 밀려올 때 손으로 밀어내려 해봐야 아무 소용이 없다. 파도는 절대 밀려나지 않는다. 그처럼 시장은 항상 옳다고 생각해야 한다.
- 좋은 트레이딩의 세 가지 요소는 손실을 줄이는 것, 손실을 줄이

는 것, 그리고 또 손실을 줄이는 것이다. 이 세 가지 규칙만 잘 따르면 성공의 기회가 찾아올 것이다.

출생 1946년 네덜란드

학력 세이코타는 매사추세츠 공과대학에서 전기공학으로 학위를 받았으며 매사추세츠 공과대학 슬로언경영전문대학원에서 경영학 학사 학위를 받았다. 두 학위 모두 1969년에 딴 것이다.

경력 그의 첫 직장은 개인이 운영하는 상품 거래 회사인 커머디티 코퍼레이션(Commodities Corporation)이었다. 1970년에 시장 거래에 관한 아이디어를 테스트하는 데 펀치 카드 컴퓨터를 사용하는 트레이딩 시스템을 개발했다. 나중에 증권거래소에 이 시스템이 도입되어 실무 거래에 사용되었다. 그로부터 얼마 지나지 않아서 세이코타는 직접 투자 운용에 나섰고 몇몇 고객의 계좌를 관리하기 시작했다. 수많은 트레이더가 그러했듯이 세이코타도 은에 투자한 경우를 포함해 손실을 입은 경험이 있다.

투자 철학 세이코타는 상품 트레이더이며 추세 추종을 열렬히 따르는 투자자다. 그는 기존의 리서치에서 중시하는 펀더멘털이 사실 쓸모가 없다고 생각하는데, 시장에서는 이미 가격이 하락했기 때문이다. 세이코타는 펀더멘털을 가리켜 '퍼니멘털(funnymental)'이라고 비꼬기까지 한다. 그는 포지션 하나당 최대 5퍼센트의 위험을 허용하는 소규모 투자를 하며, 시장이나 상품(instrument)을 '따라

잡으려는' 유혹은 투자자에게 치명적이라고 경고한다. 세이코타에게 마법의 투자 공식 같은 것은 없다. 다른 투자자와 차이점이 있다면 한마디로 절제와 인내심이라고 설명할 수 있다. 그는 '휩소 송(The Whipsaw Song)'이라는 뮤직비디오를 유튜브에 공개하면서 다음과 같은 여섯 가지 투자 원칙을 소개했다.

1) 수익이 나는 포지션을 유지한다.
2) 손실을 잘라낸다.
3) 위험을 관리한다.
4) 역지정가 주문을 사용한다.
5) 매매 규칙을 잘 지킨다.
6) 뉴스는 모아 둔다.

기타 세이코타의 실적은 수치로 명확하게 확인되지 않으며 이 책에 이름을 올릴 만한 자료가 없었기 때문에 투자 실적은 참고한 하길 바란다. 《퓨처 매거진》에 따르면 세이코타의 투자 성과는 30년 이상 수수료를 제외한 후에 60퍼센트를 넘었다고 한다.

그는 전 세계에 약 60개의 트레이딩 부족(trading tribe, 세이코타의 투자 자문을 얻는 사람들의 집단-옮긴이)을 운영하는데, 블로그를 사용하거나 직접 이들을 방문해 도움을 주고 있다. 이들에게 조언할 때 최면과 같은 정신 훈련 방법도 알려준다. 일부 유명한 트레이더는 세이코타를 자신의 스승이자 멘토로 여긴다. 그에게 특별한 점이 있다면 꾸준히 자기 성찰을 하고 거래의 심리적 요소를 분석하는 데 관심이 많으며, 다른 투자자가 각자의 잠재력을 펼치도록 열심히 도와준다는 것이다. 자신이 제공하는 서비스를 적극적으로 홍보하는 편은 아니며, 고객

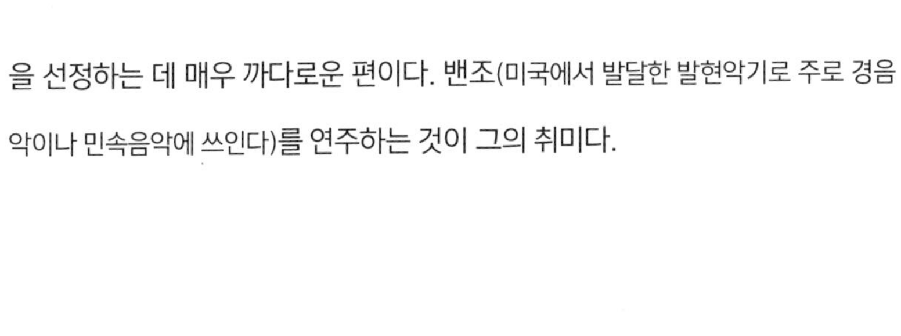

을 선정하는 데 매우 까다로운 편이다. 밴조(미국에서 발달한 발현악기로 주로 경음악이나 민속음악에 쓰인다)를 연주하는 것이 그의 취미다.

출처: 잭 슈웨거(Jack D. Schwager), 『시장의 마법사들』 (1988년); 로버트 코펠(Robert Koppel), 『The Intuitive Trader: Developing Your Inner Trading Wisdom(직관적 트레이더)』 (1996년); 서니 J. 해리스(Sunny J. Harris), 『Trading 102: Getting Down to Business(트레이딩 102)』 (1996년); TurtleTrader.com; 위키피디아.

68

제임스 사이먼스
(JAMES H. SIMONS)

미국

- 억세게 운이 좋은 것 외에는 상식을 대체할 방법은 없다. 물론 운이 좋은 것은 모든 문제에 관한 대안이 될 수 있다.
- 통계적인 예측 신호는 몇 년이 지나면 의미가 사라진다. 5년이나 10년이 최대한도일지 모른다. 시장은 투자자에게 적대적이므로 투자자는 항상 새로운 대책을 마련해야 한다. 발전하지 못하면 더 나빠질 수밖에 없다는 것을 명심하라.
- 가장 중요한 사안은 우수한 인력을 고용하는 것이다. 그들이 탁월하게 업무를 처리하고 사람들에게 안정적인 인프라를 제공하며 개방적인 분위기를 조성하는 데다 전반적인 실적에 따라 사람

들에게 보상을 제공하는 역할을 하기 때문이다.

출생 1938년 미국 매사추세츠주 뉴턴

학력 1958년에 매사추세츠 공과대학에서 수학을 전공해 학사 학위를 받았고, 23세에 캘리포니아 버클리 대학교에서 수학 박사 학위를 받았다.

경력 국방연구원 커뮤니케이션 리서치 부서에서 4년간 연구원으로 근무한 후 뉴욕 주립대학교 스토니브룩캠퍼스의 수학과 학장이 되었다. 40세에 교편을 내려놓고 투자 펀드 운용에 뛰어들었는데, 원자재와 금융 상품을 거래했다. 1982년에 르네상스 테크놀로지(Renaissance Technologies)라는 헤지펀드를 설립했다. 2010년 1월에 은퇴했으나 지금도 르네상스 테크놀로지 비상임 회장을 맡고 있다.

투자 철학 사이먼스는 현존하는 정량적 자금 관리자 중에서 가장 성공한 투자자다. 르네상스 모델은 최대한 자료를 많이 모아서 분석한 다음, 랜덤이 아닌 움직임을 찾아내 예측에 사용한다. 한마디로 쉽게 모방할 수 없는 전략이다. 르네상스 접근법은 구체적인 기간, 즉 제한된 기간 내에 보이는 성과를 달성할 것을 요구한다. 시장에서 큰 규모의 거래가 이루어지려고 할 때, 르네상스는 대기열의 맨 앞쪽을 파고 들려고 할 것이다. 사이먼스는 어떤 인터뷰에서 이 전략에 대해 다음과 같이 설명했다. “효율적인 시장 이론은, 시장에 심각한 비효율성이 없다는 측면에서 옳다고 할 수 있습니다. 하지만 아주 작은 형태의 이상 현상이 발생하거나 아주 잠깐 지속하는 이상 현상이 분명히 존재합니다. 우리는 시장을 예측하되, 얼마 지나지 않아서 상황을 재평가해 시장 예측과 포트폴리오를 수정합니다. 이런 일을 종일 한다고 해도 과언이 아닙니다. 매수했다가 금방 매도하는 일이 잦은 것도 놀랄 일이 아니죠. 그래서 우리는 돈이 되는 활동에 의존합니다." 사이먼스는 수학자, 물리학자, 천체물리학자, 통계학자 등 비슷한 생각을 하는 다수의 인재를 자신의 곁에 두고 있다. 275명의 직원 중에서 3분의 1이 박사 학위를 가지고 있다.

기타 르네상스 테크놀로지는 2013년 기준 150억 달러를 운용했다. 고정 수수료가 5퍼센트이고 성과 수수료가 44퍼센트 추가되므로 수수료가 매우 높은 편인데도 전 세계에서 가장 큰 수익을 내는 헤지펀드 중 하나로 손꼽힌다. 2008년에 사이먼스가 달성한 수익만 계산하더라도 25억 달러 정도이며 순자산 120억 달러를 달성했다. 그는 전 세계에서 손꼽히는 부호다. 《파이낸셜타임스》는 2006년에 그를 '세계에서 가장 똑똑한 억만장자'라고 평가했다. 사이먼스의 연구 중에서 가장 영향력 있는 것은 특정 기하학적 측정을 발견해 적용한 것인데, 여기에서 천-사이먼스 이론(천-사이먼스 불변량이라고도 한다)이 탄생했다. 사이먼스는 공식 비즈니스 모임에 참석할 때 양말을 신지 않는 것으로 알려져 있다. 다양한 자선 활동에 열성적으로 참여하고 있으며, 특히 자폐증 연구를 후원하고 있다.

출처: 제임스 A. 사이먼스의 2006년 국제금융공학자협회(International Association of Financial Engineers)의 연례총회 강의 및 2010년 MIT 강의; 그리니치 라운드테이블 메달리언 펀드(Greenwich Roundtable Medallion Fund); 위키피디아.

69

—

루이스 심슨
(LOUIS A. SIMPSON)

미국

독자적으로 생각하라. 사회 통념을 비판적인 시각으로 바라보고, 비이성적 행동이나 감정의 물결에 휩쓸리지 않도록 조심해야 한다. 그러한 물결은 주기적으로 월가에 닥치기 때문이다. 거기에 한 번 휩쓸리면 지나치게 높은 가격에 투자하게 되고 결국 자본금에 영구적인 손실이 발생하게 된다. 인기가 없는 기업을 경시해서는 안 된다. 오히려 그런 기업에 가장 성공 확률이 높은 투자 기회가 숨겨져 있을지 모른다. 장기적으로 투자하면 독자적인 생각을 유지하기가 한결 쉬워진다. 단기적인 발전은 대부분 예측하기 어렵고 주의만 분산시킬 뿐이다.

주주를 중시하는 고수익 기업에 투자하라. 장기적으로 보면 주가의 평가는 주주의 투자에 대해 기업이 벌어들이는 수익과 가장 관련성이 깊다. 중요한 것은 평균 이상의 수익성을 유지할 만한 기업을 알아보는 것이다. 안타깝지만 수익성 있는 사업을 운영하는 기업가는 종종 그보다 수익성이 낮은 부문으로 사업을 확장하려고 지나치게 많은 현금을 쏟아붓는다. 기업 소유주를 위해 가치를 극대화하는 것을 가장 중요시하지 않고 다른 것에 더 치중하는 경영진 임원이 있다면 경계하고 조심해야 한다.

아무리 좋은 기업이라도 합리적인 가격만 지급해야 한다. 전 세계에서 가장 뛰어난 기업이라도 가격이 너무 높다면 결코 좋은 투자라고 할 수 없다.

출생 1937년 미국 시카고

학력 웨슬리 대학교(Ohio Wesley University)에서 학사 학위를 취득했고, 1960년에 프린스턴 대학교에서 경제학 석사 학위를 받았다.

경력 프린스턴 대학교에서 경제학을 가르치다가 스테인 로 앤드 판엄(Stein Roe and Farnham)에서 투자자의 길을 걷기 시작했으며, 후에 이 회사의 파트너가 되었다. 나중에 웨스턴 자산운용사(Western Asset Management)로 이직한 후에 회장 겸 CIO를 맡았다. 1979년에 자동차보험업체인 가이코로 자리를 옮겨 회장 겸 CIO를 맡았다. 31년이라는 세월이 흘러 2010년에 74세의 나이로 은퇴했으나, 플로리다에 아내와 함께 SQ 어드바이저(SQ Advisors)라는 금융자산운용사를 창업했다.

투자 철학 심슨은 절제된(disciplined) 주식 시장 가치 투자자다. 한 인터뷰에서 그는 이렇게 설명했다. "나는 절충적인 투자 방식을 사용한다. 기업의 모든 서류를 꼼꼼하게 살펴보고 경쟁 업체와도 만나서 이야기를 나눈다. 그리고 우리보다 해당 기업에 대해 더 많이 아는 사람이 있는지 알아본다. 월가에서 만들어진 연구에만 의존하지 않고 직접 연구조사를 시행한다. 그리고 최고경영진과의 미팅을 중요하게 생각한다. 대다수 투자자와는 완전 반대인 특성도 있는데, 생각은 많이 하지만 행동은 많이 하지 않는다는 것이다. 다른 투자자는 행동을 많이 취하지만 그에 비해 생각은 많이 안 하는 것 같다." 가이코의 소유권은 워런 버핏의 버크셔해서웨이에 있지만, 투자 프로필은 전혀 다르다. 워런 버핏과는 대조적으로 심슨은 미국이 아닌 국가 및 기술 부문에 투자한다. 그의 포트폴리오는 집중형에 가까운데, 소수의 주식 종목이 전체 포트폴리오의 절반 이상을 차지한다.

기타 가이코에서 무려 40억 달러에 가까운 자산을 운용했으나 그는 소수 정예로 팀을 꾸렸다. 당시 조수 한 명과 애널리스트 한 명이 전부였다. 어떤 인터뷰에서 그는 "직원을 많이 거느릴수록 일을 잘 해내기 어려워진다. 모든 사람을 만족시켜야 하는데, 의사 결정에 관여하는 사람의 숫자를 제한하면 그만큼 의사 결정이 쉽고 빨라진다"라고 말했다. 그는 블룸버그 터미널(Bloomberg terminal, 온라인 증권거래용 소프트웨어의 일종-옮긴이)을 사용하지 않았으며 언론과의 접촉을 꺼렸다. 그는 지금까지 인터뷰를 딱 두 번밖에 하지 않았는데, 그중 하나의 인터뷰에서 "자기가 매수하거나 매도하는 종목을 여기저기 떠벌리고 다니는 사람이 정말 많습니다. 하지만 그런 행동은 본인에게 손해가 될 뿐이에요. 나는 마지막 순간까지 사람들이 우리가 무엇을 하는지 전혀 모르는 것이 좋습니다"라고 말했다. 심슨은 AT&T, 컴캐스트와 같은 몇몇 공기업의 이사회 임원으로 활동했으며 2006년에는 '우수 임원'으로 선정되었다. 2004년 버크셔해서웨이가 주주에게 보내는 서한에서 워런 버핏은 '절제를 아는 투자자의 초상'이라는 소제목하에 심슨을 특별히 소개한 바 있다.

출처: 루이스 A. 심슨; 《뉴욕타임스》 2007년 4월; 버크셔해서웨이; 《시카고트리뷴》 2010년 4월; 블룸버그; 위키피디아.

70

집 슬레이터
(JIM SLATER)

영국

첫 번째 요점은 비교적 좁은 분야 하나에 집중해서 누구에게도 뒤지지 않는 전문가가 되라는 것이다. 두 번째 요점이 가장 중요한 것인데, 그것은 바로 손실을 줄이고 수익이 나는 투자 종목을 성급하게 매도하지 않는 것이다. 대다수 투자자는 이와 반대로 행동하는데, 수익을 낚아채고 손실을 끌어안는다. 그렇게 하면 반드시 수익은 적고 손실만 커질 것이다. 달리 말해서 그들이 바라는 것과 정반대의 결과를 얻을 것이다. 세 번째 요점은 선행 주가수익 비율이 향후 성장률보다 낮은 성장주에 집중하는 것이다.

마지막으로, 나는 현금 흐름을 매우 중요하게 생각한다. 그래서 정기적으로 현금 흐름이 EPS를 초과하도록 조정한다. 이렇게 하면 엔론(Enron, 미국의 초대형 기업이었으나 부정회계가 들통나서 파산함-옮긴이)과 같은 잠재적인 위험을 가진 요소를 제거할 수 있다.

출생 1929년 영국 체스터(2015년 사망)

학력 16세에 그래머스쿨(grammar school, 대학 입시를 도와주는 중등교육 기관-옮긴이)을 중퇴했으며, 24세에 공인회계사가 되었다.

경력 학교를 그만둔 후 약 9년간 산업계에 종사했다. 레일랜드 모터스(Leyland Motor Corporation)의 영업 담당 부차장까지 승진했다. '자본가(Capitalist)'라는 가명을 사용해 '자본가'의 유령 포트폴리오라는 투자 칼럼을 연재했는데 당시 시장 평균 성장률이 3.6퍼센트인 것에 비해 68.9퍼센트의 수익률을 달성해 큰 성공을 거두었다. 이후 1964년에 슬레이터 워커 증권(Slater Walker Securities)을 설립했으나, 이 회사는 1973년에서 1975년까지 발생한 2차 금융 위기를 이기지 못하고 무너졌다. 그는 '마이너스 백만장자'로 유명한데, 자산보다 부채가 100만 파운드 더 많기 때문이다. 하지만 그는 불과 몇 년 만에 채무와 이자를 모두 청산했다. 1976년에 부동산 투자를 시작했고, 뒤이어 광산업과 바이오테크, 농업으로 투자 분야를 확장했다. 1990년 초반에 자신의 투자 원칙에 따라 투자하기 위해, 일종의 공개 기업 통계 안내서인 컴퍼니 REFS(Company REFS)를 고안했다.

투자 철학 슬레이터는 스몰캡 성장주 투자자다. 그의 투자 전략에서 핵심적 요소는 주가 순이익성장비율(price-earnings growth factor, 이하 PEG)이다. PEG가 1 미만이고 수익 증가율이 배수보다 높으면 아주 좋은 투자 대상이다. 슬레이터의 투자 방식은 피터 린치와 비슷한 점이 많다. 사실 PEG를 이 둘 중에 누가 만든 것인가를 놓고 아직까지 논란이 이어지고 있다. 하지만 영국에서 PEG라는 개념을 보편화시킨 사람이 슬레이터라는 점에는 이견이 없다. 또한 슬레이터는 기업의 현금 흐름이 수익을 초과해야 하고, 적어도 최근 3년간 성장세를 보여야 하며 대출 초과 상태가 되어서는 안 된다고 생각한다. 그는 중소기업을 선호하는데, 그 이유는 "코끼리는 질주할 수 없다"는 격언을 굳게 확신하기 때문이다.

슬레이터는 공개 데이터를 바탕으로 투자를 하지만, 투자에 앞서 적어도 애널리스트 세 명이 어떻게 예측하는지 확인한다. 경영진이 주식을 얼마나 매입했는지, 그리고 연례보고서에서 낙관적인 태도를 보이는지도 슬레이터에게는 매우 중요한 고려사항이다. 슬레이터는 시장에 대해 겸손한 태도를 유지하며, 시장이 특정 시점에 어느 방향으로 움직일지 함부로 예측하지 않는다. 그는 손실을 줄이고 수익이 나는 투자 종목을 성급하게 매도하지 않는 것이 성공적인 투자의 핵심 요소라고 생각한다. 이 책에 소개된 투자 전략 중에서 슬레이터의 투자 스타일이 가장 접근하기 쉽다고 할 수 있다.

기타 다른 사람의 돈을 운용한 적이 없지만 슬레이터의 투자 전략이 성공적이라는 증거는 얼마든지 찾아볼 수 있다. 오랫동안 슬레이터가 기고한 비즈니스 칼럼과 제안은 매우 높은 수익을 얻는 데 이바지했다. 슬레이터의 투자 원칙에 따라 운용된 공공 기금은 3년간 시장 수익률 77퍼센트와 비교할 때 최대 188퍼센트까지 증가했고, 5년간 시장 수익률은 7퍼센트였으나 이 펀드는 77퍼센트 증가했다. 그는 영국에서 최초로 거리의 노숙자가 투자에 성공하도록 도와준 사람이다. 다섯 권의 투자 관련 서적을 저술했으며, 아동 도서도 서른 권이나 저술했다.

출처: 짐 슬레이터; www.jimslater.org.uk; MFM 슬레이터 성장 펀드.

71

카를로스 슬림
(CARLOS SLIM)

멕시코

위기가 발생하면 시장을 빠져나오려는 사람이 생긴다. 바로 그때 우리는 시장에 진입할 생각을 해야 한다. 사업에 참여할 때 가장 먼저 해야 할 일은 해당 사업을 파악하는 것이다. 관련 수치를 보면 사업이 어떻게 돌아가는지 이해할 수 있을 정도의 실력을 갖춰야 한다.

요즘 사람들의 가장 큰 실수는 과거의 비즈니스 스타일이 무용지물이라고 생각하는 것이다. 그러나 새로운 문명사회에서도 기존의 비즈니스 스타일은 중요한 부분을 차지할 것이다. 일부 소매업체는 전자상거래를 도입하면서 '오프라인 상점'이 더는 쓸모없다고 생각한다. 하지만 오프라인 상점도 계속 중요한 역할을 담당할 것이다.

출생 1940년 멕시코 멕시코시티

학력 멕시코 국립자치대학교(National Autonomous University of Mexico)에서 토목 공학을 전공했으며, 이 학교 학생으로 재학하면서 대수학과 선형 프로그래밍을 강의하기도 했다.

경력 대학을 졸업한 후에 주식 브로커로 일하기 시작했다. 25세였던 1965년에 카소 그룹(Grupo Carso) 재단을 만들었다. 1980년대 이후로는 다양한 산업 분야와 부동산, 상업 부문에서 유명한 사업가로 변모했다. 2013년에는 자신이 소유한 기업 대다수의 이사회를 사임하고 멕시코를 비롯한 남미 지역의 교육, 보건 및 고용 문제에 관심을 쏟았다.

투자 철학 슬림은 역발상 투자자이면서도 헐값에 기업을 사들이는 데 능통한 투자자다. 그의 투자 이력 중에서 가장 중요한 두 가지 투자는 모두 역발상과 헐값 인수라는 특징을 보인다. 멕시코 금융 위기였던 1982년에 기업이 장부가의 10퍼센트도 안 되는 가격에 팔리고 있었다. 투자자들은 썰물처럼 멕시코를 빠져나갔지만, 슬림은 그때 대량 매수를 선택했고, 시간이 지나고 보니 그것은 매우 시기적절한 투자였다. 1990년대 후반에 통신업체 텔멕스(Telmex)가 민영화되었는데, 그때 슬림은 텔멕스의 최대 주주가 되었다. 텔멕스의 가치는 17억 6000만 달러였으나 민영화 이후로 20배 이상 상승했다. 또 다른 성공 사례는 사양길을 걷고 있는 신문 산업에 투자한 것인데, 슬림은 《뉴욕타임스》 주식을 약 10퍼센트 인수했다. 그런데 그의 투자에는 또 다른 각도로 봐야 할 사안이 있다. 그것은 바로 슬림이

거의 독점에 가까운 결과를 추구한다는 것이다. 실제로 그는 종종 경쟁 업체를 가차 없이 몰아낸다는 비판을 듣는다.

기업을 싸게 인수해서 정상화하는 그의 전략은 오랫동안 변함없이 유지되고 있다. 그는 남들보다 빨리 기회를 알아보지만 절대 웃돈을 내지 않는다. 기술 분야에 관심이 있지만, 구체적으로 다른 산업에 기술이 미치는 영향에만 관심을 가진다. 그는 컴퓨터를 사용하지 않으며 종이와 연필을 고집한다. 남미 출신 투자자에서 지금은 전 세계적인 투자자라는 명성을 얻었다. 사업 실적이 매우 저조했던 오스트리아 통신업체인 텔레콤 오스트리아(Telecom Austria)의 지분 27퍼센트를 손에 넣었는데, 주가가 반 토막이 난 후에 매수했다는 점은 굳이 말할 필요조차 없을 것 같다.

기타 레바논 출신의 이민자 가정에서 자랐으며, 슬림을 포함해 형제가 총 여섯 명이었다. 12세에 처음으로 주식을 샀는데, 20대 초반에 이미 백만장자가 되었다. 2013년 기준으로 전 세계에서 가장 부유한 사람으로 알려져 있는데, 2013년 3월 《포브스》가 발표한 자료에 따르면 개인 자산이 730억 달러다. 전체적으로 보면 그의 회사들이 멕시코의 주요 주식 시장 지수 총계에서 3분의 1 이상을 차지한다. 그는 숫자, 특히 야구 관련 통계에 매우 능숙한 것으로 유명하다. 그의 별명은 '남미의 워런 버핏'이다. 2007년에 보건, 스포츠 및 교육 관련 재단에 40억을 내놓았다. 역사와 예술, 자연을 매우 좋아한다.

출처: Carlosslim.com; strategicbusinessteam.com: mycomeup.com; 위키피디아.

72

—

도널드 스미스

(DONALD G. SMITH)

미국

투자 기회의 세계는 매우 광활하며 분석할 때 발생하는 잡음이 매우 많다. 캐피털에서 이 분야에 첫발을 내디딜 때 주변을 둘러보니 정말 똑똑한 사람들이 하루 12시간을 일에 쏟아부으며 모든 투자 기회를 철저히 분석하고 있었다. '과연 내가 이 사람들을 이길 수 있을까?'라는 걱정이 앞섰다. 그래서 나는 이 세계의 90퍼센트를 지워버리고 소수점 뒷자리까지 따져서 최저가에 집중하자고 마음먹었다. 그렇게 시작하니 나에게도 기회의 문이 열렸다.

경쟁자가 투자 기회의 세계 전체를 파악하려고 애쓰는 동안 우리는 틈새시장 기업을 집중적으로 연구했다. 급물살에 휩쓸려 주가가 폭락할 때 우리는 주식을 지지하는 견고하고 구체적인 가치라는 닻에 의존할 수 있었기에 낮은 주가에서도 자신 있게 매수할 수 있었다. 그래서 나는 독자에게 차별화된 투자 철학을 갖는 게 가장 중요하다는 것을 알려주고 싶다. 거래 비용을 제하면 네거티브섬 게임(negative sum game, 게임 참가자들의 득실을 모두 합치면 마이너스가 되는 게임-옮긴이)이므로 시간이 지나고 보면 실질적으로 시장을 이긴 사람은 그리 많지 않다. 이 때문에 투자자에게 자신만의 독특한 접근법이 필요한 것이다.

우리는 지나치게 저평가되어서 시장의 자연스러운 변화에 따라 주가가 올라갈 수밖에 없는 주식만 사려고 노력한다. 또 적극적인 것에 시간을 많이 투자하지 않는 편이다. 예를 들어 경영진에게 장부 가치를 낮추는 기업 인수를 하느니 차라리 자사주를 사들이라고 강하게 압박을 가할 때가 있다. 하지만 대부분은 이목을 끄는 행동을 하지 않으려고 한다. 일반적으로 경영진은 정중하게 당신의 말을 경청하는 태도를 보이지만, 당신이 대주주가 아닌 이상 돌아서면 자신들이 하고 싶은 대로 행동한다. 벤저민 그레이엄은 사람들이 경영에 대해 어떻게 생각하느냐는 주가와 상관관계가 있다고 말한다. 주식이 10달러에 팔리던 회사의 멍청한 경영진이 주가가 40달러로 오르자 갑자기 천재로 칭송받는 것을 본 적도 있다. 장부가보다 저렴한 주식을 보유할 때 좋은 점은 실력이 좋은 경영진이 그 기업에 관심을 보인다는 것이다. 일례로 실력 있는 경영자라면, 주가가 장부가의 1.8배인 기업보다는, 주가가 장부가의 80퍼센트인 기업의 CEO를 맡으려 할 것이다. 우리가 투자한 기업은 경영진이 평균 수준에서 시작했지만, 나중에 흠잡을 것이 전혀 없다고 할 정도로 크게 발전했다. 이러한 기업들은 우리에게 큰 수익을 안겨주었다.

출생 알려진 정보가 없다.

학력 일리노이 대학교에서 금융학 및 회계학 학사 학위를 받았으며, 하버드 대학교에서 MBA를 취득했다. 또한 UCLA 로스쿨에서 법학 석사 학위를 받았다.

경력 캐피털 리서치 컴퍼니(Capital Research Company)에서 애널리스트로 근무한 것이 투자자로서 첫걸음이었다. 후에 캐피털 가디언 트러스트(Capital Guardian Trust Co.)로 이직했다. 1980년에 홈 인슈어런스 컴퍼니(Home Insurance Company)의 CIO 겸 홈 포트폴리오 어드바이저(Home Portfolio Advisors)의 회장이 되었다. 3년 후에 이를 인수해 회사명을 도널드 스미스 앤드 컴퍼니(Donald Smith & Co.)로 바꿨다. 공식 직함은 CIO다.

투자 철학 스미스는 심층 가치 주식 시장 투자자이며 특별한 틈새시장을 가지고 있다. 그는 광범위한 연구를 통해 가격 대 장부 비율이 남들보다 더 좋은 실적을 올릴 수 있는 최상의 기회를 열어준다는 것을 알게 되었다. 그가 이끄는 팀은 유형 자산이 가장 저평가된 주식 종목 10퍼센트에만 집중한다. 특히 장부가보다 더 저렴하게 팔리는 주식을 놓치지 않는다. 하지만 단순히 투자 종목을 스크리닝만 하는 것이 아니다. 숨겨진 자산의 조정, 영업권, 옵션과 전환사채로 인해 발생한 희석 효과, 이연법인세와 같은 다양한 요소를 사용해서 '유형' 장부가를 측정하려고 애쓴다. 또한 펀더멘털이 긍정적으로 바뀔 가능성이 있어야만 투자 가치가 있다고 판단한다. 여기에는 경영진과의 소통 및 해당 업계에 대한 기본적인 지식이 포함된다. 이 전략대로 하면 비인기 주식 종목(약 100가지 포지션)을 3~4년간 보유하게 된다. 그는 장부가액이 200퍼센트를 초과하면 어김없이 매도 처분한다.

기타 UCLA에서 벤저민 그레이엄을 돕겠다고 자원해 낮은 주가수익률 전략에 대해 연구했는데, 바로 그때 수익은 너무 변동이 커서 투자 철학의 기반이 될 수 없다는 것을 깨달았고, 더욱 안정적인 측정 데이터를 기반으로 더 효과적인 투자 방법을 개발하기 위해 장부가에 관심을 두게 되었다. 처음부터 평균 포트폴리오는 1 미만의 유형 장부가를 유지하고 있다. 도널드 스미스 앤드 컴퍼니는 약 40억 달러를 운용하고 있다. 케이토연구소(Cato Institute)에도 참여하고 있는데, 이는 제한된 정부, 자유시장, 개인의 자유, 평화의 원칙에 기반한 공공정책에 대한 이해 증진을 목표로 하는 연구소다.

출처: 도널드 스미스 앤드 컴퍼니; 그레이엄 앤드 도드빌(Graham & Doddsville); 컬럼비아 경영대학원.

73

—

조지 소로스
(GEORGE SOROS)

미국

투자자의 예상이 맞고 틀리는 것이 중요한 게 아니라 예측이 맞았을 때 얼마의 수익을 벌었는지, 예측이 틀렸을 때 손실을 얼마나 줄이는지가 더 중요하다.

통상적으로 많은 사람이 시장은 항상 옳다고 생각한다. 하지만 나는 정반대로 시장은 항상 틀렸다고 생각한다. 그렇다고 항상 추세를 거슬러 움직이라는 뜻은 아니다. 사실 대부분의 경우에 추세가 시장을 주도하기 때문이다. 오류가 드러나서 해결되는 경우는 아주 드물게 발생하는데, 바로 그럴 때 추세에 역행하라는 것이다. 이러한 논리에 따라 생각하다 보니 모든 투자 이론에서 허점을 찾게 된다. 그래서 나는 오류가 무엇인지 파악해야 비로소 불안감이 사라지는 느낌을 받는다. 오류를 찾았다고 해서 그 이론을 배척하는 것은 아니다. 오히려 시장이 모르는 단점을 나는 알고 있다는 사실에 자신감을 느끼면서 그 이론을 활용할 수 있다.

위험을 감수한다는 것은 매우 고통스러운 일이다. 자기 힘으로 견뎌보려고 안간힘을 쓰거나 다른 사람에게 떠넘기려 할 것이다. 하지만 위험을 다뤄야 하는 사업에 종사하면서 정작 그 결과를 감당하지 못한다면 그 사람은 자격이 없는 것이다. 상황이 더 나빠지고 회복되는 데 걸리는 시간이 줄어들수록 상승 폭은 더 커질 것이다.

출생 1930년 헝가리 부다페스트

학력 1952년에 런던 경제학교(London School of Economics)에서 철학 학사 학위를 받았다.

경력 학교를 졸업한 후에 런던 상업은행 싱어 앤드 프리드랜더(Singer & Friedlander)에 취직했다. 1956년에 뉴욕으로 이주했으며, 이후 1959년까지 F. M. 메이어(F. M. Mayer)에서 차익 거래 트레이더(arbitrage trader)로 근무했다. 1959년부터 1963년까지는 베르트하임 앤드 컴퍼니(Wertheim & Co.)에서 애널리스트로 활동했다. 1963년부터 1973년까지 안홀드 앤드 S. 블레이크로더(Arnhold and S. Bleichroder)에 근무했으며 부회장이 되었다. 1967년에 회사를 설득해서 퍼스트 이글(First Eagle)이라는 해외 투자 펀드를 설립한 다음, 운용 책임을 맡았다. 그리고 1969년에 더블 이글(Double Eagle)이라는 헤지펀드를 창립했다. 1970년에 소로스 펀드운용사(Soros Fund Management)를 설립했는데, 이는 퀴라소에 있는 투자운용사인 퀀텀 펀드의 대표적인 투자 자문 기관이다. 2000년에 은퇴했다가 2007년에 복귀해 280억 달러의 자산을 운용했다. 현재는 2017년 현업에서 은퇴한 후 오픈소사이어티 재단만 맡고 있다.

투자 철학 소로스는 트레이더이자 단기 투자자라는 특징이 있다. 거시경제와 금융 시장은 물론이고 심리학에도 조예가 깊다. 이는 금융 시장의 방향에 맞게 거액의 투자를 하는 데 많은 도움이 된다. 그는 경제 추세의 하향 분석에 능하며, 종종 채권이나 통화로 높은 레버리지 포지션을 차지한다. 1992년에는 한 번의 베팅으로 하루 만에 10억 달러가 넘는 수익을 달성했는데, 그로 인해 '잉글랜드 은행(Bank of England')을 파산시킨 사나이'라는 말이 생겨났다. 물론 일이 잘 안 풀릴 때도 있었다. 2000년 닷컴 버블이 터졌을 때 퀀텀은 좋은 입지에 서지 못했다. 그런데 큰 규모로 투자를 하거나 위험한 투자를 할 때도 그는 항상 자본금을 보존하는 것을 최우선으로 하며 수익 창출은 두 번째 목표가 된다. 소로스는 통상적으로 무리와 함께 움직이므로 추세를 추종하는데, 가끔 추세를 벗어나 새로운 방향으로 주도하는 역할을 한다. 또한 행동할 타이밍을 정하는 것도 거의 본능적으로 처리한다. 그의 투자 전략과 스타일은 지극히 개인적 성향이 강해서 평균적인 투자자가 적용하기 어렵다.

기타 소로스는 펀드 매니저들에게 슈퍼스타와 같은 존재이며 헤지펀드의 제왕으로 불린다. 퀀텀 펀드를 통해 그는 동시대의 전 세계 투자 펀드 매니저를 통틀어 가장 우수한 실적을 보유하고 있다. 퀀텀 펀드를 운용한 이래로 투자자에게

400억 달러에 가까운 이익을 되돌려주었기에 퀀텀은 당당히 전 세계 1위 펀드에 올랐다. 소로스는 월가에서 충분히 돈을 벌어서 작가이자 철학자로서 자기를 부양하는 것이 자신의 투자 의도라고 말했다. 1979년에서 2011까지 인권단체, 공중보건 및 교육 관련 단체에 80억 달러 이상을 기부했다. 그렇게 기부한 후에도 개인 자산은 190억 달러로 추정되며, 세계에서 가장 부유한 사람 50인에 포함된다. 헝가리에서 공산주의 정권이 자본주의로 평화롭게 교체되는 데 중요한 역할을 했다(1984~1989년). 소로스는 총 열세 권의 저서를 출간했다.

출처: 조지 소로스, 『소로스가 말하는 소로스』(1995년); 로이스 피츠(Lois Peitz), 『새로운 투자계의 슈퍼스타』(2011년); georgesoros.com; 퀀텀 펀드; 위키피디아.

74

에릭 스프랏

(ERIC SPROTT)

캐나다

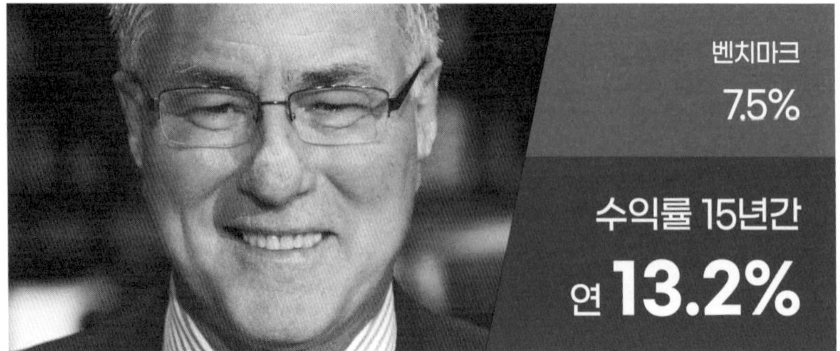

- 주가수익률은 핵심적인 투자 지표다. 기업을 분석할 때 시장이 그 기업에 최대 얼마까지 지불할 용의가 있는지 파악해야 한다. 수익 증가율은 모든 주식 투자에서 성공을 좌우하는 중요한 요소다.
- 일찍 투자를 시작해 2~5년의 투자 지평을 유지한다. 기업 초반에 창출하는 수익은 기업이 자리를 잡은 후반기에 내놓은 수익과는 비교가 안 될 정도로 크다. 초기에 투자할 의사가 있으면 가치를 '훔칠' 수 있고 시간이 지날수록 수익이 더 늘어날 가능성도 커질 것이다.
- 스몰캡 투자를 하면 라지캡 투자보다 항상 좋은 성과를 얻는다.

출생 1944년 캐나다 오타와

학력 1965년에 칼턴 대학교에서 무역학 학사 학위를 받았다. 1968년에 공인회계사 자격을 취득했다.

경력 1972년에 메릴린치에 리서치 애널리스트로 취직했다. 37세에 스프랏 증권(Sprout Securities)을 설립하고 특수 상황 기관 투자를 주로 맡았다. 20여 년간 이 회사를 캐나다에서 가장 큰 독립소유형 증권사로 손꼽힐 정도로 키워냈다. 회사를 운영하는 내내 투자에 성공했기 때문에 이를 기반으로 스프랏 자산운용사(Sprott Asset Management)를 설립하기로 마음을 먹고 스프랏 증권에 대한 지분을 곧바로 매각했다.

투자 철학 스프랏의 투자 방식은 거시경제 분석에 펀더멘털, 상향식 주식 종목 선택 스타일을 결합한 것인데, 비교적 중소기업 주식을 선호하는 경향이 있다. 투자 전략의 초석은 금속 산업, 특히 금과 은에 대한 해박한 지식이라고 할 수 있다. 또한 그는 시장 추세를 예측하고 거시경제의 관점에서 대대적인 변화를 예측하는 데 매우 성공적이었다. 그는 대규모 투자를 감행하며 고위험 전략을 구사한다는 평판을 얻고 있다. 그렇지만 금은 매수하고 주식은 매도하는 전략이 2000년대 들어서 그에게 큰 도움이 되었다. 그는 장기적 투자 지평을 유지한다.

기타 2013년은 스프랏에게 끔찍한 시기였다. 금이 25퍼센트, 은이 35퍼센트나 하락하리라고는 스프랏도 전혀 예상치 못했을 것이다. 그의 헤지펀드 중 세 개는

50퍼센트 이상 가치가 하락했고 가장 오래된 펀드인 스프랏 캐나다 이쿼티 펀드(Sprott Canadian Equity Fund)는 벤치마크 13퍼센트 대비 37퍼센트나 급락했다. 상장 기업인 스프랏(Sprott Inc.)의 주가는 45퍼센트 하락했고 이 때문에 《포브스》가 선정하는 전 세계 400대 부자 명단에서 밀려나고 말았다. 스프랏 자산운용사는 90억 달러가 넘는 자산을 관리한다. 그는 자선 활동에 매우 열성적이어서 매우 다양한 국제자선기관을 후원한다. 캐나다에서는 스프랏이 금융업계의 불황이나 몰락을 정확히 예측하는 것으로 잘 알려져 있다.

출처: 에릭 스프랏; 스프랏 자산운용사; 헤지펀드 리뷰(Hedge Funds Review).

75

마이클 스타인하르트
(MICHAEL STEINHARDT)

미국

극단적 낙관주의가 지나치게 두드러지는 것은 시장이 이미 최고점을 찍었다는 신호라고 할 수 있다. 마찬가지로 두려움은 시장이 바닥을 쳤다는 신호라고 할 수 있다. 나는 시장 주기의 모든 단계를 여러 번 거치면서 투자자들이 앞서 언급한 두 가지 극단적인 감정을 내비치는 것을 항상 관찰할 수 있었다. 심지어 노련한 투자자들도 예외가 아니었다. 남들이 모두 국채만 사려고 할 때, 두 눈을 거의 감다시피 하고 주식에 장기 투자해 보기 바란다.

중요하다고 할 만한 유일한 분석 도구는 지식적인 면에서 유리한 이질적인 견해였다. 다른 사람보다 더 많이 알고 상황을 더 잘 인식하는 것도 포함된다. 시장 기대치를 제대로 예리하게 파악하는 것도 매우 중요하다. 따라서 남들과 다르게 인식한 것이 시장을 제대로 파악한 것이고, 그것이 결국 시장의 대세가 될 때 필연적으로 유의미한 수익을 얻게 될 것이다.

나는 비교적 젊은 나이에 투자를 시작했기 때문에 지금까지 같은 종류의 데이터를 기반으로 수많은 판단과 투자 결정을 했다. 이러한 과정이 오랫동안 이어지면서 의사 결정에 대한 예리한 감각이 발달했고, 그 결과 실수가 많이 줄었다. 반복 행동을 통해 학습이 발생한 것이므로 그 과정이 명백히 이해되는 것은 아니지만 '투자자로서 훌륭한 직관'을 갖게 되었다. 그래서 종종 나보다 지식이 훨씬 많은 사람이 어떤 아이디어가 좋다고 말하는 것을 듣고는, 그 사람이 기대한 것과 전혀 다른 결론을 내릴 때가 있다.

출생 1940년 미국 뉴욕

학력 1960년에 펜실베이니아 대학교 와튼스쿨을 3년 만에 조기 졸업했다.

경력 스타인하르트는 뮤추얼 펀드 회사 캘빈 불록(Calvin Bullock)에서 리서치 및 애널리스트 업무를 맡아서 월가에 입성했다. 러브 로데스 앤드 컴퍼니에서도 비슷한 업무를 맡았다. 1967년에 스타인하르트, 파인, 버코위츠 앤드 컴퍼니(Steinhardt, Fine, Berkowitz & Co.)라는 헤지펀드를 설립했다. 1995년에 은퇴하면서 이 펀드를 폐지했다. 이후 2004년에 위즈덤 트리(Wisdom Tree)를 통해 투자자로서 활동을 재개했다. 위즈덤 트리는 미국에서 ETF 기반 인덱스펀드로는 7위에 올라 있다.

투자 철학 펀더멘털을 기반으로 투자를 시작한 경우에도 단기 투자로 끝내는 경우가 종종 있다. 심지어 투자 기간이 한 달도 안 될 때도 있다. 스타인하르트는 미식축구에 사용되는 표현을 인용해 '우리의 투자 스타일은 먼지구름 속에서 조금씩 앞으로 나아가는 것(한 번에 공을 멀리 던지는 것이 아니라 공을 최대한 지면에 가깝게 두면서 조금씩 전진하는 전략-옮긴이)'이라고 말했다. 그는 모든 종류의 자산을 가리지 않고 투자하지만, 투자 종목의 대부분은 주식이다. 펀드를 접기 전에 마지막 몇 년간 해외에 투자했지만 실적은 매우 저조했다. 이 책에 소개된 다른 투자자들과 대조적으로 스타인하르트는 추세 추종을 반대하는 편이다. 그는 시장 추세를 거슬러 움직이며 자신이 좋아하는 기업의 주식을 공매도하는 것을 좋아한다. 기술 분석이나 도표는 절대 신경 쓰지 않는다. 투자 스타일을 보면 역발상 투자라는 표현이 가장 잘 어울린다. 하지만 대부분의 경우 매우 독자적으로 행동하기 때문에 다른 투자자가 쉽게 모방할 수 없다. 투자 규칙이나 가치 평가를 위한 프레임워크를 따로 정해둔 것은 아니며, 그저 남들과 다르게 생각하려고 노력하는 편이다. 스타인하르트는 주식 시장의 방향을 예측하는 능력이 매우 뛰어난 것으로 알려져 있다. 월가에 근무할 당시에는 가장 까다로운 상사라는 혹평을 받았다.

기타 그는 초반에 크게 두각을 드러낸 헤지펀드 매니저 중 한 사람이다. 28년간 연간 총 수익률이 30퍼센트를 넘었는데, 지금까지 이 기록을 깬 투자자는 한 명도 없었다. 게다가 스타인하르트처럼 집중적인 투자 전략을 구사할 활력을 가진 투자자도 찾아보기 힘들다. 그가 1967년에 투자한 1달러는 1995년에 481달러까지 늘어났다. 같은 기간에 S&P 500은 불과 19달러로 증가한 것에 비해 대단한 성과라고 할 수 있다. 스타인하르트의 포트폴리오에서 순매수(net-long) 포지션이 약 35퍼센트에 불과한 점을 생각해 보면, 그가 주식 시장에서 우수한 투자 종목과 그렇지 않은 종목을 얼마나 잘 선별했는지 엿볼 수 있다. 2001년에 마이클 스타인하르트의 자전적 일대기 『No bull: my life in and out of markets(노 불: 시장 안팎에서의 내 인생)』을 출간했다. 은퇴 후에는 자신의 자산을 운용하면서 미술품을 수집하고 있다. 자선 활동에도 매우 적극적인데, 특히 유대인 관련 문제를 아낌없이 후원한다.

출처: 마이클 스타인하르트의 자전적 일대기 『No bull: my life in and out of markets』, (2001년); 인베스토피디아; 위키피디아.

76

J. 크리스토퍼 스텐스러드

(J. KRISTOFFER C. STENSRUD)

노르웨이

투자할 때에는 항상 의심을 품고 실용적으로 판단해야 한다. 한눈에 이해할 수 있는 비즈니스 모형을 가진 기업에만 투자해야 한다. 기업의 분야나 물리적 위치는 중요하지 않다. 상식적으로 판단하고, 가치 있는 기업의 냄새를 맡을 줄 알아야 한다. 누군가가 '좋다고 하는' 말만 믿고 주식을 사는 일은 없어야 한다. 검증할 수 없는 정보를 믿는 것은 어리석은 일이다. 그리고 첫 번째 이익-경고(profit-warning)가 마지막 경고가 아닐 수 있음을 기억해야 한다.

시장은 종종 틀릴 때가 있으므로 투자자는 자신이 직접 분석해야 한다. 자신이 파악한 기업의 가치와 시가 사이에 차이가 있을 때 해당 주식을 사들이면 된다. 소문이나 추세는 가능한 한 멀리하는 것이 좋다. 가능하다면 금융업계와 멀리 떨어져 지내는 편이 낫다. 한마디로 남들과 다르게 생각하라는 것이다. 그리고 역투자자가 되겠다는 일념 하나로 역투자를 고집하는 것은 무의미하다. 항상 이유를 분석하는 것이 뒷받침되어야 한다.

투자자의 유일한 무기는 시장 내 다른 투자자와 비교해서 다른 기대치와 시간 지평을 갖는 것이다. 대형 프랜차이즈는 어떤 이유로든 일시적으로 저평가될 수 있으므로 이런 프랜차이즈를 항상 주목해야 한다. 단, 코닥의 실패를 잊어서는 안 된다. 프랜차이즈도 실패할 수 있다는 점을 명심하라. 저평가되었거나, 잘못 분석되었거나, 유행이 지나고 인기가 없지만 재평가를 유발할 요소가 있는 주식에 투자해야 한다. 강세장일 때에는 편집증 환자처럼 생각하고 약세장일 때 열정적으로 행동하는 것이 좋다.

출생 1953년 노르웨이 트론헤임

학력 1979년에 코펜하겐 경영전문대학원에서 MBA를 취득했다.

경력 25세에 런던에서 보르신포메이션(Borsinformation)이라는 투자 회사를 공동 창립하고 포트폴리오 매니저를 맡았다. 1985년에 노르웨이로 돌아와서 스태폰즈(Stafonds)에서 애널리스트로 활약했다. 덴마크에 있는 카네기 옌센(Carnegie Jensen)의 리서치 총책임자로 잠시 근무하다가, 1993년에는 스카겐 폰딘(Skagen Fondene)을 공동 설립했다. 노르웨이 최대 펀드 스카겐 콘티키(Skagen Kon-Tiki)에서 포트폴리오 매니저를 맡고 있다.

투자 철학 스텐스러드는 스칸디나비아 주식 시장에서 가장 성공한 역발상 투자자다. 그의 활동 영역은 전 세계다. 또한 잘 운영되던 대기업이 주식 시장에서 문제가 생길 때면, 어김없이 스카겐이라는 이름이 주주 목록에 새로 등장한다. 상향식 분석을 선호하며 부문이나 국적은 중요하게 여기지 않는다.

주요 투자 대상의 요건은 대차대조표상으로 안정적이며 프랜차이즈 사업이 잘되고, 경영진의 실력이 입증된 기업이다. 포트폴리오의 평균 투자 종목을 보면, 장부 가치가 시장 평균에 크게 못 미치는 데다 주가수익 비율도 상당히 낮다. 게다가 미래에 가치 평가 하락을 유발할 요인이 있는지 반드시 확인하는 편이다. 어느 나라에 있는 기업인지는 중요하지 않으며, 가치 평가가 마음에 들기만 하면 투자를 진행한다.

그의 시간 지평은 2년이며 소수 종목에 집중하는 포트폴리오를 운용하는데, 열 개의 대형 포지션이 포트폴리오의 절반을 차지하고 있다. 그는 여행을 거의 하지 않으며 컨센서스는 항상 빗나간다는 대전제를 가지고 투자에 임한다.

기타 스텐스러드가 운용하는 스카겐 콘티키는 최고의 실적을 자랑하는 신흥 시장 펀드다. 2010년 이후 10여 년간 벤치마크 8.5퍼센트에 비해 연수익률 18.5퍼센트를 달성했다. 스카겐폰딘의 총 운용 자산 규모는 150억 달러인데, 이 회사는 금융 중심지에서 크게 동떨어진 노르웨이의 스타방게르라는 소도시에 자리 잡고 있다.

스텐스러드는 미카엘 란델과 앤서니 볼턴을 자신의 멘토로 여기며, 대다수 투자

자가 휴가를 떠나는 여름에 집중적으로 일하는 것을 선호한다. 기상학에 관심이 많으며 머리를 길러 묶고 다닌다.

출처: 크리스토퍼 스텐스러드 ; 스카겐 폰더; 스카겐 벡스트; 스카겐 글로벌; 스카겐 콘티키.

77

라슬로 솜바트팔비
(LASZLO SZOMBATFALVY)

스웨덴

자신이 원하는 수익률을 주식의 특정 위험 수준에 맞추어 조정해야 한다. 변동성으로 측정되는 위험에는 의존하지 말아야 한다. 실제 위험은 다음과 같은 요소에 도사리고 있다.

1. 외부 위험: 수익 예측, 경쟁적인 환경, 통화, 각 부문의 위험 프로필과 가격 결정력
2. 내부 위험: 재무 위험(자기자본비율과 이자 지급 후 마진을 반드시 확인하고 영업권을 조정해야 한다), 성장 전략(기업 인수는 위험을 증가시키는 요인이다), 경영진

가장 긍정적인 장기 시나리오와 가장 부정적인 장기 시나리오를 검토해 위험이 어느 정도인지 파악한다. 대부분의 실제 결과는 두 가지 극단적인 시나리오의 한계를 벗어나지 않을 것이다. 물론 이조차 확신할 수는 없다. 그래도 두 가지 극단적인 시나리오는 어느 정도 위험의 범위를 정해준다. 위험에 따라 다르겠지만, 수익률은 장기 채권 수익률보다 5~15퍼센트는 높아야 한다.

선택적으로 행동하라. 장기적으로 보면 항상 100퍼센트 투자할 필요가 없다. 저평가된 주식만 매수해도 괜찮다. 대체할 만한 투자 종목이 없거나 세금을 피할 목적으로 과대평가된 주식을 매도할 시기를 기다리는 일은 없기 바란다. 자본 수익에 대한 세금은 성공의 지표로 여겨야 한다.

자신이 감당할 수 없는 수준의 위험을 끌어안으려 해서는 안 된다. 예측할 수 없는 상황과 예측 가능한 상황은 둘 다 주식 시장의 하락세를 유발할 수 있다. 가능성이 적은 것과 아예 불가능한 것을 혼동해서는 안 된다.

출생 1927년 헝가리 부다페스트

학력 대학에서 3년간 법학을 전공하다가 공산 정권이 대학 교육 과정에 통제권을 행사하게 되자 학위를 받지 않고 학교를 그만두었다. 헝가리에서 정치에 영향을 받지 않은 몇 안 되는 직업을 얻기 위해, 국영 아티스트 아카데미에서 취미로 하던 마술로 학위를 받아서 마술사가 되었다. 1956년에 스웨덴으로 도피했다.

스웨덴에서 돈을 벌면서 직업학교에 다니고 경영학을 배웠다.

경력 스웨덴에서 솜바트팔비의 첫 직업은 마술사였다. 후에 쉘의 재무부서에서 12년간 근무했다. 1996년에 주식의 가치 평가 모형을 개발했으며, 5년 후에 투자에 크게 성공해 쉘을 떠났다. 알프레드 베리(Alfred Berg)라는 지역 기반의 증권회사에서 파트너의 자리에 올랐으나, 자신의 포트폴리오 관리에 주력했다. 1987년 주식 시장 붕괴가 닥치기 직전에 투자를 그만두고 은퇴했다.

투자 철학 솜바트팔비는 자신이 개발한 가치 평가 모형에 따라 투자한다. 그가 만든 모형은 잘 알려진 '고든 모형(Gordon model)'과 크게 다르지 않다. 그가 중점적으로 검토하는 요소는 위험, 배당금 할인, 조정 수익, 조정 자본이다. 특히 조정자본수익률(return on adjusted equity)은 가장 중요한 단일 요소라고 할 수 있다. 항상 장기적 안목으로 투자하며, 역사가 길지 않은 기업에 절대 투자하지 않는다. 그의 투자 모형은 지나치게 높은 수익성은 얼마 못 가서 무너진다고 가정한다. 현재 배당금은 낮아도 향후 배당금이 성장할 가능성이 있는 기업에 투자하는 것을 선호한다.

기타 솜바트팔비는 스웨덴 비즈니스 잡지 《아페쉬베덴(Affarsvarlden)》과 협력한 덕분에 스웨덴의 대다수 투자자 및 애널리스트를 교육했으며, 그들에게 큰 영향력을 행사했다. 빈털터리인 상태에서 1000달러를 빌려서 투자를 시작했지만, 주식 평가만으로 스웨덴에서 손꼽는 부자가 되었다. 그가 1000달러의 자기자본으로 투자를 시작했다고 가정한다면, 46년간 연수익률이 30퍼센트를 넘은 것이다. 2010년에 발표한 저서 『The Greatest Challenges of Our Time(우리 시대 최고의 도전)』에서는 위험에 관한 솜바트팔비의 지식이 크게 드러난다. 그는 인류가 환경 문제로 어떤 위험에 직면할지 경고하면서 현행 정치 제도는 그러한 위험을 감당할 능력이 없다고 지적한다. 이 책은 다섯 가지 언어로 번역되었다. 2013년에 솜바트팔비는 글로벌챌린지 재단(The Global Challenge Foundation)을 설립했다. 이 재단의 목표는 인류를 위협하는 전 세계적 위협에 효율적으로 대처하고 더 나은 환경을 만드는 것이다.

출처: 라슬로 솜바트팔비.

78

안톤 탈리아페로
(ANTON TAGLIAFERRO)

오스트레일리아

언론과 주식중개인은 항상 기업 주가가 어느 단계에 있으며 얼마나 변동하는지에 정신이 팔려 있거나 최신 유행에 큰 관심을 둔다. 하지만 제대로 된 투자자는 근본적인 가치 평가 기업이 창출하는 지속 가능한 수입의 흐름에만 집중해야 한다.

기업 경영진의 동기나 진실성을 온전히 믿을 수 없는 기업이라면 절대 주식을 매수하지 않도록 한다. 정직하고 성실하며 기업 운영에 최선을 다하는 경영진이 이끄는 기업은 얼마든지 찾아낼 수 있다.

투자할 때에는 항상 자신의 가정이나 가설에 의문을 제기해야 한다. 너무 안일하거나 거만한 태도는 금물이다. 자기가 주식 시장보다 더 잘 안다거나 남들보다 더 낫다고 생각하기 시작하면, 반드시 주식 시장에서 불시에 뒤통수를 얻어맞게 될 것이다.

출생 1959년 몰타

학력 1981년 런던에 있는 시티 대학교에서 회계학 학사 학위를 받았다. 3년 후에 공인회계사 자격을 취득했다.

경력 탈리아페로의 첫 직장은 1981년에 런던에 있는 딜로이트(Deloitte)라는 회계법인이었다. 5년 후에 딜로이트를 나와서 퍼페추얼 펀드 매니지먼트(Perpetual Funds Management)에서 포트폴리오 매니저로 근무했다. 카운티 내셔널 웨스트민스터 은행과 BNP에서 몇 년간 근무했다. 그 후 39세에 인베스터 뮤추얼 리미티드(Investors Mutual Limited, 이하 IML)를 설립했다. IML은 오스트레일리아에 있는 증권운용사로서 오스트레일리아 증권 시장에 전문적으로 투자한다.

투자 철학 탈리아페로는 보수적인 가치 투자자이며 주요 무대는 주식 시장이다. 시장 가치 평가의 변화로 인해, 투자 스타일이 심층 가치 투자에서 질적 투자로 변모되었다. 안정적이고 예측 가능한 수익원의 창출과 탄탄한 경쟁력을 투자 대상 기업의 요건으로 내세운다. 그는 당장 인기가 없는 기업에 과감하게 투자할 때가 많다. 반면에 자원을 취급하는 기업이나 개념주(concepts stock)에는 거의 투자하지 않는다. 그의 포트폴리오에 있는 주식은 대부분 시장 전반보다 위험이 낮고 수익이 높은 것들이다. 그는 장기 투자자라서 평균 5년 이상 보유한다.

기타 안톤 탈리아페로는 “돈을 잃는 것은 한순간이지만 돈을 벌기에는 시간이 오래 걸리는 곳이 주식시장”이라고 말한 것으로 유명하다. IML은 50억 달러가 넘는 자산을 운용하고 있다. 탈리아페로는 이탈리아 축구 구단 AC 밀란의 가장 열성적인 오스트레일리아 출신 팬이다. 실제로 시드니에 AC 밀란 아카데미를 설립해 후원하고 있다. 또한 자선 재단을 직접 창립했으며 오스트레일리아에 있는 다수의 구호 단체에 참여하고 있다.

출처: 안톤 탈리아페로; IML.

79

존 템플턴

(JOHN M. TEMPLETON)

미국/영국

모든 유형의 투자에 대해 유연하고 열린 태도를 유지해야 한다. 때로는 블루칩, 경기민감주(cyclical stocks), 회사채 전환사채, 미국채 투자 등을 매수해야 할 순간이 온다. 그런가 하면 현금을 보유하며 기다려야 할 때도 있다. 현금이 있으면 투자 기회를 나에게 유리하게 활용할 수 있기 때문이다. 시기와 관계없이 항상 최고의 투자라고 할 수 있는 것은 이 세상에 존재하지 않는다.

분산 투자하라. 채권과 주식은 숫자에 안전성이 숨어 있다. 아마 다른 분야도 이 점은 마찬가지일 것이다. 기업별, 산업별, 위험별, 국가별로 분산 투자하는 것만이 살길이다. 하지만 우리 회사 고객이 맡긴 자산은 거의 일반 주식에 투자한 점을 인정해야 할 것 같다.

인생을 살면서 우리는 모든 일을 윤리적 원칙과 정신적 규율에 따라 결정한다. 우리의 말과 생각, 행동 하나하나가 그러한 원칙이나 규율의 지배를 받는다. 투자 대상을 선택하는 것도 여기에 포함된다. 일반 대중에게 위해를 가하는 기업을 인수하고 싶은 사람은 없을 것이다. 그렇다면 사람들에게 해로운 행동을 하는 기업의 주식을 사지 말아야 한다. 이 점은 모든 투자자가 특별히 유의할 필요가 있다. 사실 그렇게 행동하는 것이 결국에는 투자자를 보호하게 되는데, 통상적으로 못된 짓을 저지르는 기업은 오래 번창하지 못하기 때문이다. 선을 행하는 기업과 손을 잡으면 결국 투자도 잘 될 것이다. 그런 기업은 주가가 계속 오를 것이며 성장 속도도 빠르기 때문이다.

출생 1912년 미국 테네시(2008년에 사망)

학력 1934년에 예일 대학교를 졸업했다. 포커를 잘해서 포커 게임에서 딴 돈으로 학비 일부를 충당할 정도였다. 로즈 장학생(Rhodes Scholar)으로 옥스퍼드 대학교에 다녔으며 1936년에 법학 석사 학위를 취득했다.

경력 1937년에 공동 창립한 투자 회사가 훗날 템플턴, 도브로우 앤드 반스(Templeton, Dobbrow & Vance)가 되었다. 1954년에는 바하마 나소에 기반을 둔 템플턴 그로스 펀드(Templeton Growth Fund)를 운용하기 시작했다. 그로부터 25년간 전 세계에서 가장 규모가 크고 가장 성공적인 국제 투자 펀드를 만들었다. 1992년에 템플턴 펀드를 프랭클린 그룹(Franklin Group)에 매각했다.

투자 철학 그는 20세기 최고의 역발상 투자자다. 가치 역투자자라는 표현이 가장 잘 어울리는 사람이다. 그의 투자 스타일은 '바겐 헌팅(bargain hunting)'인데, 이는 '주가가 매우 낮으나 장기 전망이 우수한 기업을 찾으려고 전 세계 시장을 돌아다니는' 것이다. 그는 가능한 한 많은 나라를 직접 가보는 것이 유리하다고 생각한다. 이렇게 해서 저평가된 우량 기업 주식을 찾으면 매수 후 6~7년 정도를 보유한다.

다른 투자자들이 알아보려고도 하지 않는 주식, 그야말로 시장에서 완전히 무시되는 주식이야말로 최고의 저가 매수 거래 대상이라고 생각했다. 또한 월가에 자리 잡은 증권 관계자보다 기업가와 소통하는 것이 더 낫다고 여겼다. 기술 분석은 전혀 신뢰하지 않았으며, 펀더멘털에 전적으로 의존했다. 오스트리아 경제학파를 높이 평가했으며, 지나치게 사회주의적 성향이 강한 국가에는 아예 투자하지 않았다. 템플턴은 자신이 항상 긍정적이고 밝은 태도를 유지하며, 지나치게 걱정하지 않고 자기 절제를 잘하는데, 이러한 특성이 투자 성공에 큰 도움이 되었다고 말한다. 그는 '무리를 피해 다니는' 것으로 잘 알려져 있다. 벤저민 그레이엄의 제자이며 분산 투자형 포트폴리오를 매우 중요하게 여긴다.

기타 전 세계적으로 분산된 뮤추얼 펀드를 활용하는 데 선도적인 역할을 해 억만장자가 되었다. 사실 템플턴 전에는 해외 투자가 아예 전례를 찾아볼 수 없는 일이었다. 1954년에 설립한 템플턴 그로스(Templeton Growth, Ltd.)라는 투자 펀드회사는 1960년대 중반에 최초로 일본에 투자하기 시작했다. 《머니 매거진》은 그를 가리켜 '단언컨대 현 세기에서 가장 위대한 글로벌 주식 투자자'라고 평가했다. 소비에 관심이 없었고 운전기사 없이 직접 차를 운전하고 다녔으며, 일등석은 한 번도 타지 않았다. 일 년 내내 바하마에서 살았다. 자신의 이름을 딴 존 템플턴 재단(John Templeton Foundation)을 만들어 전 세계를 무대로 자선 활동을 펼치고 있다. 이 재단은 신앙적·과학적 연구를 주로 후원한다. 평생 장로교인으로 신앙생활을 해왔다. 재단의 모든 연례 모임은 기도로 시작한다.

출처: 게리 무어(Gary Moore), 『Ten Golden Rules For Financial Success(성공적인 투자를 위한 10가지 황금률)』(1996년); 인베스토피디아; 위키피디아.

80

—

데이비드 테퍼
(DAVID TEPPER)

미국

- 때때로 아무것도 안 하는 것이 가장 어려운 일이다.
- 우리는 무리를 이끄는 리더이며 다수의 선두에 서 있다. 우리는 남들보다 먼저 움직이는데, 이렇게 선구자 대열에 속하는 것은 흥미로운 일이다. 좋은 풀을 먼저 뜯을 기회가 있기 때문이다.
- 항상 사람들을 올바르게 대해주고, 사업을 정직하게 운영하면서 올바르게 인생을 꾸려야 한다. 나는 이러한 것이 하나의 패키지를 구성한다고 생각한다.

출생 1957년 미국 피츠버그

학력 1982년에 카네기멜론 경영대학원(Carnegie Mellon Business School)에서 산업 경영으로 석사 학위를 받았다. 지금은 테퍼 경영대학원(Tepper School of Business)으로 교명이 변경되었다.

경력 고등학교를 졸업한 후에 금융계에 바로 입문했는데, 에퀴뱅크(Equibank)의 재무 담당 부서에서 신용 애널리스트로 근무했다. MBA 학위를 취득한 후에 오하이오주에 자리 잡은 리퍼블릭 스틸(Republic Steel)의 재무 담당 부서에 취직했다. 1984년에 키스톤 뮤추얼 펀드(현 에버그린 펀드)에 영입되었다. 1985년에 골드만삭스로 자리를 옮겨서 8년간 근무했으며, 주로 파산 기업과 특수 상황에 투자한다. 1992년 12월에 골드만삭스를 그만두고 1993년 초 애팔루사 매니지먼트(Appaloosa Management)를 설립했다.

투자 철학 테퍼는 부실 채권 투자자로 분류되지만, 실제로는 선순위 담보부채에서 후순위 부채와 파산 후 자본 등 부실 기업의 자본 구조 전체를 분석한 후에 투자 여부를 결정한다. 고수익 채권과 부실 증권이 펀드의 바탕을 이루고 있다. 역발상 투자 스타일을 고수하며 집중 투자를 하는 경향을 보인다. 그는 전환점에서 투자를 하려고 노력하는데, 이는 상당히 어려운 투자 전략이며 투자 실적의 변동폭이 매우 크다. 일례로 2008년에는 수익률이 25퍼센트 하락했으나 2009년에는 133퍼센트 증가했다. 그는 투자 대상에 지리적 경계를 두지 않으며 모든 자산군을 투자 대상으로 본다. 하지만 통상적으로 레버리지는 사용하지 않는다. 거시적 관점을 미시적 관점으로 가져와서 투자에 적용한다. 골드만삭스 출신의 트레이더지만, 펀더멘털을 중시하는 투자 방식을 고수한다.

기타 애팔루사 매니지먼트는 뉴저지의 소도시에 있지만 200억 달러가 넘는 자산을 운용한다. 2009년에 그는 40억 달러의 수익을 달성했다. 테퍼 자신의 말에 의하면, 1993년에 투자를 시작한 이후로 연간 수익률 약 40퍼센트를 기록했다고 한다. 2013년에 《포브스》는 그의 자산을 약 79억 달러로 추정하면서 동년배인 워런 버핏보다 더 큰 부자라고 했다. 테퍼의 거래 중에서 엔론과 월드컴이 파산한 뒤에 부실 채권과 증권을 매입한 것이 가장 유명하다. 하지만 가장 인상적인 점은 운용 자산이 급격하게 증가했는데도 상당히 높은 수익률을 유지한다는 것이다. 2013년 수수료 공제 이전의 총 수익은 50퍼센트를 기록했다. 그의 아버지는 회계사였으며 주식 시장에 활발히 투자했는데, 아버지에게 영감을 주로 얻었다고 한다. 테퍼도 어린 나이에 투자를 시작했으며 대학생일 때 이미 주식 거래를 하고 있었다. 하지만 그가 처음으로 투자한 기업인 펜실베이니아 엔지니어링 컴퍼니(Pennsylvania Engineering Company Co.)는 파산하고 말았다. 테퍼는 야구를 매우 좋아하며 메이저리그 구단 피츠버그 파이리츠의 공동 소유주다.

출처: CNBC; 《뉴욕타임스》; 블룸버그; 테퍼 경영대학원에서 실시한 강의; 월스트리트 오아시스(Wall Street Oasis); 애팔루사 헤지펀드; 위키피디아.

81

—

에드워드 소프

(EDWARD O. THORP)

미국

- 스스로 생각한다(사실관계를 확인해 자신의 의견을 수립한다).
- 자신이 좋아하는 일을 하면 돈은 따라오게 되어 있다.
- 인생은 여행이다. 그 여정에서 무엇을 하느냐가 가장 중요하다.

출생 1932년 미국 시카고

학력 이 책에 소개된 투자자 중에서 제임스 사이먼스 다음으로 학계의 거물이라고 할 수 있다. UCLA에서 물리학 학사 및 석사 학위를 받았으며, 1958년에는 수학 박사 학위를 받았다.

경력 소프는 학교를 한 번도 떠난 적이 없다. 처음에는 매사추세츠 공과대학에서 2년 정도 근무했으며, 그 후에 뉴멕시코 주립대학교에서 수학 교수가 되었다. 그 뒤에 모교인 UCLA로 돌아가서 17년간 수학과 금융을 가르치고 있다. 그의 첫 번째 헤지펀드는 1969년에 시작한 프린스턴-뉴포트 파트너스(Princeton-Newport Partners)다. 57세에 에드워드 O. 소프 앤드 어소시에이티드(Edward O. Thorp & Associated)라는 헤지펀드를 설립했으며 회장을 맡았다. 2002년에 공식적으로 은퇴했으나, 투자 거래와 학문적 연구를 계속하고 있다.

투자 철학 소프는 퀀트 트레이더로서 복잡한 수학 기술과 컴퓨터 모형에 전적으로 의존하며 시장을 샅샅이 뒤져서 차액 거래를 찾아낸다. 초반에 그는 기본 주식과 무관한 신주인수권 전환사채 또는 파생상품 거래에 주력했다. 또한 8년간 가장 좋은 주식부터 최악의 주식까지 순위를 매기는 컴퓨터 모형을 개발했다. 이런 것들은 모두 통계적 분석에 기반을 두었으며 헤지펀드는 항상 중립적이었다. 소프는 특정 주식을 분석하거나 브로커들의 리서치 자료에는 눈길을 주지 않았으며, "누구나 노력하면 상장 거래되는 모든 주식에 대해 충분히 파악하고 장기적으로 투자할 가치가 있는 종목을 가려낼 수 있다는 말을 들으면 코웃음을 치게 된다"고 말했다. 하지만 그는 "무작위로 주식 종목을 선택해서 장기 보유한다면 당신도 평균 투자자에 못지않은 실적을 달성할 수 있다"라고 덧붙였다.

그는 거래 지향적인 환경을 조성하는데, 하루 평균 약 3000건의 거래가 이루어진다. 대다수 헤지펀드와 대조적으로 소프는 소규모 자산을 운용하는 편을 선호한다. 그는 펀드 규모를 3억 달러 정도로 유지하는데, 펀드를 자주 폐쇄하며 정기적으로 수익을 분배하는 방식을 사용한다. 또 유연한 투자 방식을 고수하며, 계속 새로운 모델을 만들어내고 전 세계에서 투자 기회를 모색한다. 한동안 일본 파생상품에 집중적으로 투자해 큰 수익을 얻었다.

기타 위험이 극히 낮은 것에 비하면 소프의 실적은 매우 놀랄 만하다. 최초의 헤지펀드는 19년간 한 번도 적자를 기록한 적이 없었고, 실적이 가장 저조했던 1973년에도 8퍼센트를 기록했다. 그는 선물과 주가 사이의 차이를 활용한 최초의 투자자 중 한 명이다. 또한 관련 기술이 널리 보급되기도 전에 최초로 컴퓨터를 사용해서 차액 거래를 프로그래밍하는 데 성공했다. 그뿐만 아니라 1961년에는 최초의 이동식 컴퓨터를 발명했다.
소프는 다섯 권의 저서를 출간했으며, 그중 베스트셀러가 된 『딜러를 이겨라(Beat the Dealer: A Winning Strategy for the Game of Twenty-One)』는 대형 카지노를 무력화하는 최초의 과학적 시스템을 소개한다. 블랙잭에서 카드의 숫자를 세는 방식으로 카지노의 돈을 다 따버리는 것도 포함되어 있다. 결국에는 승률이 '너무' 높다는 이유로 라스베이거스의 모든 카지노에서 출입을 금지당했다. 아마추어로서는 매우 실력 있는 사진작가 겸 천문학자이며 달리기를 즐겨 한다. 복권은 한 번도 사보지 않았다고 한다.

출처: 에드워드 O. 소프; edwardothorp.com; 켄 커슨, 『Having the Edge on the Market(시장에서 우위를 선점하려면)』 (2003년).

82

폴 튜더 존스
(PAUL TUDOR JONES)

미국

- 거래에서 가장 중요한 규칙은 공격을 잘하는 것이 아니라 빈틈없이 방어하는 것이다. 나는 매일 내가 쥐고 있는 포지션이 틀렸을 수 있다고 가정해 본다. 그리고 어느 시점에서 위험을 멈춰야 하는지 파악하고 있다. 그래야만 최대 낙폭(maximum draw down)을 결정할 수 있다. 앞으로 남은 인생은 내가 예상한 방향대로 움직이는 포지션에서 나오는 수익을 누리면서 살고 싶다. 설령 예상과 다른 방향으로 움직이더라도 상관없다. 빠져나갈 계획은 이미 마련되어 있다.
- 나는 시장에 변화가 있을 때야말로 돈을 벌기에 가장 좋은 시기

라고 생각한다. 사람들은 최고치와 최저치를 공략하는 것은 자살 행위나 다름없다며, 추세의 중간 부분을 벗어나지 않으면서 돈을 벌어야 한다고 주장한다. 하지만 오랜 시간 투자해 보니 중간에서는 돈을 벌 기회가 별로 없다. 오히려 나는 시장 최고치와 최저치를 공략해서 큰돈을 벌었다.

- 적응하고 발전하고 경쟁하라. 그렇지 않으면 한순간에 도태되고 말 것이다.

출생 1954년 미국 멤피스

학력 1976년에 버지니아 대학교에서 경제학 학사 학위를 받았다. 하버드 경영전문대학원에 진학했으나 중퇴했다.

경력 증권거래소 직원으로 시작해 E. F. 휴턴(E. F. Hutton)의 브로커로 성장했다. 2년 정도 혼자 활동하다가 뉴욕 목화거래소에 취직해 목화 선물의 거래를 담당했다. 그가 26세에 설립한 튜더 인베스트먼트 코퍼레이션(Tudor Investment Corporation)은 현재 튜더 그룹(Tudor Group)으로 성장했으며, 지금도 튜더 존스가 회장을 맡고 있다.

투자 철학 그는 자수성가형 트레이더이자 헤지펀드 매니저이며, 전 세계 어디든 투자 기회가 있다면 자본을 다양하고 폭넓게 배당한다. 그의 거래 중 약 절반은 과거의 가격 자료를 사용한 기술 분석에 따라 시장의 움직임을 예측하는 방식으로 이루어진다. 그는 대부분의 자산군을 운용하며 심지어 벤처캐피털도 마다하지 않는다. 이러한 투자는 대부분 매크로 거래였는데, 과거에는 자산의 절반을 약간 넘는 정도였다. 해외 주식 거래는 약 3분의 1을 차지한다. 존스는 자신의 스타일을 이렇게 설명한다.

"나의 투자 철학은 큰 위험을 감수하지 않는 것이다. 나는 보상과 위험을 비교할 때 전자로 크게 기울어진 기회를 찾으려고 노력한다. 위험을 굳이 주머니에 쑤셔 넣지 마라. 실질적으로 활용할 이유가 하나도 없다. 적잖은 재정적 위험은 굳이 감수해야 할 이유가 없다. 보상과 위험의 관계를 자신에게 유리한 방향으로 틀 수 있는 것을 찾아보면 분명히 발견하게 된다. 그런 기회를 찾으면 주가 하락의 고통은 최소화하고 수익이 크게 높아지는 것을 보게 된다."

기타 1987년에 촬영된 영상을 보면 튜더 존스에 대해 많은 점을 이해할 수 있다. 그는 이렇게 말했다.

"일을 제대로 처리하려면 어마어마한 집중력이 필요하다. 그러므로 긴장을 풀고, 몸과 마음이 쉴 수 있는 시간을 반드시 따로 마련해야 한다. 기기의 전원을 끄는 것처럼 쉬어야 한다. 하지만 가끔 어떤 거래나 프로젝트 때문에 너무 흥분하거나 긴장해서 새벽 4시에 잠이 깨버릴 때가 있다. 그럴 때는 아무리 애써도 다시 잠들기 어렵다. 그러면 그냥 눈을 감고 서너 시간 동안 머릿속으로 할 일을 생각한다."

그는 몇 가지 투자 파트너십에 참여해 110억 달러의 자산을 운용하고 있다. 1987년 주식 시장 붕괴를 예측해 명성을 얻었으며, 그해에 200퍼센트에 가까운 수익을 달성했다. 2013년 9월 기준, 그의 순자산은 37억 달러로 추정된다. 1976년에 웰터급 복싱 챔피언십에 참여해 대회에서 우승했다. 존스는 뉴욕 시티의 가난

퇴치를 목표로 하는 자선 단체인 로빈후드 재단(Robin Hood Foundation)의 창립자다. 이 재단은 헤지펀드 운영자들에게 주로 후원을 받는다.

출처: 폴 튜더 존스; 블룸버그; 잭 슈웨거 『시장의 마법사들』; chinese-school.netfirms.com; 《헤지펀드 리뷰》 2004; <트레이더>(폴 튜더 존스가 등장하는 다큐멘터리); 위키피디아.

83

아널드 반 덴 버그

(ARNOLD VAN DEN BERG)

미국

지난 75년간 13번의 경기 침체가 있었고 인플레이션이 높은 시기도 있었다. 세계대전을 포함해 다수의 전쟁이 발발했고 석유 파동, 부동산 버블 등의 사건이 이어졌다. 이러한 사건은 대부분 단기적으로 시장 내 매도를 유발했지만, 장기적으로 주가에 영향을 끼친 요소라고는 할 수 없다. 사실 그러한 사건 중 다수는 장기 투자자들에게 좋은 매수 기회가 되었다. 주류 언론이 말하는 것과 반대로 장기적으로 주가에 영향을 주는 요소는 딱 세 가지며, 사람들이 뭐라고 하든 이 세 가지 요소는 변하지 않는다. 그것은 바로 기업의 펀더멘털, 인플레이션, 금리다.

투자자가 반드시 지켜야 할 네 가지 기본 원칙은 다음과 같다.

1. 주식은 내재적 가치보다 훨씬 낮은 가격일 때 매수한다. 기업의 질적 수준이나 크기에 따라 다소 차이가 있겠지만, 대략 50~70퍼센트 할인된 가격으로 매수한다면 투자자가 이익을 얻을 확률이 높아진다.
2. 주가가 내재적 가치의 80퍼센트에 가까워지면 위험보상비율이 더는 투자자에게 유리하지 않은 상태이므로 해당 주식을 매도하는 것이 좋다.
3. 사람들이 말하는 '비법'이나 월가의 경제 예측, 정부 발표와 같은 것은 모두 무시하라. 언론의 과대광고나 선정주의에도 휘둘리지 않도록 조심하라.
4. 헐값에 살 만한 것이 없으면, 현금이나 현금에 맞먹는 자산을 보유한 채로 인내심을 가지고 기다려라. 헐값에 대량으로 팔리는 주식이 나올 때까지 말이다. 그렇게 하면 자본금에 대한 영구적 손실을 막을 수 있다.

좋은 대기업의 주식을 매수했다고 해서 반드시 투자가 잘되는 것은 아니다. 이것은 아무리 강조해도 지나치지 않다. 사람들은 "이 기업에 대해 어떻게 생각하세요? 저 기업은요?"라는 질문을 많이 한다. 그러고는 내가 대답하기도 전에 "정말 좋은 기업입니다. 제품도 좋고, 경영진도 우수하죠. 마케팅도 흠잡을 데가 없습니다"라고 덧붙인다. 그들의 말대로 그 기업은 모든 면에서 탁월할지 모른다. 하지만 내 경험상 그런 기업에 투자한다고 해서 반드시 돈을 버는 것은 아니다. 중요한 것은 기업이 얼마나 우수한가가 아니다. 투자자가 저렴한 가격에 주식을 살 수 있어야 좋은 투자다. 어느 종목을 매수하든 간에, 투자자가 너무 큰 비용을 지급하기 때문에 오히려 가치가 떨어지는 지점이 발생한다. 투자 대상이 우량 기업이라는 사실은 투자 공식에서 극히 작은 일부분에 지나지 않는다. 반드시 기억해야 할 중요한 점은 투자자가 기업을 얻기 위해 내는 가격이 궁극적인 수익을 결정한다는 것이다.

출생 1939년 네덜란드 암스테르담

학력 고졸이지만 1968년에 증권 딜러 자격을 취득했다.

경력 그의 첫 경력은 존 핸콕 보험회사(John Hancock Insurance)에서 뮤추얼 펀드를 판매한 것이었다. 후에 캐피털증권에서 근무했다. 1974년에 센추리 매니지먼트(Century Management)를 설립했는데, 당시에 그는 겨우 35세였다. 지금까지도 CEO를 맡고 있으며 투자 업무 전반을 관리한다.

투자 철학 반 덴 버그는 주식 시장에서 가장 경험이 많은 가치 투자자로 손꼽힌다. 그는 38년간 똑같은 가치 평가 방법을 사용하고 있다. 가치 투자 전략이 그의 투자 철학으로 사용된다. 리서치는 기업의 평가 가치, 즉 내재 가치를 정하는 데 주안점을 둔다. 실제 투자는 매우 저렴한 가격일 때에 진행되는데, 통상적으로 현시점의 기업 내재 가치에서 40퍼센트에서 65퍼센트 이상 낮은 가격을 안전마진으로 간주한다. 그는 최대치로 투자할 때에 35~40여 개의 기업을 사들이는데, 주로 미국 기업에 투자한다. 가끔은 포트폴리오에서 현금이 큰 부분을 차지한다. 스스로 벤저민 그레이엄의 제자라고 말한다.

기타 반 덴 버그는 99인의 투자자 중에서 세 번째로 투자 경력이 길다. 펀드의 장기적인 평균 현금 및 현금 등가물의 포지션이 약 21퍼센트라는 점을 고려하면, 그만한 실적을 달성한 것도 매우 대단한 것이다. 그는 1968년부터 1974년까지 대형 주식 시장의 하락을 연구한 후에 자신의 투자 철학을 정했는데, 가치 기반 투자 전략을 사용한 자산운용사가 다른 투자 전략을 사용한 운용사보다 고객의 자본을 더 안전하게 보호했으며 더 일관된 투자 결과를 산출했다는 결론을 얻었다. 그는 홀로코스트 생존자이며 칠드런 블레싱 칠드런(Children Blessing Children)이라는 재단을 설립했다.

출처: 아널드 반 덴 버그; 센추리 매니지먼트; All-Cap Value.

84

비요른 왈루스
(BJORN WAHLROOS)

핀란드

경제학자 출신으로서 나는 시장이 대부분의 경우 매우 효율적으로 움직인다고 생각한다. 따라서 노련한 투자자는 자신이 기꺼이 감수하려는 위험 수준에 상응하는 시장 수익보다 좀 더 높은 수익을 얻을 기회를 얻게 된다. 하지만 약 3~5년 주기로 '공황' 또는 유포리아가 나타난다. 이러한 현상이 나타나서 자산 가치가 오평가되는 것을 알아보는 것만이 '정상을 훨씬 초월하는 높은' 수익을 얻는 유일한 방법이다.

출생 1952년 핀란드 헬싱키

학력 1975년 헬싱키에 있는 한켄 경제대학교(Hanken School of Economics)에서 석사 학위를 받았으며, 1979년에는 경제학 전공으로 박사 학위를 취득했다.

경력 그는 핀란드에 있는 한켄 경제대학교에서 교수로 재직했으며 미국 브라운 대학교와 노스웨스턴 대학교 켈로그 경영대학원 객원 교수로 활동했다. 하지만 33세에 이직을 결심하고 핀란드 유니언뱅크(Union Bank of Finland)의 부사장 자리를 받아들였다. 3년 후에는 총괄부사장 및 재무총책임자가 되었다. 왈루스는 대여섯 명의 동료와 합심해 1992년에 UBF의 투자은행 운영 부문을 사들였다. 2000년에 삼포-레오니아(Sampo-Leonia)와 합병한 뒤 회사의 회장 겸 CEO를 맡았다. 지금도 삼포의 회장이자 최대 개인주주로 남아 있다.

투자 철학 왈루스는 지금까지 북유럽 금융 자산에만 투자해 왔다. 삼포의 경영진과 합심해 노력한 결과는 꽤 성공적이었다. 헐값에 자산을 매수하고 가장 비쌀 때 자산을 매도하는것이 그가 성공한 비결이라고 할 수 있다. 현재 운영 중인 삼포라는 기업도 워런 버핏이나 프렘 왓사처럼 보험에서 출발해 지금의 모습으로 크게 키워낸 것이다. 하지만 그의 투자 성과를 빛나게 하는 것은 채권이나 주식의 운용이 아니라 주식 시장 안팎에서 기업을 사고 파는 타이밍이다. 이는 역발상 투자 접근법에 해당하는데 매크로에 대한 자신감과 용기를 모두 갖춰야 가능한 일이다.

기타 삼포는 9년간 평균 연수익률이 15퍼센트를 넘었다(벤치마크 9퍼센트). 핀란드에서 손꼽히는 부자 중 한 사람이며, 핀란드는 물론이고 국외의 여러 블루칩 기업에서 대표직을 맡고 있다. 2012년에 출간한 『Markkinat ja demokratia(시장과 민주주의)』라는 저서에서, 자본주의의 성공담을 자세히 소개했다. 학창 시절 에는 좌파 정치에 관여했다.

출처: 비요른 왈루스; 삼포; 위키피디아.

85

랄프 웬저
(RALPH WANGER)

미국

시장의 유행을 예의주시해야 한다. 유행은 흔히 브로커들이 주도하는 것이며 틀릴 때가 많다. 심지어 잘못된 아이디어가 초반에는 좋은 아이디어인 것처럼 보일 때도 있다. 샴페인의 첫잔에 비할 수 있을 것이다. 아무리 좋은 아이디어도 정도가 지나치면 해가 된다. 이런 것들을 잘 피해야 한다.

나는 회전율이 낮은 종목을 항상 장기 보유하는데, 테마주에 투자하는 것이 좋다. 이렇게 하면 대다수 투자자와 다른 길을 가게 된다. 남들처럼 투자하면 투자 수익도 남들과 비슷한 수준에 머무르게 된다. 하지만 쉬운 일은 아니다. 장기 투자란 향후 5년 정도 내다보는 것인데, 추측을 많이 하게 된다. 테마주에 의존하는 것이 좋지만, 폭넓은 아이디어인지 확인해야 한다.

산업 혁명이 시작된 이래로 기술 기업에 바로 투자하는 것보다는 신기술의 혜택을 누리는 기업에 투자하는 다운스트림 투자가 더 현명한 전략이다. 디지털 이퀴프먼트(Digital Equipment)처럼 당대 최고의 기술을 보유한 기업도 결국 몰락하는 사례가 있다.

출생 1934년 미국 시카고

학력 매사추세츠 공과대학에서 학사 및 석사 학위를 받았으며 공인재무분석가다.

경력 처음에는 보험업에 종사하다가 1960년에 시카고에 있는 해리스 어소시에이츠(Harris Associates)에 합류해 투자자 경력을 쌓기 시작했다. 증권 애널리스트로 근무했으며, 1970년에 만들어진 에이컨 펀드의 포트폴리오 매니저로 활동했다. 해리스 어소시에이츠에서 물러난 뒤에 에이컨 펀드를 인수했으며, 1992년에 58세의 나이로 웬저 자산운용사(Wanger Asset Management)를 설립했다. 2005년에 일상적인 업무에서 손을 떼기로 했지만, 여전히 다수의 이사회에서 활동하고 있으며 선임 고문으로 분기마다 의견을 제시한다.

투자 철학 웬저는 스몰캡 성장주 투자자다. 그는 재정적 강점, 높은 시장 점유율, 우수한 고객 서비스 및 기업가 정신이 투철한 경영진을 투자 요건으로 내세우며, 이러한 요건을 모두 갖춘 소기업을 선호한다. 또한 투자자가 비즈니스의 특성을 이해하고 있어야 하며 성장 잠재력을 갖춰야 한다. 이런 요건은 보편적인 것처럼 보이지만, 웬저는 가치 평가에 엄격한 제한을 두며 수익과 현금 흐름에 비교할 때 주가가 적정 수준이어야 한다고 생각한다. 이러한 원칙 덕분에 닷컴 버블에 휘말리지 않았다.

그는 테마주 투자를 매우 중시하는데 경제, 사회, 기술 분야의 커다란 동향을 예의주시해야 한다고 말한다. 분야는 중요하지 않으며, 여러 해 동안 매출과 수익을 증가시키는 성공적인 추세를 찾아야 한다. 이러한 추세는 기업의 매출과 수익을 견인하는 효과도 있다. 그가 장기 추세를 중시하는 이유는, 5년 때로는 10년의 투자 지평을 유지하려면 그만큼 버틸 힘을 갖춰야 하기 때문이다.

한편 웬저는 월가가 일반적으로 중소기업을 무시하는 경향이 있다고 생각하므로 소형주에 큰 관심을 보인다. 그가 말하는 중소기업 투자의 또 다른 이유는 다음과 같다. "30년 전에 성공적인 투자 종목이었던 것이 지금은 아무런 의미가 없을 정도로 상황이 많이 달라졌다. 중소기업에 집중적으로 투자하면 새로운 흐름에 올라타서 성공할 확률이 높아질 거라고 생각한다."

그는 재정적 기반이 취약한 종목은 회피한다. 또한 시장의 방향을 파악하는 것을 그다지 중요하게 여기지 않는다. 웬저는 "누군가 주식 시장의 미래를 예측할 수 있는 시스템을 가지고 있다고 믿는 사람은 어리석기 짝이 없는 생각을 하는 것이다"라고 말한 적이 있다. 실제로 에이컨 펀드의 실적은 대부분 시장에서 전혀 주목받지 못하는 중소기업에서 발생하는 것이다.

기타 에이컨 펀드는 초반에는 800만 달러의 운용을 맡았으나 2013년 기준 거의 200억 달러에 가까운 자산을 운용한다. 하지만 그의 투자 실적은 자산 규모보다 더 놀라운 수준이다. 《USA 투데이》가 실시한 설문 조사에서, 펀드 전문가들이 본인의 자산운용을 의뢰하고 싶은 투자자를 뽑았는데, 웬저가 1위를 차지했다. 그는 모닝스타가 선정한 펀드 매니저 평생 공로상을 최초로 수상한 경력도 있다. 이 상은 투자자로서의 경력 전체를 검토해 우수한 성과를 달성한 경우에 주어진다. 그의 저서 『작지만 강한 기업에 투자하라』에서는 잘 차려입은 펀드 매니저를 얼룩말에 비유하면서, 그들 중 몇몇은 사자에게 잡아먹히고 말 것이라고 지적했다.

출처: 랄프 웬저; 랄프 웬저, 『작지만 강한 기업에 투자하라』(1999년); 웬저 자산운용사; 에이컨 펀드; 링크드인; 인베스토피디아.

86

프렘 왓사
(PREM WATSA)

캐나다

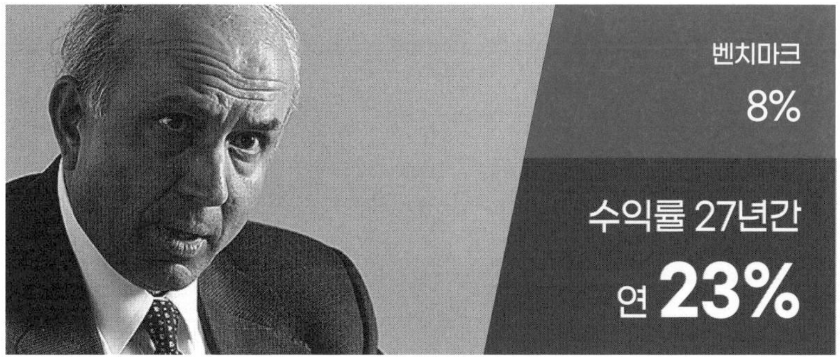

시장은 조울증 환자와 같아서 비싼 값에 사들여서 싼값에 팔 때가 있다. 그러므로 시장이 나보다 잘 알 거라는 생각을 하면 안 된다.

사람들은 장기적인 안목을 갖는 것을 어렵게 생각한다. 인간의 본성은 쉽게 변하지 않기 때문에 사람들은 단기 투자로 큰 수익을 얻고자 하며 최대한 빨리 돈을 벌기 원한다. 그런 마음으로는 주식 시장의 변동에 적절히 대처할 수 없다. 만약 10달러에 매수한 주식이 7달러, 8달러 또는 5달러로 하락하면, 투자자는 자신이 잘못 투자했다고 생각하며 그 주식을 매도하려 할 것이다. 장기적으로 시장을 지켜보지 못하는 것이다. 그것이 바로 벤저민 그레이엄이 말하는 장기적 안목이다.

우리는 파트너나 함께 어울리는 대상을 고를 때 매우 신중한 편이다. 말로만 공정하고 친근한 문화를 중시하는 것이 아니라 실제로 그러한 문화를 구축하고 있다. 공정하고 친근한 문화는 우리의 주요 원칙 중 하나다. 그래서 이 원칙을 실천할 수 있으며 장기적 안목을 가진 사람을 투자 파트너로 받아들인다. 그리고 무엇이든 다 희생해서 돈을 벌어야 한다는 태도를 지양하며, 우리의 가치를 받아들이지 않는 사람이나 기업과는 파트너 관계를 맺지 않는다. 이와 같은 태도를 견지한 덕분에 우리가 인수하는 기업에 우리의 문화를 전파할 수 있었다.

출생 1950년 인도 하이데라바드

학력 1971년에 인도 공과대학(Indian Institute of Technology)을 졸업했으며 화학공학을 전공했다. 이듬해에 캐나다로 이주해 웨스턴온타리오 대학교 아이비 경영대학원에서 MBA를 받았다.

경력 컨페더레이션생명보험(Confederation Life Insurance Co.)에서 10년간 근무했으며, 토론토에 있는 투자부서에 있었다. 1년간 GW 자산운용사라는 스타트업 회사에 근무하다가 34세의 나이에 험블린(Hamblin)을 공동 창립했다. 이듬해에 험블린은 마르켈 파이낸셜 홀딩스(Markel Financial Holdings)를 인수했으며 나중에 회사명을 패어팩스(Fairfax)로 바꾸었다. 패어팩스는 '공정하고 친절한 인수(fair and friendly acquisitions)'의 약어다. 그는 지금도 패어팩스 파이낸셜 홀딩스(Fairfax Financial Holdings)의 대표 겸 최고 경영자를 맡고 있다.

투자 철학 왓사는 가치 투자자이며 벤저민 그레이엄의 제자답게 50센트로 1달러의 가치를 살 기회를 탐색한다. 그의 포트폴리오 규모는 2013년에 200억 달러가 넘었으며, 주로 전 세계 주식과 채권 중 가치를 찾을 수 있는 부문이라면 어디에든 투자하고 있다. 그는 남들과 다르게 행동하며 관습적으로 옳다고 알려진 것을 뒤집는 데 많은 시간을 할애하는 것으로 잘 알려져 있다. 그의 목표는 안전마진을 찾는 것이긴 하지만, 때로는 문제투성이의 기술 기업(리서치 인 모션[Research In Motion, 2013년에 블랙베리 리미티드로 이름을 바꾼 캐나다의 휴대전화 제조업체-옮긴이]), 은행(아일랜드 은행) 및 그리스 채권에 투자하는 실수를 저지르기도 했다. 하지만 2008년 신용 부도 스와프(credit default swap) 투자는 성공적으로 마무리했다. 그는 다음과 같이 자신의 투자 철학을 제시한다.

"매수할 때에는 지금 매수하는 주식이 단기적으로 주가가 떨어지겠지만 우리에게 큰 영향을 주지 않을 것이라는 생각을 한다. 주식 매수는 현금으로 하는 것이지, 신용 매수 즉 대출을 받아서 매수해서는 안 된다."

상향식 가치 평가도 사용하지만 거시경제에 대한 하향식 접근 방법도 사용한다. 그는 비교적 특정 부문에 집중된 포트폴리오를 가지고 있는데, 약 50여 개의 포지션으로 구성되어 있으며, 종종 자산을 헤징(hedging)해 헤지펀드처럼 행동하기도 한다.

기타 왓사는 금융 위기를 예측하는 면에서 기이하다고 할 정도로 놀라운 재능이 있다. 1987년 금융 위기, 1990년 일본 주식 시장의 붕괴, 2008년 금융 위기를 모두 정확히 예견했다. 벤저민 그레이엄의 이름을 따서 아들의 이름을 벤이라고 지었다. 존 템플턴을 자신의 멘토이자 절친한 벗으로 삼고 있는데, "가장 비관적인 시점에서 매수하라"라는 템플턴의 조언을 종종 활용하는 것으로 알려져 있다. 하지만 때로는 일이 잘못될 수도 있다. 페어팩스는 블랙베리의 최대 주주이며, 왓사는 블랙베리 이사회 임원이다. 그런데 블랙베리 주가는 2010년 초입가 대비 80퍼센트 이상 떨어졌으며 평균 매수가와 비교할 때에도 40퍼센트 이상 낮은 상태다. 워런 버핏처럼 왓사는 보험을 기반으로 자산을 확장했다. 그의 별명은 '캐나다의 워런 버핏'이다. 페어팩스는 2008년에 캐나다에서 최고 수익을 달성한 기업에 선정되었다. 《토론토 라이프》에 따르면 왓사의 개인 자산은 약 40억 달러다. 페어팩스 홀딩스는 매년 세전 수익의 1퍼센트 이상을 지역사회에 투자한다.

출처: 프렘 왓사; 《토론토 라이프》, 《CFA 매거진》, 2011년 9월; 《토론토 라이프》 2009년 4월; 구루포커스(GuruFocus), 2011년 9월 27일; 페어팩스 홀딩스; BestCashCow.com; 위키피디아.

87

—

월리 와이츠
(WALLY WEITZ)

미국

뮤추얼 펀드 투자자들이 공통으로 가지고 있는 약점은 승리의 코앞에서 패배를 선택하는 것이다. 주식은 수십 년간 연수익률이 10퍼센트를 웃돈 데 반해 뮤추얼 펀드는 연수익률이 9퍼센트다. 대부분 경비 때문에 이런 차이가 나는 것이다. 그런데 뮤추얼 펀드 투자자는 연수익률이 고작 3퍼센트밖에 되지 않는다. 이렇게 6퍼센트나 적은 이유는 펀드 투자자가 주기적으로 이전 기간에 실패한 종목을 매도하고 성공한 종목을 매수하기 때문이다. 이렇게 투자 성과를 좇느라 그들은 매년 6퍼센트의 비용을 감내한다. 이런 어리석은 행동은 따라 하지 말아야 한다.

기업의 가치를 알아본 후에 헐값에 매수하고 고가에 매도하라. 기업의 가치는 대략 측정할 수 있으며 시간이 지나면 조금씩 달라지기 마련이다. 기업의 주가도 상당히 큰 폭으로 오르락내리락할 수 있는데, 덕분에 투자자는 헐값에 주식을 사들여서 최고가 또는 아주 유리한 가격에 매도할 기회를 얻게 된다. 이러한 투자 방법은 인내심, 절제, 자신의 신념에 대한 확신과 용기가 필요하지만 대신 투자 성공률은 확실히 높일 수 있다.

CNBC를 끄고 역사 채널을 보기 바란다. 일일 뉴스와 금융계에서 쏟아져 나오는 의견을 들으면 단기 투자자처럼 생각하게 되고 감정적인 행동을 할 가능성이 커진다. 장기적이고 바람직한 투자에 오히려 방해된다는 뜻이다. 기업이 장기간에 걸쳐 주주를 위해 현금 수익을 창출하는 능력에 영향을 미치는 요소를 이해하는 것이 훨씬 더 중요하다.

기업의 경영진은 매우 중요한 고려 대상이다. 많은 기업은 몇 년 주기로 중대한 결정을 내린다. 어떤 문제를 해결하거나 긍정적인 변화이지만 큰 용기가 필요한 일을 추진할 기회를 놓고 고민할 수 있고, 큰 실수를 저지르거나 그런 실수를 저지르지 않기 위해 안간힘을 써야 할 때도 있다. 투자자로서 경영진에게 기대하는 것은 그들이 가식이나 거짓 없이 경영에 임하는 것이다. 다르게 표현하자면, 경영진의 의사 결정에 어떤 위험이 관련되어 있는지 충분히 이해하고, 주주를 사업 파트너로 대하며, 기업의 장기적 가치를 추구하는 태도를 보이는 것이다.

출생 1944년 미국 매사추세츠주 뉴턴

학력 칼턴 대학교에서 경제학 학사 학위를 받았으며 공인재무분석가다.

경력 G. A. 색스턴에서 스몰캡 애널리스트로 일을 시작했다. 3년 후에 오마하의 지역 증권업체인 칠레스, 하이더 앤드 컴퍼니(Chiles, Heider & Co., Inc.)로 이직했는데, 여기에서 10년간 애널리스트 겸 포트폴리오 매니저를 맡았다. 39세에 월러스 R. 와이츠 앤드 컴퍼니(Wallace R. Weitz & Company)를 창립했으며 대표 겸 포트폴리오 매니저를 맡고 있다.

투자 철학 와이츠는 장기적 주식 시장 가치 투자자다. 그의 투자 스타일은 벤저민 그레이엄의 가격 민감도 및 '안전마진' 강조에 더해, 기업이 자기 운명을 어느 정도 통제하게 만들어주는 정성적 요소가 역사적인 장부가 또는 보고된 수익과 같은 통계적 수치보다 더 중요할 수 있다는 확신을 갖는 것이다. 와이츠는 투자할 때 염두에 둘 것에 대해 이렇게 말한다.
"기업 규모를 따지지 않고, 정직하고 실력이 좋은 경영진이 이끄는 기업이나 성장 잠재력이 큰 기업을 탐색하며, 충분한 정보를 가진 이성적인 투자자가 기업 전체를 인수할 경우 과연 어느 정도의 가격을 지불할 것인지 예상해 보라."
또한 와이츠는 자신이 잘 이해할 수 있는 기업에만 투자한다. 구체적인 제품을 생산하는 업체보다는 서비스업체를 선호하는 편이다. 서비스업체가 가격 설정에 대한 압박에 덜 취약하므로 자신의 운명을 보다 능동적으로 개척할 수 있다고 보는 것이다. 그뿐만 아니라 와이츠는 잉여 현금 흐름을 많이 생성할 수 있는 기업을 좋아한다. 자신의 가치 기준에 부합하는 주식을 찾지 못하면 현금 보유량을 늘린 상태로 옆으로 한발 물러나 잠시 기다리는 편이다. 2013년 연말의 경우 현금 포지션이 30퍼센트였는데, 그해 투자 실적이 30퍼센트였다는 점을 생각하면 매우 놀라운 수치라고 할 수 있다.

기타 와이츠는 12세의 어린 나이에 투자에 발을 들여놓았다. 그때부터 다양한 벤처 기업에 투자해 수익을 얻었다. 현재 약 50억 달러의 자산을 운용하고 있다. 워런 버핏과 브릿지 게임을 즐기는 편이며, 그밖에도 골프, 스키, 테니스, 독서를 좋아한다. 또한 여러 자선 단체와 교육 단체의 운영을 맡고 있다.

출처: 월리 와이츠; 월리 와이츠 펀드; 파트너스 III 기회기금; 《포브스》.

88

마틴 휘트먼

(MARTIN J. WHITMAN)

미국

- 손익계산서에 집착하고 대차대조표를 본체만체하는 것은 바람직하지 않다. 기업을 평가할 때 현재 기업이 가진 것은 고려하지 않고 기업의 향후 수익만 중시하는 것도 잘못된 방법이다. 통상적인 회계원칙에 따라 작성된 재무제표 외에 더 많은 정보를 요구하는 것도 좋은 방법은 아니다. 그런 자료에 담긴 내용은 진리가 아니다. 하지만 현명한 투자자는 이를 객관적 벤치마크로 사용해 진리와 꽤 비슷한 수준의 유용한 정보를 도출할 수 있다.
- 우리는 분산 투자가 일종의 대안일 뿐이라고 생각한다. 그것도 지식이나 통제, 가격 의식(price consciousness)에 대한 형편없는

대안으로 여긴다.

- 주식의 경우에는 시장만 걱정하면 된다. 빚이 있다면 관련 계약서만 잘 숙지하면 된다. 마찬가지로 자신의 분석이 옳다면 반드시 돈을 벌게 될 것이다.

출생 1925년 미국 뉴욕(2018년 사망)

학력 시러큐스 대학교에서 경영학을 전공했으며 1949년에 졸업했다. 이 대학교는 휘트먼이 거액을 기부한 후에 경영대학원 명칭을 개정했다. 그는 뉴스쿨(New School for Social Research)에서 경제학 석사 학위를 받았으며 예일 대학교 경영대학원(Yale School of Management) 겸임교수를 역임했다.

경력 대학을 마친 후에 뉴욕시와 필라델피아의 다수의 투자 회사에서 근무했다. 시어슨 해밀(Shearson Hammill)에서 증권 애널리스트로 본격적인 경력을 쌓기 시작했으며, 후에 로즌월드(Rosenwald)가의 시어스 로벅(Sears Roebuck)에서 근무했다. 49세에 독립해 M.J. 휘트먼(M.J.Whitman LLC)이라는 전업 브로커 겸 딜러 업체를 설립했다. 그는 투자은행가, 주주 소송의 전문가 증인 및 파산 기업의 회생 전문가로 자신의 입지를 탄탄히 다졌다. 또한 이쿼티 스트레티지(Equity Strategies)라는 개방형 투자 회사 운용을 맡았다. 65세에 서드애비뉴 매니지먼트(Third Avenue Management)를 설립했고, 1990년에 설립한 서드애비뉴 가치펀드를 2012년까지 직접 운용했다.

투자 철학 휘트먼은 장기적 상향식 주식 시장 가치 투자자이며 펀더멘털 분석에 크게 의존했다. 기회주의적 방법을 사용하며 시가 총액, 산업 부문, 지리적 위치에 제약을 두지 않았다. 그의 투자 철학은 한마디로 요약하자면 '안전하고 저렴하게'라고 말할 수 있다. 휘트먼이 이끌던 투자팀은 장기적으로 가치를 창출할 잠재력이 있으며, 주기적으로 반복되는 침체기를 견뎌낼 힘이 있고, 경쟁 업체를 제치고 당당히 리더의 자리에 올라설 수 있는 기업을 고르는 데 큰 노력을 할애했다. 그의 기업 선정 기준을 여섯 가지로 요약하자면 1) 탄탄한 재정 상태, 2) 보수적이고 적절한 레버리지가 있는 높은 수준의 자산, 3) 경쟁력을 갖춘 경영진, 4) 기업 외부의 소극적 소액 주주와 연계된 실적 및 이익이 입증된 기업, 5) 비즈니스에 대한 투자자의 이해도, 6) 이해하기 쉬운 비즈니스 모델 및 유의미한 재무 정보를 손쉽게 얻을 수 있는지 여부다. 정치적 규제 관련 환경이 건전하다는 것은 기업과 주주의 권익을 보호해 주는 법적 프레임워크가 잘 형성되어 있다는 뜻이다. 내재 가치가 많이 할인된 것은 민간 기업 또는 인수 후보로서의 기업의 가치를 보수적으로 추정한 것보다 훨씬 낮은 가격이 매겨졌다는 의미로 볼 수 있다. 그리고 성장 전망이 밝다는 것은 향후 5년간 회사의 순자산 가치가 성장할 가능성이 크다는 뜻이다.

휘트먼은 정치적 상황이 안정적이라면 금리, 민간 소비와 같은 매크로 데이터는 투자자에게 중요하지 않다고 생각했다. 그의 포트폴리오는 보통 약 100여 개의 포지션으로 구성되며 회전율이 낮은 편이었으며, 대형 회계기업이 감사를 마친 기업만을 투자 대상으로 삼았다. 또한 그는 시장 효용성을 믿지 않았는데, 애널리스트와 포트폴리오 관리자가 손익계산서와 미래 수익처럼 엉뚱한 요소에 집중하기 때문이다.

기타 휘트먼은 미국에서 나온 일반적으로 인정된 회계 원칙에서 볼 수 있는 최근 변화의 방향을 강력히 반대했다. 그는 금융 서비스 관련 커뮤니티에 종종 연사이자 논평가로 등장했는데, 밀턴 프리드먼과 프리드리히 하이에크(Friedrich Hayek)가 지지했던 자유시장의 의미에 비판을 가하기도 했다. 그는 산업 경제가 무리 없이 운영되는 사회에서는 정부와 민간 부문이 서로 결합해 도움을 주고받는다고 생각했다. 휘트먼은 총 네 권의 저서를 출간했다. 서드 애비뉴 매니지먼트의 자산운용 규모는 200억 달러가 넘는다. 휘트먼은 제2차 세계대전 기간에 해군에서 복무했으며, 예일 대학교 경영대학원에서 30년 이상 교편을 잡았다.

출처: 마틴 J. 휘트먼과 마틴 슈빅 공저, 『The Aggressive Conservative Investor(공격적이고 보수적인 투자자)』(2005년); 마틴 J. 휘트먼, 서드 애비뉴 펀드의 첫 번째 사분기 주주 서한; MSCI 선진국 지수(MSCI World Index); 《포브스》; 위키피디아.

89

로버트 윌슨

(ROBERT W. WILSON)

미국

굵직한 투자 기회가 드물다는 이유로 시장을 완전히 벗어나는 일은 없어야 한다. 괜찮은 투자 기회는 항상 존재하기 때문이다.

많은 경우에 우리의 생각이나 결정, 판단이 틀리기 때문에 고통을 감내하는 능력이야말로 투자자로 성공하기 위해 갖춰야 할 가장 중요한 특성이다. 하지만 실제로 이 능력을 갖춘 사람은 손에 꼽을 정도로 적다.

한번은 굉장히 똑똑한 친구와 점심을 먹었다. 그가 나보다 훨씬 똑똑하다는 점은 우리 둘 다 인정하는 사실이다. 그는 자신이 더 똑똑한데 내가 자신보다 돈을 더 많이 버는 이유가 무엇이냐고 물었다.

나는 종종 40퍼센트의 손실을 입어도 나 자신을 용서하고 살 수 있다고 말했다. 그러자 친구는 자신은 그러지 못할 것 같다고 솔직히 인정했다.

중요한 것은 주식, 채권 등 어떤 시장에 투자하든 간에, 그 시장이 왜 그런 방식으로 돌아가는지를 제대로 이해하느냐다. 가격에 영향을 주는 지적인 요소는 매우 많고 다양하다. 그러므로 투자를 하기 전에 진행 상황을 잘 지켜보고 전체적인 흐름이 왜 그렇게 진행되는지 그 이유를 철저히 파악해야 한다.

출생 1926년 미국 디트로이트(2013년 사망)

학력 미시간 대학교에서 경제학 석사 학위를 받았고, 미시간 법학대학원에서 2년간 수학했다.

경력 퍼스트 보스턴 코퍼레이션(First Boston Corp.)에서 수습생으로 근무했으며 제너럴 아메리칸 인베스터(General American Investor)에서 15년간 부사장을 역임했다. A. G. 베커 앤드 컴퍼니(A.G. Becker & Co.)에서도 근무했으며 의결권을 가진 주주이기도 하다. 자신의 펀드는 규모가 크지 않아서 따로 조용히 관리했다. 마흔 살 무렵에는 자산이 크게 늘어서 자신의 펀드 운용에만 오롯이 집중할 수 있게 되었다. 1970년대에 가족과 친구를 위해 헤지펀드를 만들었지만, 그의 투자 인생에서 주목할 만한 펀드는 아니었다. 1986년에 60세의 나이로 은퇴했다.

투자 철학 윌슨은 투기꾼이었는데, 자신은 장기 트레이더라고 주장했다. 그는 현실이나 펀더멘털 조사가 아니라 테마, 감성, 콘셉트에 따라 움직였다. 윌슨의 전략은 유연하고 실용적이며 겸손함이 엿보인다. 단기 투자 기법이 효과가 있더라도 결국에는 실패한다는 것을 확신하며, 전략을 끊임없이 변경해야 한다고 굳게 믿는다. 위험을 추구한 편인데, 위험이 있는 곳에 돈이 있다고 생각했기 때문이다. 장기 투자 대상으로 추천할 만한 기업은 뭔가 새롭고 독창적인 시도를 하거나, 남들과 다른 방식을 사용하는 기업이다. 이런 범주에는 주로 기술주와 중소기업 주식이 자리 잡고 있다. 단기적 투자를 할 때는 버블이 중간에 나타나는 주식을 선호했다. 모멘텀 트레이더와 달리, 주가가 오르거나 폭락할 때 공매도를 해버린다.

윌슨은 기업 경영진을 만나거나 애널리스트를 찾아다니지 않는다. 그런 사람들은 너무 관료적이라고 생각하기 때문이다. 낮부터 저녁까지 브로커나 다른 투자자와 담소를 나누는 데 많은 시간을 보냈는데, 이들과의 대화와 비즈니스 매거진에서 좋은 아이디어를 많이 얻을 수 있다고 생각하기 때문이다. 그의 황금률 중 하나는 '잘 자리 잡은 것처럼 보이는 기업이 경쟁 때문에 얼마나 빨리 약화할지 예측하지 않는 것'이다. 돈이 되는 주식은 지나치게 성급히 매도하는 것보다 차라리 뒤늦게 매도하는 편이 낫다. 그의 투자 전략은 개성이 강하고 쉽게 따라할 수 없으므로, 비전문가나 보수적인 투자자에게 적합하지 않다.

기타 윌슨은 헤지펀드의 거장에 속한다. 은퇴 이후에는 투자에서 손을 뗐으며 자신의 자산을 십여 명의 자산관리사에게 맡겼다. 그러고 나서 세계유산기금, 국제자연보호협회 및 야생동물보존협회와 같은 단체를 후원하기 시작했다. 그는 자선 단체에 6억 달러 이상을 기부했으며 개인 자산의 70퍼센트 이상 환원했다고 말했다. 무신론자인데도 로마카톨릭학교에 3000만 달러를 기부했다. 클래식 음악을 좋아했다.

출처: 로버트 W. 윌슨; 존 트레인의 『대가들의 주식투자법』(2000년). 《포브스》; 블룸버그.

90

닐 우드포드
(NEIL WOODFORD)

영국

요즘 환경에서는 장기적 관점으로 투자하는 것이 점점 더 유행에 뒤떨어지는 방식으로 여겨진다. 최근 몇 년간 주식의 평균 보유 기간이 급격히 짧아졌는데, 이는 투자 마인드보다는 거래를 반영한 것이다. 나는 기업에 투자하는 것을 연속된 과정이라고 생각한다. 먼저 경영진을 직접 만나보고 전반적인 사업 현황을 자세히 연구하는 것으로 시작하며, 일단 투자하면 일정 기간 이상 보유한다. 상황이 크게 달라지는 경우도 있지만, 한번 투자한 기업에 장기 투자자가 되어주는 것이 나의 목표다. 내가 원하는 것은 그저 하루빨리 수익을 얻는 것이 아니다. 내 포트폴리오에 들어 있는 기업은 대부분 10년이 넘었으며, 처음에 나의 관심을 자극한 수익 및 배당 성장률을 계속 유지하고 있다.

앞에서도 잠시 언급했듯이 시장은 여러 가지 요소에 영향을 받으며, 생각보다 훨씬 오랫동안 주가가 기업의 가치를 제대로 반영하지 못하는 상태가 이어질 수 있다. 1990년대 후반 TMT 버블이 바로 그런 사례라고 할 수 있다. 2008년에 금융 위기가 한 차례 지나가고 난 후에 또 한 번 그러한 현상이 나타났다. 하지만 조만간 시장은 기업의 근본적인 특성에 따라 가치를 평가하는 상태를 회복할 것이며, 이러한 시기에는 투자자가 확신을 유지하고 장기 투자에 집중해야 한다. 그렇게 한다면 자기가 신중하게 선택한 기업에서 충분한 투자 수익을 거둘 수 있다.

내가 두 번째로 중요하게 생각하는 것은 펀더멘털이다. 쉽게 말해서 수익과 배당금의 성장은 장기적으로 주가를 상승시키는 요인이므로, 투자자는 이 두 가지를 주요 지표로 삼아야 한다. 배당금은 내실이 있는 기업인지 아닌지를 판단하기에 아주 좋은 방법의 하나이며, 경영진이 자본을 운용하는 방식이나 주주의 수익에 대해 어떤 생각을 하고 있는지 알려주는 훌륭한 지표다. 연구 결과에 의하면 배당금 성장률이 높은 기업의 자본수익률이 장기적으로 가장 우수하다. 따라서 기업이 지속해서 수익과 배당금을 키우는 능력이야말로 나의 투자 전략에서 가장 중요한 요소다. 하지만 기업이 이런 요건에 부합한다고 해서 반드시 투자의 성공이 보장되는 것은 아니다. 중요한 것은 가치 평가다. 나는 가치 평가에 아직 반영되지 않은 성장 가능성을 가진 기업이라면 투자를 고려할 의향이 있다.

나의 투자 방식에서 마지막이자 가장 핵심적인 요소는 위험 관리다. 내가 관리하는 포트폴리오 내에서는 제약을 두지 않는 방식을 고수하기 때문에 벤치마크 지수에 비추어 위험을 논하지 않는다. 나에게 위험이란 영구적인 자본 손실이며, 위험 관리는 핵심 요소다. 주식 시장 투자에서 위험을 완전히 없애는 것은 불가능하지만 위험을 줄이는 몇 가지 단계가 있다. 위험을 이해하려면 관련 비즈니스의 핵심을 파악해야 한다. 기업이 어떤 일을 하는지, 어떤 방식으로 수익을 창출하며, 그러한 수익의 지속 가능성이 어느 정도인지 알아야 한다. 특정 기업에 대해 이 정도 수준의 지식과 통찰을 얻고 나면 그 기업을 어떻게 가치 평가해야 할지 판단이 선다. 해당 기업이 저평가되었다는 결론이 나면 저위험 투자 대상이라고 말할 수 있다. 달리 표현하자면 가치 평가가 그 자체로 매우 효과적인 위험 관리 도구라는 뜻이다.

출생 1960년 영국 버크셔

학력 엑서터 대학교(University of Exeter)에서 경제학 및 농경제학 학사 학위를 받았다. 후에 런던 비즈니스경영대학원에서 금융학을 전공했다.

경력 1981년에 도미니언 보험(Dominion Insurance Company)에서 투자자로서의 경력을 쌓기 시작했다. 1987년에는 이글 스타(Eagle Star)로 자리를 옮겨 펀드 매니저가 되었다. 1년 후에 인베스토 퍼페추얼(Invesco Perpetual)의 영국 증권 팀에 합류해 펀드 매니저로 활약했으며 투자총책임자를 맡았다.

투자 철학 우드포드는 펀더멘털을 중시하는 장기적 상향식 주식 시장 가치 투자자다. 그는 주로 영국 내에서 투자한다. 위에 소개된 그의 자세한 투자 안내에서 알 수 있듯이, 우드포드가 선호하는 기업은 회복력이 강하고 성장과 수익이 안정적인데도 시장에서 저평가된 기업이다. 이러한 투자 성향 덕분에 시장이 격변할 때에도 그의 투자 실적은 상대적으로 높은 편이었다. 활동가적 성향이 강한 편이라서, 기업의 내재적 가치가 주가를 훨씬 초과할 때면 기업 경영진에게 자사주 매입을 강력히 권고한다.

기타 인베스토 퍼페추얼 투자총책임자로서 300억 파운드가 넘는 자산을 운용했다. 다수의 수상 경력이 있으며, 야생 동물과 말을 관찰하는 것이 취미다.

출처: 닐 우드포드; 인베스토 퍼페추얼 하이인컴 펀드(Invesco Perpetual High Income Fund); 위키피디아.

91

도널드 약트먼

(DONALD A. YACKTMAN)

미국

첫째, 투자란 기본적으로 무엇을 사고 얼마를 내느냐의 문제다. 가격이 매우 중요한 요소이므로, 주식을 채권으로 보고, 투자는 가장 적절한 위험 조정 선도수익률을 찾아가는 과정이라고 생각해야 한다. 아무도 미래를 확실히 예측할 수 없으므로 미래 현금 흐름을 보고 그것의 성장률과 예측 가능성을 고려해야 한다. 이를 통해 위험 조정 선도 수익률과 위험 프리미엄이 어느 정도인지 알 수 있다.

이런 과정을 사용하면 보다 유리한 가능성으로 투자할 수 있으며, 많은 경우에 당신의 포트폴리오는 평균 이하로 구매한 주식이 평균 이상의 주가를 기록하는 기업들로 채워질 것이다.

둘째, 장기 투자를 생각하고, 단기 투자에 대해 걱정하지 않는다. 사분기마다 혹은 해마다 시장보다 더 나은 실적을 달성하는 것은 불가능하다. 그러니 10년이라는 기간에 걸쳐 시장보다 높은 수익을 달성하는 것을 목표로 삼기 바란다. 투자는 단거리 질주가 아니라 마라톤이므로 인내심이 필요하다. 변동성은 가치 투자자에게 친구 같은 존재이며, 여기에서 기회가 창출된다. 자신이 통제할 수 있는 것에 집중하고, 통제 영역이 아닌 것에는 시간을 낭비하지 않도록 한다.

셋째, 지식을 대체할 방법은 없다. 비즈니스 모형을 잘 이해하기 위해 열심히 노력해야 한다. 또한 다양한 경제적 상황에 따라 기업별 투자에서 어떤 결과가 나올지 예측하는 데에도 큰 노력을 기울여야 한다. 각 투자 종목의 장단점을 잘 알아야 객관적인 안목을 유지할 수 있고, 적절한 시기에 추가 매수 또는 매도 여부를 결정할 수 있다.

출생 1941년 미국 시카고

학력 유타 대학교에서 경제학을 전공해 우수한 성적으로 졸업했으며, 하버드 대학교에서 MBA를 취득했다.

경력 스테인로 앤드 판엄(Stein Roe & Farnham)에서 포트폴리오 매니저로 투자자의 경력을 쌓기 시작했다. 14년 후에 셀렉티드 파이낸셜 서비스(Selected Financial Services)로 이직해 선임 포트폴리오 매니저로 10년간 근무했다. 1992년에 약트먼 자산운용펀드(Yacktman Asset Management Funds)를 설립했으며, 현재 회장 겸 최고투자책임자를 맡고 있다.

투자 철학 그는 상향식 주식 시장 가치 투자자다. 그가 투자하려는 대상은 시장 점유율 및 유형 자산에 대한 현금 수익률이 높으면서도 주주 친화적인 경영진을 갖추고 있으며, 투자자가 기업 전체를 인수할 때 지불할 가격보다 낮은 가격으로 주식을 판매하는 기업이다. 또한 성장 가능성이 크고 경기가 좋을 때나 나쁠 때나 비교적 수요가 예측 가능한 제품 및 서비스를 판매하는 기업을 선호한다. 이러한 전략은 흔히 인기가 없는 주식으로 귀결된다. 그는 "나무에 달린 사과보다 땅에 떨어진 사과를 줍는 게 더 쉽다"라는 비유를 사용한다. 잉여 현금 흐름은 매우 중요한 가치 평가 지표라고 할 수 있다. 약트먼 자산운용사는 회전율이 낮고 집중 투자 성향이 강하게 드러나는데, 유동성 자산의 비율이 때때로 높게 나타난다. 그는 자신이 투자한 기업의 경영진을 단 한 번도 만나지 않았으며, 임원에게 옵션을 보상으로 주자는 제안에 매번 거부권을 행사했다.

기타 약트먼 자산운용사는 약 240억 달러의 자산을 관리하는데, 주로 미국 대기업 주식으로 구성되어 있다. 5년 동안 약트먼의 펀드는 벤치마크보다 연간 5퍼센트 높은 실적을 달성했다. 약트먼은 다수의 수상 경력이 있으며 1991년에 모닝스타에서 올해의 포트폴리오 매니저로 선정되기도 했다. 그의 취미는 자서전과 미국 역사서를 읽는 것이다.

출처: 도널드 A. 약트먼; 약트먼 자산운용; 약트먼펀드 .

92

펠릭스 줄라우프
(FELIX W. ZULAUF)

스위스

시장에서 성공하는 데에는 많은 요소가 필요하다. 투자자는 먼저 기업 투자, 주식 분석, 매크로 분석 등 자신에게 잘 맞는 방법을 찾아야 한다. 그리고 정치와 경제의 역사를 잘 안다면 상당히 유리할 것이다. 쉽게 말하자면 시스템이 어떻게 운영되는지 파악하고, 그 후에 자신의 분석 방법이나 투자 방식을 결정하라는 것이다. 대부분의 측면을 이해하고 심도 있는 지식을 갖춘다면 더욱 좋겠지만, 중요한 것은 궁극적으로 자신에게 가장 잘 맞는 방법을 찾는 일이다. 비즈니스 주기를 이해하고 시장에서 그 주기를 어떻게 활용해야 자신에게 유리할지 파악하라.

이 단계에 도달하면 시장에 대한 열정을 키우고, 강한 호기심을 가지고 끊임없이 배우려는 태도를 견지해야 한다. 그러면 집중력을 발휘해서 열심히 일할 수 있다. 시장에서의 성공은 단거리 경주가 아니라 마라톤과 같다.

큰 실수를 피하는 데 도움이 되는 위험 관리 절차 및 기술을 개발하면 도움이 된다. 이것은 두 가지 이점이 있다. 하나는 장·단기 투자에서 지나치게 큰 손실을 입기 전에 발을 뺄 수 있다는 것이고, 다른 하나는 굉장히 좋은 기회가 있을 때 놓치지 않고 장 · 단기 포지션을 잡아낼 수 있다는 것이다. 정리하자면 성공의 비결이란 잘못 판단했을 때 손실을 적게 보고 올바른 판단을 했을 때 수익을 크게 얻어내는 것이다.

출생 1950년 스위스 디센호펜

학력 1971년에 스위스 샤프하우젠에 있는 상업대학을 졸업했다.

경력 줄라우프는 1971년에 스위스상업은행(Swiss Bank Corporation)에서 국제 시장을 담당하는 트레이더로 취직했다. 파리와 뉴욕을 돌면서 다수의 주요 투자은행에서 애널리스트 겸 포트폴리오 매니저로 근무했고, 스위스 투자은행인 UBS에 합류해 뮤추얼 펀드 매니저를 맡았다. UBS에서 그룹 전체의 국제 투자 전략가 역할도 수행했다. 40세에 줄라우프 자산운용사(Zulauf Asset Management AG)를 창립했다. 약 20년 후에 줄라우프 자산운용사가 둘로 분할되었는데, 그중에서 줄라우프 개인 자본금을 운용하는 부문은 줄라우프가 모든 소유권을 갖게 되었다. 또한 그는 비센다 자산운용사(Vicenda Asset Management AG)의 회장이자 공동 CIO를 맡고 있으며 전 세계의 대형 투자자 다수에게 컨설팅 서비스를 제공한다.

투자 철학 줄라우프는 저위험 하향식 매크로 투자자의 대표적인 인물이다. 그는 경제와 자본 시장은 직선형이 아니라 순환형이며, 시장은 15년에서 25년에 걸쳐 과대평가와 저평가를 오가는 장기적인 평가 주기를 반복한다고 굳게 믿는다. 그리고 이 신념을 기반으로 투자 방식을 결정하고 적용한다. 지금 시장이 어느 주기에 와 있는지, 그리고 어떤 자산군이 상승하거나 하락할지 추정하기 위해 다음과 같은 네 단계로 이루어진 종합적인 시장 분석 방법을 사용한다.

1) 화폐 체계를 보면 자산 투자의 유동성이 어느 정도인지 판단할 수 있다.
2) 가치 평가는 잠재적인 위험과 보상의 수준을 알려준다.
3) 모멘텀으로 추세의 안전성을 가늠할 수 있다.
4) 감정은 시장이 양극단으로 치달을 때에 일종의 반대 지표로 사용하는 것이 좋다.

이러한 견해와 신념 덕분에 어려움에 직면할 때에나 1973년부터 2009년 사이에 발생한 모든 하락장을 겪을 때 자본을 지켜낼 수 있었다.

기타 25년간 배런스 원탁회의(Barron's Round Table)에서 활동하면서 마크 파버와 더불어 최근 10년간 원탁회의에 소속된 사람들보다 월등한 실적을 달성했다. 사실 줄라우프는 정확한 예측으로 투자계에서 매우 유명하다. 엔화 약세를 미리 예측한 투자자 중에도 줄라우프가 포함되어 있었다. 음악과 스포츠에 관심이 많고, 여가 시간에 골프로 스트레스를 해소한다.

출처: 펠릭스 W. 줄라우프; www.zuam.ch.

93

마틴 츠바이크
(MARTIN ZWEIG)

미국

- 연방준비제도에 맞서지 마라.
- 시장에 맞서지 마라.
- 군중을 조심하라.

출생 1942년 미국 오하이오주 클리블랜드(2013년 사망)

학력 츠바이크는 와튼 스쿨에서 응용과학 학사 학위를 받았고 마이애미 대학교에서 MBA를 취득한 후에 미시간 주립대학교에서 금융 전공으로 박사 학위를 받았다. 후에 아이오와 대학교와 버룩 칼리지에서 금융학을 가르쳤다.

경력 1970년대에 투자에 입문한 이래로, 투자 뉴스레터를 집필하고 《배런스》에 기사를 투고했다. 월가에서 성공적이고 영향력 있는 투자 고문이 되었는데, 특히 철저한 데이터 연구로 명성을 얻었다. 후에 그는 자신의 명성과 성공을 사용해서 자산운용 사업을 성공시켰으며, 여러 개의 뮤추얼 펀드를 운용했다. 그중 규모가 가장 큰 어소시에이트(Associate)라는 헤지펀드는 1985년에 47세의 나이로 만들어서 그가 사망할 때까지 운용했다.

투자 철학 츠바이크는 금융을 가르치는 교수였으나 한 가지 원칙을 따른 덕분에 투자계의 거물로 탈바꿈한 사례에 속한다. 그 원칙은 바로 '금리 추세를 거스르지 말라'는 것이다. 하지만 현실은 그보다 훨씬 복잡하고 정교하다. 츠바이크는 성장주에 중점을 두는 펀더멘털, 정량적 기술주 투자자였다. 시장 전반을 판단할 때에 펀더멘털 분석보다 기술적 분석을 더 중시했다. 주식 시장에 널리 사용되는 풋-콜 비율은 츠바이크가 개발한 것인데, 이는 상승 및 하락 비율과 거래량을 측정해 시장의 향후 방향을 예측하는 기법이다. 그가 주식 시장을 공략하는 기본 전략은 여러 가지 지표가 긍정적일 때에는 최대한 투자하고 지표가 부정적으로 바뀌면 매도하는 것이다. 그의 전략에서는 위험을 최소화하고 손실을 제한하는 것이 매우 중요하다. 개별 주식을 판단할 때에는 기술 분석보다 펀더멘털 분석을 더 중시했다. 주식 종목을 선정하는 기준은 열두 가지도 넘지만, 중요한 것만 몇 가지 소개하자면 다음과 같다.

1) 해당 기업은 적어도 4년 이상 연간 수익성장률이 20퍼센트 이상을 유지하고,

매출 성장도 수익 성장률과 비슷한 수준을 보여야 한다.

2) 주가수익률이 해당 부문의 평균보다 60퍼센트 이상 높은 기업을 거부해 기업 성장에 대해 지나치게 높은 비용을 치르는 위험을 낮추며, 또한 주가수익률이 5 이하인 기업도 거부한다.
3) 기업 부채는 해당 부문의 평균 수준이거나 평균치보다 낮아야 한다.
4) 경영진이 최근 3년 수익을 과대평가하지 않아야 하며, 내부자가 주식을 매각하는 일이 없어야 한다.

펀더멘털이 유리해 보이는 주식은 기본적인 기술 분석으로 걸러낼 수 있었다. 가격 움직임(price action)이 강세를 보이는 주식 종목만 선별했다. 츠바이크는 언더독의 편에 서는 사람도 아니고, 매수 후 보유 전략과도 거리가 멀었다. 그는 기업의 활동이나 제품의 사용법, 효과 등을 이해해야 한다고 주장하지 않았다. 지금까지 설명한 투자 원칙을 고수하면서도, 그가 중시하는 것은 투자 모형이 계속 발전해야 한다는 것이었다. 어떠한 지표도 영구적으로 의존할 수 없다고 생각했기 때문이다. 『Winning on Wall Street(월가를 이기는 법)』이라는 그의 저서에는 다음과 같은 유명한 표현이 있다.

"사람들은 무슨 수를 써서라도 최저가에 매수하고 최고가에 매도하려고 한다. 그래야만 투자에 성공한다고 생각하는 것 같다. 하지만 시장이 상승할 확률이 가장 높을 때 매수하는 것이 진정한 투자 성공의 비결이다."

기타 츠바이크도 피터 린치처럼 '전설적'인 투자자이며, 최고의 자리에 섰을 때 물러났다. 여러 유명 투자자들의 전략을 따라해본 금융업체 및 개인 투자자들에 따르면, 츠바이크의 투자 전략이 역대 투자자들의 전략 중 가장 높은 실적으로 이어진다고 한다. 츠바이크는 자신이 구사하는 수많은 방법은 사실 제시 리버모어에게 영감을 얻은 것이라고 했다. 그는 1986년에 『Winning on Wall Street』를 출간했는데 이 책은 곧바로 베스트셀러가 되었다. 전 세계에서 가장 비싼 아파트를 가진 월가의 거물로도 유명한데, 무려 7000만 달러를 주고 맨해튼에 있는 아파트를 매입했기 때문이다. 게다가 버디 홀리(Buddy Holly, 미국의 로큰롤 싱어송라이터-옮긴이)의 기타도 소장하고 있다.

출처: 마틴 츠바이크, 『Winning on Wall Street』 (1986년); 츠바이크-디메나; 전미 개인투자자협회(The American Association of Individual Investors); 위키피디아.

94

휴스뉴 외즈예인

(HÜSNÜ ÖZYEĞIN)

터키

- 자신이 잘 알고 이해할 수 있는 기업에 투자하라.
- 투자한 후에는 인내심을 가져라. 올바른 투자 결정을 내렸다고 생각하면 자신의 결정에 더는 흔들리지 마라.
- 투자 대상에 대해 감정적으로 대응하지 말고, 오랫동안 보유하도록 노력하라.
- 시장이 비이성적으로 되면, 매도 후 다른 기회가 올 때까지 기다려라.

출생 1944년 터키 이즈미르

학력 오리건 주립대학교에서 토목 공학을 전공했으며, 하버드 경영전문대학원에서 MBA를 받았다.

경력 미국에서 IBM 및 아서 D. 리틀(Arthur D. Little)에서 잠시 일한 후에 1974년에 터키로 되돌아왔다. 1977년에 목화은행 지점장이 되었고, 8년 후에는 야프은행(Yapi ve Kredi Bankasi)을 맡아서 1987년까지 운영했다. 1987년에는 43세의 나이로 직접 파이낸스뱅크(Finansbank)를 설립했다. 그 후에 피바 홀딩(Fiba Holding)의 명의로 된 금융 자산을 모두 사들였으며, 현재 피바 홀딩의 대표직을 맡고 있다.

투자 철학 외즈예인은 기업가 겸 장기적 실용 투자자다. 그는 장외 거래를 주로 하며, 기업을 통째로 사들이는 편이다. 그의 투자 기술 중에서 가장 눈에 띄는 것은 타이밍이다. 2006년에 파이낸스뱅크를 55억 달러에 국립 그리스 은행에 매각했는데, 그중 32억 달러가 외즈예인의 몫이었다. 그는 2010년까지 은행 부문에서 멀리 떨어져 있었다. 금융업계가 그의 주요 무대였지만 소매업, 부동산, 에너지 등 다른 부문에서도 큰 성공을 거두었는데, 적절한 시기에 기업을 인수했다가 다시 빠져나왔기 때문에 그러한 결과를 얻은 것이다. 기가 막힌 타이밍에서 알 수 있듯이, 그는 사회 전반 및 거시경제에 해박한 지식을 갖추고 있으며, 대범하고 활력이 넘치는 사람이다.

기타 외즈예인은 전 세계 곳곳에 80여 개의 기업을 소유하고 있다. 그는 미국에 갈 때 수중에 1000달러밖에 없었다고 회상한다. 《포브스》는 2013년 기준, 그의 자산이 31억 달러라고 추정한다. 이는 46년간 연평균수익률 37퍼센트를 달성한 결과다. 이처럼 외즈예인은 자수성가형 재벌이며, 그의 투자 실적은 심지어 워런 버핏보다 더 뛰어나다고 할 수 있다. 그는 터키의 빈민가 지역에 36개 초등학교와 여학생 기숙사를 짓도록 1억 달러를 기부했다.

출처: 휴스뉴 외즈예인, FINA holding, 위키피디아.

95

나세르 모하메드 알카라피
(NASSER MOHAMMED AL-KHARAFI)

쿠웨이트

주변 사람을 잘 관리해야 한다. 나는 동료나 고객을 가리지 않고, 모든 사람을 항상 믿어주고 그들의 필요에 관심을 가졌다. 사회생활은 큰 퍼즐을 맞추는 것과 같아서 다른 퍼즐 조각을 제대로 맞춰 넣지 않고서는 좋은 결과를 기대할 수 없으며, 동료나 고객에게 충성도를 요구할 수 없다. 함께 일하는 동료, 나와 거래하는 고객을 정성스럽게 대하는 것은 내가 사업에서 가장 중요시하는 부분이다. 그들을 최대한 편안하게 해주고 안정감을 느끼게 해주면, 그들도 창의력을 발휘하거나 최선을 다해 자신이 맡은 일을 처리하며, 나를 신뢰해 준다.

인간관계에서 진실성을 유지하는 것은 매우 중요한 사안이다. 누구를 만나든, 속임수를 사용하지 않고, 마음을 열고 솔직하게 대하는 것은 특권이자 큰 가치라고 할 수 있다. 정직하지 않은 사람은 장기적으로 볼 때 성공하지 못하며 반드시 파멸로 이어진다.

자신이 감수하는 위험을 계산해 보라. 비즈니스의 기반은 기업가 정신과 위험을 감수하는 것이다. 어떤 위험도 감수하지 않으면 결코 사업에 성공할 수 없고 남들보다 앞서가는 경쟁력을 가질 수 없다. 위험을 절대 감수하지 않는 사람은 아무 경험도 얻지 못한다. 그렇기에 위험은 잘 계산하고 정확히 측정해야 한다. 계산된 위험과 미성숙한 위험의 간격은 매우 좁고 구분선이 명확하지 않으므로, 잘 살펴보고 구분선을 넘지 않도록 주의해야 한다.

※나세르 모하메드 알카라피(1943~2012년)는 이 책의 출간을 준비하던 중에 세상을 떠났다. 그의 투자 철학에 대해 직접 설명을 들을 기회는 없었지만, 위와 같이 투자에 관한 몇 가지 통찰은 얻을 수 있었다.

출처: 나세르 모하메드 알카라피.

—

루이스 베이컨
(LOUIS BACON)

미국

루이스 베이컨은 1990년에 무어 캐피털(Moore Capital)이라는 헤지펀드를 만들었다. 2013년 기준으로 보유 자산이 150억 달러였으며 세계 2위의 매크로 헤지펀드로 기록되었다. 2010년 이후 몇 년간 약세를 보이긴 했지만, 투자를 시작한 이래로 2013년까지 연평균 수익률 19퍼센트를 달성했다. 이는 비교 가능한 지수의 두 배 수준이다. 지금도 펀드에서 가장 큰 금액을 자신이 직접 관리하고 있다는 점도 상당히 놀랍다.

—

브루스 코브너
(BRUCE KOVNER)

미국

브루스 코브너는 한때 택시 운전사였다. 그가 이끄는 캑스턴 글로벌 인베스트먼트(Caxton Global Investments)라는 헤지펀드는 30년 이상 100억 달러를 운용해왔다. 그의 주특기는 불확실성이 최고에 달했을 때 대규모 매크로 펀드(macro fund, 국가별 거시경제의 흐름과 정부 정책 변화를 예측하여 각국의 환율이나 파생상품 등에 투자하는 펀드-옮긴이)를 운용하는 것이다. 꽤 성공적이라는 표현으로는 한참 부족한 것 같다. 34년간 연평균 수익률이 21퍼센트였는데, 이는 비교 가능한 지수의 두 배다. 그는 2011년에 은퇴했다.

—

스티븐 맨델

(STEPHEN MANDEL)

미국

1997년에 론 파인 캐피털(Lone Pine Capital)을 설립한 스티븐 맨델은 유명한 헤지펀드의 대가 줄리언 로버트슨의 제자다. 그는 타이거 매니지먼트 코퍼레이션(Tiger Management Corporation)의 이사회에도 몸담고 있다. 철저한 분석이 이 투자자의 가장 두드러진 특징이며, 기술 분야를 선호한다.

투자를 시작한 이래로 S&P 500 지수가 연평균 6퍼센트 상승한 것에 비해, 맨델은 23퍼센트의 수익률을 기록했다. 관리 자산의 규모가 약 300억 달러인 주식 투자자로서는 괄목할 만한 성과다.

—

데이비드 쇼
(DAVID SHAW)

미국

데이비드 쇼는 1988년에 D. E. 쇼(D. E. Shaw)라는 세계적인 정량적 헤지펀드 회사를 설립했다. 이 회사는 약 200억 달러를 관리하며, 시장 이례 현상(market price anomalies, 핵심적인 새로운 정보가 유입된 것이 없는데도 가격이 달라지는 현상–옮긴이)에서 수익을 창출한다. 평균적으로 볼 때 그 포지션은 보름 이상 지속되기 어렵다. 첫 투자 이후로 연수익률 14퍼센트라는 성공을 거두었고 '퀀트 킹(King Quant)'이라는 별명까지 얻었지만, 그는 펀드 관리에 염증을 느꼈고 해를 거듭할수록 자신이 더 어리석게 변하는 것 같다고 말했다.

지금은 컴퓨터 생화학 연구자로 복귀해 연구에 전념하고 있다. 그에게 투자에 대해 들어볼 기회가 있었다면 흥미로운 이야기가 펼쳐졌을 것이다.

특별한 투자자

—

존 보글

(JOHN C. BOGLE)

미국

존 보글의 다섯 가지 투자 규칙은 다음과 같다.

첫째, 기회와 위험의 균형을 맞춘다. 주식과 채권에 자산을 배분할 때, 자신의 자산, 위험 수용 성향(tolerance for risk), 나이를 고려한다(채권 할당 비율은 자신의 나이와 같게 만들면 된다).

둘째, 분산하고, 분산하고, 또 분산한다. 분산 투자는 그만큼 중요한 부분이다. 여러 가지 다양한 주식 종목과 채권을 보유하는 것은 언제든지 바람직한 투자 방식이다. 특히 요즘처럼 금융 시장이 몰락할 위험이 크고, 전 세계적인 경쟁에 맞서야 하며, 기술 혁신이 자주 발생하는 환경에서는 최대한 분산 투자를 하는 것이 필수적이다(종합 주식 시장의 인덱스 펀드와 종합 채권 시장의 인덱스 펀드를 보유하는 것은 상당히 안정적인 전략이라고 볼 수 있다).

셋째, 장기 투자에 집중한다. 주식을 쫓는 투기꾼이 아니라 기업의 소유권을 가진 투자자가 되어야 한다. 단기적으로 보면 벤저민 그레이엄이 말한 것처럼, 주식 시장은 투표 계산기와 다를 바 없다. 그러나 장기적으로 보면 주식 시장은 가치를 재는 저울이다.

넷째, 투자 비용을 최소화한다. 인덱싱의 묘미는 인덱싱이 제공하는 분산 투자가 매우 가치 있다는 것이지만, 인덱싱 자체도 매우 가치 있다는 점을 간과할 수 없다. 능동적으로 운용되는 뮤추얼 펀드의 경우, 운용 수수료와 각종 비용, 펀드 수수료 및 그밖에 드러나지 않는 포트폴리오 거래 비용은 연간 2퍼센트라고 한다. 50년간 투자할 경우, 이런 비용이 자본금의 약 75퍼센트를 갉아먹는다는 계산이 나온다. 복리 수익이 기적처럼 보일지 몰라도 복리 비용의 횡포에 무용지물이 될 수 있으므로 주의해야 한다.

다섯째, 투자 경로에서 이탈하지 않는다. 시장이 침체기일 때에는 시장을 벗어나고 싶고, 시장이 다시 최고치를 경신하면 맹렬히 투자하려는 마음이 생길 수 있다. 이런 감정에 휘둘리면 일을 그르치기 쉽다. 경제와 금융 시장은 계속 변동하기 마련이다. 변화에 아랑곳하지 않고 효과가 입증된 투자 원칙을 묵묵히 따르고, 자신의 포트폴리오를 자꾸 들춰보지 마라. 그렇게 버티면서 투자 경력을 쌓으면 은퇴할 즈음에 자신이 얼마나 큰 돈을 거머쥐고 있는지 새삼 놀라게 될 것이다.

출처: 존 보글.

감사의 말

전 세계 여러 지역에서 많은 분이 도움을 주지 않았다면 이 책은 결코 완성하지 못했을 것이다. 인터뷰 대상자를 찾는 일부터 각 투자자의 수익률을 검증하는 것까지 단 하나도 내 힘으로 해낸 것이 없다. 그중에서도 자신이 해야 할 일 이상으로 많은 도움을 준 세 사람에게 특히 감사의 말을 전하고 싶다. 라그나르 캄페(Ragnar Kampe), 크리스터 제이콥슨(Christer Jakobson), 괴란 아이브마르크(Goran Ivemark)는 격려의 말을 아끼지 않았으며, 책 내용을 꼼꼼히 검토하고 좋은 의견을 많이 제시해 주었다.

라그나르는 활력이 넘치고 투자에 관한 지식이 해박한 사람이다. 그가 도와주지 않았다면 이 책은 세상의 빛을 보지 못했을 것이다. 크리스터의 매우 정확하고 날카로운 분석력 덕분에 여러 가지 어려움을 극복하고 큰 실수를 피할 수 있었다. 괴란 아이브마르크와 열정적인 대화를 나눈 덕분에 이 책의 수준이 크게 높아졌다. 세 사람에게 다시 한번 감사드린다.

이 책이 인쇄되기까지 고생해준 출판사에도 감사의 인사를 전하고 싶다. 에티카 펠트 편집장이 아니었다면, 나는 책을 어떻게 마무리할지 몰라서 정말 힘들었을 것이다. 그리고 이 프로젝트를 진행하는 동안 여러 차례의 고비를 함께 겪으며 응원해준 나의 소중한 아내 루이스에게 큰 빚을 졌다.

무엇보다도 이 책에 소개된 모든 투자자에게 감사의 인사를 전한다. 자신의 경험, 통찰, 전략을 아낌없이 공개해 주어 이 책을 집필하는 데 큰 도움이 되었다.

성공적인 투자 모델은 일단 널리 알려지면 그 효과가 떨어진다는 것은 통계적으로 입증된 사실이다. 그런데도 그들은 자신의 투자 비법을 공개하는 것을 전혀 꺼리지 않았다. 특히 몇몇 투자자는 건강 문제로 힘든 와중에도 이 책을 집필하도록 기꺼이 도움을 주었다. 그들에게 다시 한번 고개 숙여 감사드린다.

2014년 1월 리딩괴에서

매그너스 안젠펠트

위대한 투자자 위대한 수익률

초판 1쇄 인쇄 2022년 4월 15일
초판 1쇄 발행 2022년 4월 25일

지은이 매그너스 안겐펠트(Magnus Angenfelt)
옮긴이 정윤미
펴낸이 김선준, 김동환

책임편집 최구영
편집팀장 한보라 **편집팀** 최한솔, 최구영, 오시정
마케팅 권두리, 신동빈
홍보 조아란, 이은정, 유채원, 권희, 유준상
디자인 김혜림
외주 교정교열 이성현 **본문 디자인** 두리반

펴낸곳 페이지2북스 **출판등록** 2019년 4월 25일 제 2019-000129호
주소 서울시 영등포구 여의대로 108 파크원타워1, 28층
전화 070) 7730-5880 **팩스** 070)4170-4865
이메일 page2books@naver.com
종이 (주)월드페이퍼 **인쇄·제본** 한영문화사

ISBN 979-11-90977-63-0 (03320)